应用技术型高等教育财经类专业“十三五”规划教材

会计学

王　飞　丁建芳　主　编
向彩虹　李　荣　副主编

上海财经大学出版社

图书在版编目(CIP)数据

会计学/王飞,丁建芳主编.一上海:上海财经大学出版社,2016.8

(应用技术型高等教育财经类专业“十三五”规划教材)

ISBN 978-7-5642-2424-0/F·2424

Ⅰ.①会… Ⅱ.①王…②丁… Ⅲ.①会计学-高等学校-教材

Ⅳ.①F230

中国版本图书馆 CIP 数据核字(2016)第 077205 号

□ 责任编辑 黄 荟

□ 封面设计 张克瑶

KUAIJIXUE

会 计 学

王 飞 丁建芳 主 编

向彩虹 李 荣 副主编

上海财经大学出版社出版发行

(上海市武东路 321 号乙 邮编 200434)

网 址:http://www.sufep.com

电子邮箱:webmaster @ sufep.com

全国新华书店经销

上海叶大印务发展有限公司印刷装订

2016 年 8 月第 1 版 2016 年 8 月第 1 次印刷

787mm×1092mm 1/16 15.75 印张 403 千字

印数:0 001—4 000 定价:36.00 元

前 言

会计学是高等学校经济管理类各专业的专业基础课程，通过学习本课程，学生能够了解会计基本原理、基本理论和基本常识，掌握从事会计工作的基本技能，为此，编者特组织长期从事会计教学的相关教师编写并出版了《会计学》教材。本教材的编撰，旨在让学生获得会计基本知识，从而具有一定的实践运用能力，并能通过会计从业资格考试。

注重理论联系实际是本教材的主要特点。本教材以小型工业企业会计核算为主线进行编撰，紧紧围绕“资产、负债、所有者权益、收入、费用和利润”六大会计要素，讲述了会计课程入门和进阶阶段需掌握的每一会计科目及其应用，说明了会计工作的基本原理和基本流程，完整介绍了从会计凭证到会计报表的各个环节。通过学习，不仅能让学生了解基础会计的各项规则，深入理解各规则的内在逻辑联系，还能让学生具备一定的会计实践应用能力。

本教材是集体智慧的结晶。武汉东湖学院副教授王飞编写了写作提纲，且撰写了第一章、第四章、第五章、第六章和第七章，并对全书统稿；武汉东湖学院讲师丁建芳撰写了第二章、第三章和第十二章；武汉东湖学院讲师向彩虹撰写了第八章、第九章和第十一章；武汉东湖学院经济学社副社长李荣撰写了第十章。

在本教材编写过程中，学习并借鉴了大量同类教材，在此向上述教材的作者和编辑出版者表示感谢！

由于水平有限，本教材难免存在不足之处，恳请各位同行、专家和广大读者批评指正！

编 者

2016年3月1日

目　录

前言 ………………………………………………………………………… 1

第一章　总论 ……………………………………………………………… 1
　第一节　会计概述 ……………………………………………………… 1
　第二节　会计基本假设 ………………………………………………… 8
　第三节　会计基础 ……………………………………………………… 10
　第四节　会计信息质量要求 …………………………………………… 11
　　本章小结 ……………………………………………………………… 13

第二章　会计要素与会计科目 …………………………………………… 14
　第一节　会计要素 ……………………………………………………… 14
　第二节　会计科目 ……………………………………………………… 22
　　本章小结 ……………………………………………………………… 27

第三章　会计等式与复式记账 …………………………………………… 29
　第一节　会计等式 ……………………………………………………… 29
　第二节　复式记账 ……………………………………………………… 35
　　本章小结 ……………………………………………………………… 51

第四章　资产 ……………………………………………………………… 53
　第一节　货币资金 ……………………………………………………… 53
　第二节　交易性金融资产 ……………………………………………… 59
　第三节　应收及预付款项 ……………………………………………… 62
　第四节　存货 …………………………………………………………… 70
　第五节　持有至到期投资 ……………………………………………… 79
　第六节　长期股权投资 ………………………………………………… 83
　第七节　可供出售金融资产 …………………………………………… 87
　第八节　固定资产及投资性房地产 …………………………………… 90

第九节　无形资产及其他资产…………………………………………………… 105
本章小结…………………………………………………………………………… 111

第五章　负债…………………………………………………………………… 115
第一节　短期借款………………………………………………………………… 116
第二节　应付及预收款项………………………………………………………… 117
第三节　应付职工薪酬…………………………………………………………… 120
第四节　应交税费………………………………………………………………… 125
第五节　应付股利及其他应付款………………………………………………… 132
第六节　长期借款………………………………………………………………… 133
第七节　应付债券及长期应付款………………………………………………… 135
本章小结…………………………………………………………………………… 138

第六章　所有者权益…………………………………………………………… 140
第一节　实收资本………………………………………………………………… 140
第二节　资本公积………………………………………………………………… 143
第三节　留存收益………………………………………………………………… 145
本章小结…………………………………………………………………………… 148

第七章　收入、费用和利润 …………………………………………………… 150
第一节　收入……………………………………………………………………… 150
第二节　费用……………………………………………………………………… 157
第三节　利润……………………………………………………………………… 160
本章小结…………………………………………………………………………… 166

第八章　会计凭证……………………………………………………………… 167
第一节　会计凭证概述…………………………………………………………… 167
第二节　原始凭证………………………………………………………………… 168
第三节　记账凭证………………………………………………………………… 173
第四节　会计凭证的传递和保管………………………………………………… 181
本章小结…………………………………………………………………………… 183

第九章　会计账簿……………………………………………………………… 185
第一节　会计账簿概述…………………………………………………………… 185
第二节　会计账簿的基本内容、启用和登记规则 ……………………………… 188
第三节　会计账簿的格式和登记方法…………………………………………… 191

第四节 对账…………………………………………………………………………… 197
第五节 错账更正方法……………………………………………………………… 198
第六节 结账…………………………………………………………………………… 201
第七节 会计账簿的更换与保管…………………………………………………… 203
本章小结……………………………………………………………………………… 204

第十章 账务处理程序………………………………………………………………… 206
第一节 记账凭证账务处理程序…………………………………………………… 207
第二节 汇总记账凭证账务处理程序……………………………………………… 208
第三节 科目汇总表账务处理程序………………………………………………… 209
本章小结……………………………………………………………………………… 210

第十一章 财产清查…………………………………………………………………… 212
第一节 财产清查概述……………………………………………………………… 212
第二节 财产清查的方法…………………………………………………………… 215
第三节 财产清查结果的处理……………………………………………………… 220
本章小结……………………………………………………………………………… 226

第十二章 财务会计报告……………………………………………………………… 227
第一节 财务会计报告概述………………………………………………………… 227
第二节 资产负债表………………………………………………………………… 230
第三节 利润表……………………………………………………………………… 236
本章小结……………………………………………………………………………… 241

参考文献………………………………………………………………………………… 243

第一章　总　论

【学习目标】

(1)了解会计的概念、特征及其对象；

(2)掌握会计的基本职能；

(3)了解会计四大基本假设；

(4)掌握会计核算基础和确保会计信息质量的八项原则。

第一节　会计概述

一、会计的概念及特征

(一)会计的概念

会计是以货币为主要计量单位，借助一定的方法，对特定经济主体的经济活动进行连续、系统、完整的核算与监督，并向有关方面提供会计信息的一种经济管理活动。

在人类社会各个不同发展阶段的经济活动中，劳动成果的数量和劳动耗费的数量始终是人们十分关心的内容。因为作为经济活动物质基础的经济资源总是有限的，而只有生产出尽可能多的劳动成果才能满足人们生产和生活的需要。会计就是人类对物质资料生产过程中的劳动成果和劳动耗费进行计量与记录而产生出来的。

会计作为一门学科是近几百年来的事，但作为一项记录、计算和考核收支的工作，无论是在中国还是在外国都源远流长，几乎同人类社会一样悠久。在原始社会的早期就有了会计的萌芽，如结绳记事、绘图记事、刻木记日等。到了原始社会的中期和后期，生产力发展到了有剩余产品和物物交换，以及有了商品生产和以某种商品为“一般等价物”进行的交换，会计才逐渐从生产职能的附带工作中分离出来，成为特殊的、专门委托的当事人的独立职能或工作。到了奴隶社会，由于生产力的发展，便产生了奴隶制国家的政府会计。如远在我国的西周时期，“会计”一词便开始使用，在财计组织上，设有“司会”主管会计，为计官之长；再如在古埃及，会计的职权就掌握在奴隶主的“法老”手中。

到了封建社会，为了适应生产力发展的不同阶段，会计也有了相应的发展。在我国的战国时期(公元前475年)已进入了封建社会，当时在鲁国的孔子，“尝为委吏矣，曰‘会计当而已矣’”。在秦汉时期出现了账簿的概念，如“草流”和“誊清簿”，有“钱谷账”，分设“钱出入簿”和“谷出入簿”。在唐宋时期出现的“四柱”式会计方法(旧管＋新收－开除＝实在)的运用，使我国的会计记账方法(与后来的借贷复式记账法比较，将其称为单式记账法)达到比较科学、系统和完善的地步。到了明朝末年，为了满足商业上核算盈亏的需要，商界有人把“四柱结算法”的账簿格式及登记方法改造为具有复式记账法特点的“龙门账”。“龙门账”把全部账目分为“进”、“缴”、“存”、“该”四大类，四类项目之间的关系是：进－缴＝存－该。年终结算时，按照这一数量关系，从两方面计算盈亏使其相符，称为“合龙门”。鸦片战争前的清朝，又出现了“三脚账”(又称“跛脚账”)、“四脚账”(又称“天地合”)，并在较大的工场手工业中专设“账房”、设置账簿，考核费用、成本和利润。

到了资本主义社会，随着工业、农业、商业和对外贸易的发展，业主为了获取更大的利润，要求加强对经济的管理，使会计得到进一步的发展。如公元15世纪在意大利的佛罗伦萨、热那亚、威尼斯等地采用的借贷复式簿记，以1494年意大利数学家、会计学家卢卡·帕乔利(Luca Pacioli)的著作《算术、几何、比及比例概要》一书的出版，确立了复式记账法，标志着近代会计的产生，是会计发展史上的第一个里程碑。随着19世纪初产业革命的完成，以及以资本所有权和经营权分离为特点的股份公司的出现，要求在经济活动和财务活动方面起“公证人”作用的、以“自由职业”身份出现的注册会计师或特许会计师产生了，1854年在英国的苏格兰成立了第一个会计师协会——爱丁堡会计师公会，这是会计发展史上的第二个里程碑。

从20世纪初到20世纪50年代，特别是第二次世界大战后，随着科学技术的迅速发展、现代科技成果大量用于生产和竞争的日益激烈，需要集中大量的资本，从而促使企业组织规模日益扩大。同时也随着1911年被誉为“科学管理之父”的泰勒发表著名的管理专著《科学管理原理》后所掀起的“管理革命”运动及其深入，大量的科学管理方法和技术方法被引进了会计领域，会计也全面着眼于管理，形成了以标准成本和预算控制、配合职能管理与行为科学管理的责任会计、面向未来与服务经营的决策会计为主要内容的管理会计。1952年世界会计学会年会正式通过了“管理会计”这个名词，由此将会计分为财务会计和管理会计两个体系。大约从20世纪50年代开始到现在，随着电子计算机在会计数据处理中的应用以及电子技术与通信技术的结合，企业实现了管理信息系统的综合化和系统化，建立起电子计算机的全面管理系统。会计信息系统作为管理信息系统的一个子系统，使会计在数据处理、工作效能等方面发生了很大变化，它扩大了会计信息的范围，提高了会计信息的精确性和及时性。管理会计的产生和电子数据处理系统会计的出现，是现代会计的两个重要标志。

我国的会计虽然早在明末就出现了复式簿记的特点，但由于历史的原因，直到1901年才从日本引进复式簿记，我国的会计先驱们结合中式会计创立了“收付记账法”和“增减记账法”等复式记账法。中华人民共和国成立后，从苏联引进了一整套会计制度和方法，结合我国的具体情况，通过消化和吸收，逐步建立起我国自己的会计理论和方法体系，基本上适应了当时的经济恢复和发展的需要。1978年12月中国共产党十一届三中全会作出了“把工作重点转移到社会主义现代化建设上来”的战略决策，之后又提出了“把全部经济工作转移到以提高经济效益为中心的轨道上”的方针，从而使会计理论和会计工作有了很大的发展。此外，颁布了《会计法》和《总会计师条例》等多项会计法规，对于加强经济管理、提高经济效益起到了应有的作用。随着我国社会主义市场经济体制的建立与深入发展，为适应我国所有制形式和投资主体的多元化、筹资渠道的多样化以及经济内容的复杂化等新的经济形势，引进了国外一些先进的会计理论和方法并结合我国的实际，对许多重大的会计理论和实践问题进行了深入的研究和探讨，进行了自1992年以来的重大会计改革。如颁布了《企业财务通则》、《企业会计准则》和多项具体会计准则，修订了《会计法》，颁布了《企业财务会计报告条例》，尤其是为了贯彻执行《会计法》和《企业财务会计报告条例》，规范企业的会计核算工作，提高会计信息质量，真实反映企业的财务状况、经营成果和现金流量，在新的世纪伊始，我国会计核算制度的又一重大改革即国家统一的《企业会计制度》的发布，使我国的会计工作更好地适应市场经济的需要，为加快实现会计的国际接轨奠定了良好的基础。

从以上会计的产生和发展的简要叙述中可以看出，会计从一产生便随着社会生产的发展而发展，并同很早就存在的经济管理活动紧密联系在一起。随着社会生产的发展、生产规模的逐渐扩大、生产社会化程度的日益提高及生产过程的日趋复杂，会计从早期比较简单的只是对财物的收支进行记录和计算开始，逐渐发展成为用货币单位来综合反映和监督经济活动过程。一方面，会计的技术和方法经历了一个由简单到复杂、由低级到高级、由不完善到逐渐完善的漫长发展过程；另一方面，会计作为经济管理活动和经济管理工作来对生产过程进行综合反映和监督也越来越重要。

会计是人类社会发展到一定阶段的产物。随着经济的发展，特别是股份公司出现后企业所有权与经营权的分离，企业所有者（投资者）不直接参与企业经营管理，而是委托专门的经理人来经营管理企业，所有者只有通过会计信息来了解企业的经营状况，对经营者的责任履行情况进行判断，从而做出相应的决策。因此说："经济越发展，会计越重要。"

（二）会计的基本特征

1. 以货币为主要计量单位

在人类从事的生产经营活动中，由于计量单位不统一，不可能将不同类别的经济业务事项加以计量、汇总。采用实物计量、劳动量计量来计量经济业务都有很大的局限性，它们只能进行同类计算，不能将不同质的事物加以综合和计算，为管理日益复杂的经济活动带来了不便。只有货币计量才能将不同质的经济业务转换为一般，将复杂的经济业务进行综合和计算。只有将货币作为主要计量单位，并通过一定程序进行加工处理生成以价值量表现的会计数据，才能反映经济活动的全过程及结果。这样核算得出的会计信息，才能全面系统地反映单位的经济活动。因此，会计以货币作为主要计量单位，同时在明细账中还使用实物计量和劳动量计量。

2. 会计拥有一系列专门方法

会计产生的几千年来，尤其是自近代会计诞生后的500多年来，经过全世界会计同行的共同努力，已经形成了一系列的会计专门方法，这就是包括设置账户、复式记账、填制和审核会计凭证、登记会计账簿、成本计算、财产清查和估价、编制财务会计报告在内的会计核算方法，并产生了《国际会计准则》。中国借鉴《国际会计准则》并结合中国国情，用《会计法》、《企业会计准则》、《企业会计制度》等会计法规将这一系列的会计专门方法在全国实施。这样，产生的会计信息才是真实可靠的，才有可比性，各单位产生的会计信息才能逐级上报汇总。全国统一使用一系列专门方法进行会计核算，对于维护市场经济秩序、保障社会公众利益、促进社会和谐、发展国际经济技术合作与交流具有重要意义。

（1）设置账户

设置账户是对会计核算的具体内容进行分类核算和监督的一种专门方法。

(2)复式记账

复式记账是指对所发生的每项经济业务，以相等的金额，同时在两个或两个以上相互联系的账户中进行登记的一种记账方法。通过账户的对应关系，可以了解有关经济业务的来龙去脉；通过账户的平衡关系，可以检查有关业务的记录是否正确。

(3)填制和审核会计凭证

会计凭证是记录经济业务、明确经济责任、作为记账依据的书面证明。通过填制和审核会计凭证，可以有效地、经常地实行会计监督，为经济管理提供真实可靠的数据资料。

(4)登记账簿

账簿是用来连续、系统、完整地记录各项经济业务的簿籍。登记账簿就是将会计凭证记录的经济业务，序时、分类地记入有关账簿，并定期结账、对账，为编制会计报表提供完整、系统的会计数据。

(5)成本计算

成本计算是指在生产经营过程中，按照一定对象归集和分配发生的各种费用，以便确定该对象的总成本和单位成本的一种专门方法。

(6)财产清查

财产清查是指通过盘点实物，查核应收、应付款项，并与账面核对，以查明各项财产物资实有数额的一种专门方法。

(7)编制会计报表

会计报表是根据账簿资料定期编制，总括反映某一特定会计主体的财务状况、经营成果和现金流量情况的书面文件。

会计核算的七种方法相互联系，构成一个完整的方法体系。

3. 会计具有核算和监督的基本职能

会计职能是指会计在经济管理中所具有的功能。《中华人民共和国会计法》(1999 年 10 月 31 日第九届全国人民代表大会常务委员会第十二次会议修订，简称《会计法》)第五条规定："会计机构、会计人员依照本法规定进行会计核算，实行会计监督。"由此把会计的基本职能分为会计核算和会计监督。

4. 会计的本质就是管理活动

管理学家亨利·法约尔认为，管理就是实行计划、组织、指挥、协调和控制。这一切管理活动都需要全面、系统、综合反映单位经济活动的会计信息的支撑。随着会计的发展完善，尤其是管理会计的产生，使会计职能不断丰富和发展。会计还有分析职能、预测职能、决策职能、计划职能和控制职能等，这些职能本身就是管理活动。

二、会计的基本职能

所谓会计的职能，是指会计在经济管理中客观上所具有的功能。马克思讲会计是对生产"过程的控制和观念的总结"就是对会计的基本职能所作的高度的、科学的概括。马克思所讲的"过程"是指以生产为中心，包括交换、消费和分配的社会再生产过程。我国会计学界通常把"控制"理解为监督，把"观念总结"理解为核算(或反映)，即对社会再生产过程的核算和监督是会计最主要的两项职能。

(一)会计的核算职能及其特点

会计的核算职能是指会计通过确认、计量、记录和报告的方式和方法，从数量上核算社会再生产过程中所包括的能用货币表现的已经发生或完成的经济活动，为经济管理提供经济信息的功能。核算职能是会计的最基本的职能，与统计核算和业务核算相比较，会计核算职能有以下特点：

(1)会计从数量上核算经济活动时，要用到实物、劳动和货币三种量度，但应以具有综合特点的货币量度为主。①实物量度是为了核算不同物资的实物数量而采用的计量单位，具有直观性，它能够提供经济管理上所需的各种实物指标，但实物计量单位只能用来总计同一种类的财产物资，而不能用来总计不同种类的财产物资，更不能总计各种不同的经济活动。②劳动量度是为了核算经济活动中消耗工作时间的数量而采用的计量单位，它有助于合理地安排工作和具体确定某一工作过程中的劳动耗费数量，但在商品经济条件下，由于有简单劳动和复杂劳动的区别，对各种人员都不能以某种劳动计量单位进行综合，各种劳动时间相加并不表明企业单位的劳动总成果。③货币量度具有质的同一性和量的可加性，为了克服实物计量单位的差异性和劳动计量单位的复杂性，会计核算应以货币量度为主来综合核算经济活动的过程和结果，为经济管理提供所需的价值指标。所谓"观念总结"，就是指用观念上的货币(货币的价值尺度职能)对各单位的经济活动情况进行综合的数量核算。

(2)会计核算经济活动不仅应记录已经发生或完成的经济业务，还应面向未来，为经济管理提供有关预测未来经济活动和效果的数据资料。随着客观经济环境的变化和经济活动的日趋复杂化，为了在经济管理中加强科学性、预见性和主动性，在如实反映已经发生或完成的经济活动的基础上，应充分考虑与企业经济活动有关的有利和不利因素，采用一定的方法对经济活动和经营成果的未来发展趋势作出科学推断和预测，为企业的发展和经济管理提供一些具有前瞻性的会计信息。

(3)会计在反映经济活动时具有完整性、连续性和系统性。所谓完整性，一方面是指对应由会计反映的会计事项不能遗漏和任意取舍，另一方面是指要将经济业务引起资金运动的来龙去脉反映出来，这样就能反映经济活动的全过程。所谓连续性，是指会计在核算经济活动时，应按其发生时间的先后顺序依次不间断地进行登记。所谓系统性，是指会计对经济活动的核算，既要全面且相互联系地记录，还必须进行科学的分类，使之成为系统的会计数据，便于进行经济管理。

(二)会计的监督职能及其特点

会计的监督职能，是指会计具有按照一定的目的和监督标准，利用会计核算所提供的会计信息，对企业单位的经济活动进行查看和督促，使之达到预期目标的功能。其特点是：

(1)会计监督要依据会计的监督标准。会计的监督标准有：党和国家的路线、方针、政策和法律；会计法规、制度；企业单位内部控制制度、计划和定额等。

(2)会计监督是一个过程，是指会计监督贯穿于经济活动的全过程。它分为：①事前监督，是指依据会计的监督标准，主要采用预测的方法，预测和分析将要发生的经济活动可能达到的预期结果，看是否与决策和计划的目标一致。②日常监督，也称事中监督，是指按照会计的监督标准，主要采用控制和审核的方法，对进行中的经济活动进行审核和分析，对已发现的问题提出建议，督促有关部门采取措施，调整经济活动，使其按照预定的目标和要求进行。③事后监督，是指以会计的监督标准为准绳，通过检查和分析已取得的会计资料，对已完成的经济活动的合法性、合理性和有效性进行考核和评价。

(3)会计在执行核算职能的同时，也应对经济活动的合法性、合理性和有效性进行监督，保证会计资料真实、完整。①合法性监督是指依据财务收支的监督标准，对企业单位发生经济业务而引起的现金或银行存款的收入和支出、应收和应付款项等在进行会计确认、计量、记录和报告的同时，是否符合党和国家有关的法律法规的监督。会计人员对于违反《会计法》和国家统一的会计制度规定的会计事项，有权拒绝办理或者按照职权予以纠正。②合理性和有效性监督是指依据提高工作效率和经济效益的监督标准，对经济活动在进行会计确认、计量、记录和报告的同时，是否符合节约和效率原则的监督。合理性和有效性监督可以揭露经济管理中的矛盾，促进企业开展增产节约，挖掘内部潜力，堵塞漏洞，防止损失和浪费，更好地提高经济效益。③保证会计资料真实、完整是指通过《会计法》及相关的会计法规制度来规范会计行为，使会计在对经济活动进行确认、计量、记录和报告时所生成的会计资料真实和完整。会计资料作为重要的社会资源和"商业语言"，越来越成为政府管理部门、投资者、债权人及社会公众进行宏观调控、改善经济管理、评价财务状况、防范经营风险、作出投资决策的重要依据。因此，《会计法》中突出"规范会计行为，保证会计资料真实、完整"的立法宗旨，是维护社会经济秩序正常运转的客观要求。

会计的核算职能和监督职能是不可分割的。如实的核算是监督的必备条件和基础，严格的监督则是核算的前提和继续。没有会计监督，会计核算就失去了存在的意义；没有会计核算，会计监督就失去了存在的基础。

随着经济的发展和管理的需要，大量的科学管理方法和电子技术被引入会计领域，有人认为会计职能的内涵和外延已经发生了变化，派生出许多新的会计职能，如利用各种预测数据来参与制定经济决策的"决策职能"，再如利用责任会计对经济活动进行控制的"控制职能"，等等。会计是否具有这些职能还需进一步探讨，但会计的基本职能即"核算和监督"是会计界对会计职能的共识。

（三）会计核算与会计监督的关系

会计的核算职能和监督职能是相辅相成、辩证统一的关系。会计核算是会计的基础，没有核算提供的各种信息，监督就没有依据；而会计监督又是会计核算质量的保证，有了严明的监督，才能确保会计信息真实、可靠。

三、会计对象和会计核算的具体内容

（一）会计对象

会计对象是指会计所核算和监督的内容。凡是特定主体能够以货币表现的经济活动，都是会计核算和监督的内容，也就是会计对象。以货币表现的经济活动通常又称为价值运动或资金运动。

对于工业企业而言，资金指的是企业所拥有的各项财产物资的货币表现。在生产经营过程中，资金的存在形态不断地发生变化，构成了企业的资金运动，表现为资金的投入、资金的运用（也称为资金的循环与周转）和资金的退出三个过程，既有一定时期内的显著运动状态（表现为收入、费用、利润等），又有一定日期中的相对静止状态（表现为资产与负债及所有者权益的恒等关系）。

1. 资金的投入

资金的投入是指资金的取得，是资金运动的起点。投入企业的资金包括投资者投入的资金和债权人提供的资金，前者形成企业的所有者权益，后者属于债权人权益（形成企业的负债）。投入企业的资金在形成企业的所有者权益和负债的同时形成企业的资产，一部分形成流动资产，另一部分构成非流动资产。

2. 资金的循环与周转

资金的循环与周转是资金运动的主要组成部分,企业将资金运用于生产经营过程就形成了资金的循环与周转,分为供应过程、生产过程、销售过程三个阶段。

(1)供应过程是生产的准备过程。在供应过程中,随着采购活动的进行,企业的资金从货币资金形态转化为储备资金形态。

(2)生产过程既是产品的制造过程,又是资产的耗费过程。在生产过程中,在产品完工之前,企业的资金从储备资金形态转化为生产资金形态,在产品完工后又由生产资金形态转化为成品资金形态。

(3)销售过程是产品价值的实现过程。在销售过程中,销售产品取得收入,企业的资金从成品资金形态又转化为货币资金形态。

由此可见,随着生产经营活动的进行,企业的资金从货币资金形态开始,依次经过供应过程、生产过程和销售过程三个阶段,分别表现为储备资金、生产资金、成品资金等不同的存在形态,最后又回到货币资金形态,这种运动过程称为资金的循环。资金周而复始地不断循环,称为资金的周转。

3. 资金的退出

资金的退出是指资金离开本企业退出资金的循环与周转,主要包括偿还各项债务、上交各项税金以及向所有者分配利润等。资金的退出是资金运动的终点。

企业、行政事业单位在社会再生产过程中所处地位不同,担负的任务不同,经济活动的方式和内容也不同,因而其会计对象的具体内容也完全不相同。

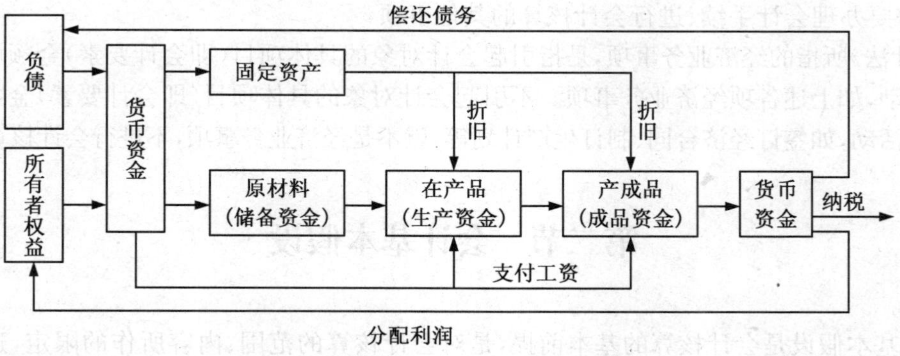

图 1—1 工业企业资金运动示意图

(二)会计核算的具体内容

单位在生产经营和业务活动中会发生各种各样的经济业务事项,如商品的买卖、提供劳务等。会计核算的具体内容就是单位发生的交易或事项。根据我国《会计法》第十条规定,单位发生的下列交易或事项应当办理会计手续、进行会计核算。

1. 款项和有价证券的收付

款项是作为支付手段的货币资金,主要包括现金、银行存款以及其他视同现金和银行存款的银行汇票存款、银行本票存款、信用卡存款、信用证存款等。有价证券是指表示一定财产拥有权或支配权的证券,如国库券、股票、企业债券等。

2. 财物的收发、增减和使用

财物是财产、物资的简称，企业的财物是企业进行生产经营活动且具有实物形态的经济资源，一般包括原材料、燃料、包装物、低值易耗品、在产品、库存商品等流动资产，以及房屋、建筑物、机器、设备、设施、运输工具等固定资产。

3. 债权、债务的发生和结算

债权是企业收取款项的权利，一般包括各种应收和预付款项等。债务则是指由于过去的交易、事项形成的企业需要以资产或劳务等偿付的现时义务，一般包括各项借款、应付和预收款项以及应交款项等。

4. 资本的增减

资本是投资者为开展生产经营活动而投入的资金。会计上的资本专指所有者权益中的投入资本。

5. 收入、支出、费用、成本的计算

收入是指企业在销售商品、提供劳务及让渡资产使用权等日常活动中所形成的经济利益的总流入。支出是指企业所实际发生的各项开支，以及在正常生产经营活动以外的支出和损失。费用是指企业为销售商品、提供劳务等日常活动所发生的经济利益的流出。成本是指企业为生产产品、提供劳务而发生的各种耗费，是按一定的产品或劳务对象所归集的费用，是对象化了的费用。

6. 财务成果的计算和处理

财务成果主要是指企业在一定时期内通过从事生产经营活动而在财务上所取得的结果，具体表现为盈利或亏损。财务成果的计算和处理一般包括利润的计算、所得税的计算、利润分配或亏损弥补等。

7. 需要办理会计手续、进行会计核算的其他事项

《会计法》所指的经济业务事项，是指引起会计对象的具体项目(即会计要素)金额增减变化的经济活动，如上述各项经济业务事项。不引起会计对象的具体项目(即会计要素)金额增减变化的经济活动，如签订经济合同、制订生产计划等，就不是经济业务事项，不进行会计核算。

第二节　会计基本假设

会计基本假设是会计核算的基本前提，是对会计核算的范围、内容所作的限定，这种限定并不是凭空的主观臆断，而是建立在会计所处的客观经济环境基础之上的，是设计和选择会计方法的重要依据。例如，会计的核算范围究竟有多大？对各项会计要素应采用什么计价基础？如何保证各有关方面及时获得会计信息？……对于这些问题，在进行会计核算时，必须面对客观经济环境做出合理判断后回答，即明确会计核算的基本前提；反之，会计核算的原则、方法和程序就无从建立起来。会计基本假设是人们在长期的会计实践中逐步认识和总结而形成的。会计核算的基本前提是进行会计核算时必须明确的前提条件。会计基本假设包括会计主体、持续经营、会计分期和货币计量四项。

一、会计主体

会计主体是指会计核算和监督的特定单位或者组织，它界定了从事会计工作和提供会计信息的空间范围。

《企业会计准则》规定:"企业应当对其本身发生的交易或者事项进行会计确认、计量和报告。"这一规定限定了会计核算的空间范围——会计主体本身发生的交易或者事项。理解会计主体假设有三个要点:

第一,要将企业与投资人分开。投资人向企业投资,以他的投资额(股份)在企业行使经营决策权,分享税后利润,但不能随意在企业支取现金和其他资产。企业不能偿还到期债务甚至破产,投资人以投资额承担有限责任,不能以投资人的其他资产偿还企业债务。

第二,要将企业与企业的主管部门分开。企业主管部门对企业的经济活动有指导作用,在一般情况下,对企业交易或事项中发生的问题不承担连带责任。

第三,要分清法人主体和会计主体。法人主体是能够独立承担民事责任的单位,会计主体是独立核算的组织。中小企业的法人主体与会计主体是一致的;大企业是一个法人主体,它的分公司独立核算,是一个会计主体,不是法人主体。

会计主体这一会计基本假设对会计确认、计量和报告范围从空间上作了有效界定,明确了会计人员应该把握的立场,解决了为谁核算的问题,对于正确地核算一个经济实体所拥有的经济资源及所承担的义务、计算该经济实体的经营收益或损失等,都具有重要的意义。

二、持续经营

持续经营是指会计主体在可以预见的未来,将根据正常的经营方针和既定的经营目标持续经营下去。即在可预见的未来,该会计主体不会破产清算,所持有的资产将正常营运,所负担的债务将正常偿还。

《企业会计准则》指出:"企业会计确认、计量和报告应当以持续经营为前提。"在市场经济环境下,企业生产经营活动是连续不断地进行的。一个企业若不破产,经济活动就将长期连续进行下去,在会计上就必须持续核算。

持续经营假设主要解决了财产估价、权益清偿和费用分摊等问题。如果企业在持续经营,企业的财产物资就应按历史成本计价,有关债务可以按期清偿,有关费用按常规在受益期内分摊。如果企业破产了,对财产物资就要拍卖,债务必须尽快清偿,对所有者权益也要进行分配和处理,有关费用就没有必要分摊也无处可摊了。

持续经营只是一个假定,任何企业在经营中都存在破产、清算等不能持续经营的风险。企业一旦进入清算,就应当改按清算会计处理。

三、会计分期

会计分期是指将一个会计主体持续经营的生产经营活动划分成若干相等的会计期间,以便分期结算账目和编制财务会计报告。

《企业会计准则》指出:"企业应当划分会计期间,分期结算账目和编制财务会计报告。"会计分期为会计核算确定了时间范围,会计期间分为年度、半年度、季度和月度。年度、半年度、季度和月度均按公历起讫日期确定。

企业的经济活动在时间上是持续不断进行的。但是,企业要按期向职工支付工资、向国家纳税,要定期总结企业的生产经营状况和财务状况,这就需要将企业的生产经营时间人为地划分为一定的期间,这就是会计期间假设。

我国与法国、德国等 80 多个国家采用历年制,即从每年的 1 月 1 日起至当年的 12 月 31 日止。季度和月份也与公历的季度和月份相同。英国、日本等国采用 4 月制,即从每年的 4 月

1 日起至次年的 3 月 31 日止。美国、泰国等国采用 7 月制，即从每年的 7 月 1 日起至次年的 6 月 30 日止。

会计期间的划分为会计进行分期核算、及时提供会计信息，以及应收、应付、递延、待摊等会计处理方法提供了基础。

四、货币计量

货币计量是指会计主体在会计核算过程中采用货币作为统一的计量单位。

《企业会计准则》指出："企业会计应当以货币计量。"这一假设有两层含义：一是货币计量，二是币值不变。货币是一切商品交换的媒介，起价值尺度作用，具有支付职能、流通职能和世界货币职能，因此用货币对会计对象进行计价是唯一正确的选择。货币作为特殊商品，其价值是在不断变化的，物资在不同时间具有不同的价值。鉴于这一情况，在会计上只有假定货币价值不变，才便于对会计数据的有效性和历史真实性作出合乎逻辑的解释，避免因物价变动而频繁调账带来的麻烦。

但是，物价上涨的事实引起货币贬值，使币值不变假定受到冲击。针对这一情况，西方会计学家提出了"通货膨胀会计"这一新的课题，主张在编制财务报表时，一方面按币值不变假设计算成本和盈亏，另一方面把有关会计信息按物价变动情况进行调整，作为按历史成本提供会计资料的补充。

五、会计核算四项基本前提之间的关系

会计核算的四项基本前提具有相互依存、相互补充的关系。具体来说，会计主体确立了会计核算的空间范围，持续经营与会计分期确立了会计核算的时间长度，而货币计量则为会计核算提供了必要手段。没有会计主体，就不会有持续经营；没有持续经营，就不会有会计分期；没有货币计量，就不会有现代会计。

第三节　会计基础

一、会计基础的概念和种类

会计基础是指会计确认、计量和报告的基础，是用于企业确认收入和费用所归属的会计期间，从而确定损益的标准。

在实务中，企业交易或事项的发生时间与相关货币收支时间并不完全一致。有的款项已经收到，但销售还未实现；有的款项已经支付，但并不是本期生产经营活动发生的。为了更加真实、公允地核算特定会计期间的财务状况和经营成果，必须采取一种制度进行会计确认、计量和报告。这种制度贯穿于会计核算的全过程，属于财务会计的基本问题，层次较高，统驭作用较强。会计基础有权责发生制基础和收付实现制基础两种。

二、权责发生制

权责发生制也称应计制，按照权利的实现和责任的发生确认收入和费用的归属期限。其要求：凡是当期已经实现的收入和已经发生的费用或应当负担的费用，无论款项是否收付，都

应当作为当期的收入或费用；凡是不属于当期的收入和费用，即使款项已在当期收付，也不应当作为当期的收入或费用。

我国《企业会计准则》规定，企业会计的确认、计量和报告应当以权责发生制为基础，要求按照企业实现的经济权利和发生的经济责任确认收入和费用的归属期间。

三、收付实现制

与权责发生制相对应的一种会计基础是收付实现制，也称现金收付制或现金制。它是以收到或支付的现金作为确认收入和费用等的依据。目前，我国的行政单位会计采用收付实现制，事业单位会计除经营业务可以采用权责发生制外，其他大部分业务采用收付实现制。

第四节　会计信息质量要求

会计信息是会计的系统产品，只有符合特定要求的会计信息，才能够满足使用者的要求。会计信息质量要求是指会计信息质量的基本要求，是会计核算工作必须遵循的标准和规范。

根据我国《企业会计准则——基本准则》的规定，会计信息质量的要求包括可靠性、相关性、可理解性、可比性、实质重于形式、重要性、谨慎性和及时性八个方面。

一、可靠性

可靠性原则，也称真实性原则，是指企业应当以实际发生的交易或者事项为依据进行会计确认、计量和报告，如实核算符合确认和计量要求的各项会计要素及其他相关信息，保证会计信息真实可靠、内容完整。可靠性原则要求有两点：第一，进行会计确认、计量和报告的会计信息，必须以已经发生的经济业务和证明这一经济业务的合法凭证为依据；不得用虚构的、没有发生或尚未发生的交易或事项进行确认、计量和报告。第二，必须按照会计法规规定的专门技术方法进行会计核算，保证财务会计报告的完整，不得漏报或少报。可靠性是对会计信息质量的基本要求。

二、相关性

相关性原则，也称有用性原则，是指企业提供的会计信息应当与财务会计报告使用者的经济决策需要相关，有助于财务会计报告使用者对企业过去、现在或者未来的情况做出评价或者预测。

财务会计报告的使用者有企业管理者、投资人、债权人、政府监管部门、企业职工、中介机构和社会公众（股民）等。企业提供的会计信息与使用者相关、对使用者有用，使他们能对企业的过去做出评价、对未来做出预测，并对与企业相关的经济活动做出决策。

三、可理解性

可理解性原则，也称清晰性原则，是指企业提供的会计信息应当清晰明了，便于财务会计报告使用者理解和使用。财务会计报告使用者的专业不同，文化程度也有高有低。企业提供的会计信息应该按照《企业会计准则》、《企业会计制度》的规定，做得清晰明了，使不同专业、文化程度不同的人都能理解和使用。

四、可比性

可比性原则，包括纵向与横向两个方面。第一，同一企业不同时期可比，即纵向可比，要求企业采用的会计政策在前后各期保持一致，不得随意改变。但是，在下述两种情况下，企业可以变更会计政策：一是有关法规发生变化，要求企业变更会计政策；二是改变会计政策后能够更恰当地核算企业的财务状况和经营成果。第二，不同企业相同会计期间可比，即横向可比，要求会计核算按照国家统一规定的会计处理方法进行核算。

五、实质重于形式

实质重于形式原则，是指企业应当按照交易或者事项的经济实质进行会计确认、计量和报告，不应仅以交易或者事项的法律形式为依据。因为在现代社会，科学技术迅猛发展，市场行情变幻莫测，会计人员就应该实事求是、与时俱进，按照经济业务的实质进行会计核算，不必拘泥于经济业务的法律形式。会计核算中融资租赁的核算、收入的确认（售后回购）、合并报表等会计方法均体现了该原则的要求。

六、重要性

重要性原则，是指企业提供的会计信息应当核算与企业财务状况、经营成果和现金流量等有关的所有重要交易或者事项。一项经济业务是否重要，主要表现在三个方面：一是经济业务涉及金额的大小，一般来讲，金额大的比小的重要。二是流动资产比固定资产（尤其是房屋建筑物等）重要。房屋建筑物等虽然金额大，但一经建成，一般不容易损坏，会计核算就比较简单；而现金、银行存款虽然涉及的金额不是最大，但流动性很强，贪官污吏、内偷外盗对它最感兴趣，对其核算和管理就最为严谨。三是涉及企业生死存亡、前途命运的经济业务最重要。

七、谨慎性

谨慎性原则，是指企业对交易或者事项进行会计确认、计量和报告应当保持应有的谨慎，不应高估资产或者收益、低估负债或者费用。因为市场经济是风险经济，为了预防风险，就应当遵循谨慎性原则，在进行会计核算时，不应高估资产或者收益、低估负债或者费用。在会计核算中，遵循谨慎性原则主要表现在六个方面：一是对资产计提减值准备；二是对应收账款计提坏账准备；三是对无形损耗较为严重的机器设备采用加速折旧法计提折旧；四是对资产估价时采取市场价与历史成本孰低的做法；五是对存货提取跌价准备；六是对商品所提供的产品质量保证确认一项预计负债等。

谨慎性原则的应用也不允许企业设置秘密准备，如果故意低估资产或者收益，或者高估负债或者费用，将违反会计信息的可靠性原则和相关性原则，这是会计准则所不允许的。

八、及时性

及时性原则，是指企业对于已经发生的交易或者事项，应当及时进行会计确认、计量和报告，不得提前或延后。会计信息的价值在于能帮助会计信息使用者做出经济决策，具有时效性，即使是可靠的、相关的会计信息，如果不及时提供，就失去了时效性，对于会计信息使用者的效用就大大降低，甚至不再具有实际意义。

及时性原则要求会计核算不能提前，否则就违反了会计核算应当以已经发生的经济业务为依据的真实性原则；及时性原则还要求会计核算不能延后，因为滞后的会计信息会使经济决策制定者坐失良机。贯彻及时性原则，要做到三个及时：及时收集、及时处理和及时传递会计信息。我国会计制度规定，会计报表月报于月份终了后 6 天内报出（扣除法定休假日，下同），季报于季度终了后 15 天内报出，半年度中期报告于年度中期结束后 60 天内报出，年报于年度终了后 4 个月内报出。

本章小结

1. 会计的定义。会计是以货币为主要计量单位，借助一定的方法，对特定经济主体的经济活动进行连续、系统、完整的核算与监督，并向有关方面提供会计信息的一种经济管理活动。

2. 会计的产生与发展。会计是由于人们组织和管理生产的客观需要而产生的，是随着科技进步、生产发展和生产关系的变革而发展的。

3. 会计的基本特征。会计以货币作为主要计量单位；会计拥有一系列专门方法；会计具有核算和监督的基本职能；会计的本质就是管理活动。

4. 会计的基本职能。会计的基本职能是会计核算和会计监督。

会计的核算职能是指会计通过确认、计量、记录和报告的方式和方法，从数量上核算社会再生产过程中所包括的能用货币表现的已经发生或完成的经济活动，为经济管理提供经济信息的功能。

会计的监督职能是指会计具有按照一定的目的和监督标准，利用会计核算所提供的会计信息，对企业单位的经济活动进行查看和督促，使之达到预期目标的功能。

5. 会计对象。会计对象是指会计所核算和监督的内容。凡是特定主体能够以货币表现的经济活动，都是会计核算和监督的内容，也就是会计对象。

6. 会计假设。会计假设是对会计核算的范围、内容所作的限定，是设计和选择会计方法的重要依据。会计基本假设包括会计主体、持续经营、会计分期和货币计量四项。

7. 会计基础。会计基础是指会计确认、计量和报告的基础，是用于企业确认收入和费用所归属的会计期间，从而确定损益的标准。会计基础有权责发生制基础和收付实现制基础两种。

8. 会计信息质量要求的八项原则。会计信息质量要求是指会计信息质量的基本要求，是会计核算工作必须遵循的标准和规范。它包括可靠性、相关性、可理解性、可比性、实质重于形式、重要性、谨慎性和及时性八个方面。

第二章　会计要素与会计科目

【学习目标】

(1)了解会计要素的内容;

(2)了解会计要素的计量;

(3)了解会计科目的概念和分类;

(4)掌握会计科目的设置。

第一节　会计要素

一、会计要素的确认

会计要素是对会计对象进行的基本分类,是会计核算对象的具体化。凡与价值运动有关的经济活动都构成会计要素的内容。

对企业会计来说,其对象是生产经营活动及反映经济生产活动的资金运动,实质上就是指企业所占有的各种经济资源的取得与运用。资金运动具有显著运动状态和相对静止状态,由资金投入、资金循环与周转、资金退出三部分构成。在各企业里,资金运动的具体过程表现为各种各样的经济业务,为了分门别类地、正确地核算和监督各项经济业务,需要使用一些特定概念对会计对象进行分类。

《企业会计准则》(2006)第十条规定:“企业应当按照交易或者事项的经济特征确定会计要素。会计要素包括资产、负债、所有者权益、收入、费用和利润。”在这六大要素中,资产、负债、所有者权益是反映财务状况的会计要素,是静态的会计要素;收入、费用、利润是反映经营成果的会计要素,是动态的会计要素。

二、会计要素的内容

(一)营利性组织会计要素的内容

1. 资产

(1)资产的定义

资产是指企业过去的交易或者事项形成的、由企业拥有或者控制的、预期会给企业带来经济利益的资源。

(2)资产的特征

①资产预期会给企业带来经济利益。例如,企业的原材料、固定资产等,这些都可以为企业带来一定的经济利益。如果某一项目不能给企业带来经济利益,则不能确认为企业的资产。例如,企业在年底盘点存货时发现,由于仓库进水,一批存货已完全毁损。完全毁损的货物已经不能为企业带来经济利益,所以不是企业的资产。另外,已经淘汰的流水线、无法收回的应收账款,不能给企业带来经济效益,也不是企业的资产。

②资产必须是企业拥有或控制的资源。拥有是指企业享有某项资源的所有权,大部分资产都是企业拥有所有权的;控制是指企业虽然不享有某项资产的所有权,但是能够支配这些资产并且从中获取经济利益。例如融资租赁资产,虽然企业不拥有其所有权,但能够控制它,因而应将其作为企业的资产。

③资产必须是由过去的交易或者事项形成的。只有过去发生的交易或者事项才能产生资产,所以计划中的资产购买不构成企业的资产。如准备购买的设备、即将取得的货币都不是企业的资产。

(3)资产的分类

企业的资产按其流动性可分为流动资产和非流动资产。资产的流动性是指资产的变现能力。

①流动资产。流动资产是指可以在一年或者超过一年的一个营业周期内变现或者耗用的资产,主要包括货币资金、交易性金融资产、应收账款、应收票据、预付账款、存货等。

正常营业周期,通常是指从购买用于加工的资产起至实现现金或现金等价物止的期间。正常营业周期通常短于一年,在一年内有几个营业周期。但是,也存在正常营业周期长于一年的情况,如房地产开发企业开发用于出售的房地产产品、造船企业制造用于对外出售的大型船只等,往往超过一年才变现出售或耗用,其仍应划分为流动资产。正常营业周期不能确定时,应当以一年作为正常营业周期。

根据《企业会计准则第 30 号——财务报表列报》第十三条规定,资产满足下列条件之一的,应当归类为流动资产:预计在一个正常营业周期中变现、出售或耗用;主要为交易目的而持有;预计在资产负债表日起一年内(含一年)变现;自资产负债表日起一年内,交换其他资产或清偿负债的能力不受限制的现金或现金等价物。

货币资金主要是指库存现金、银行存款、其他货币资金等。其他货币资金是指除库存现金、银行存款以外的货币资金,包括企业的外埠存款、银行汇票存款、银行本票存款、信用卡存款、信用证保证金存款、存出投资款。

交易性金融资产是指企业为了近期内出售而持有的金融资产,如企业以赚取差价为目的从二级市场购入的股票、债券、基金等。

应收账款是指企业因销售商品、产品或提供劳务等原因应向购货客户或接受劳务的客户收取的款项。

应收票据是指企业因销售商品、产品或提供劳务而收到的商业汇票。

预付账款是指按照购货合同或劳务合同的规定,预先付给供应方或提供劳务方的款项。

存货是指企业在日常活动中持有以备出售的产成品或商品、处在生产过程中的在产品、在生产过程或提供劳务过程中耗用的材料和物料等。

②非流动资产。非流动资产是指流动资产以外的各项资产,主要包括固定资产、无形资产、长期股权投资、投资性房地产等。

固定资产是指为生产商品、提供劳务、出租或经营管理而持有的,使用寿命超过一个会计年度的有形资产。如房屋建筑物、机器设备、交通工具等。

无形资产是指企业拥有或者控制的、没有实物形态的可辨认非货币性资产。如专利权、非专利技术、商标权、著作权、土地使用权、特许权等。

长期股权投资是指企业持有的对其子公司、合营企业及联营企业的权益性投资,以及企业持有的对被投资单位不具有控制、共同控制或重大影响,并且在活跃市场中没有报价、公允价值不能可靠计量的权益性投资。

投资性房地产是指为赚取租金或资本增值,或者两者兼有而持有的房地产。

2. 负债

(1)负债的定义

负债是指企业过去的交易或者事项形成的、预期会导致经济利益流出企业的现时义务。

(2)负债的特征

①负债是企业过去的交易或者事项形成的。只有过去发生的交易或者事项才能增加或减少企业的负债,将要形成的债务不能作为企业的负债入账。如正在交涉中的借款、应当在将来缴纳的税款都不是企业的负债。

②负债是企业的现时义务。现时义务是指在现行条件下已承担的义务。未来发生的交易或者事项形成的义务,不属于现时义务,不应当确认为负债。现时义务具体包括法定义务和推定义务。法定义务是企业在经济管理和经济协调中,依照经济法律法规必须履行的义务,需要强制执行。例如,企业向银行借款到期必须还本付息,按照税法规定应当负有缴纳所得税、增值税的义务等。推定义务是指根据企业多年的习惯做法、公开的承诺或者公开的宣传政策而导致企业应承担的责任。例如,企业对售出的商品提供一定期限的售后服务等。企业不能或很少能回避现时义务,如果企业能回避现时义务,则不能确认为企业的负债。

③负债的清偿预期会导致经济利益流出企业。企业清偿债务的方式多种多样,比如以现金或实物资产偿还、以提供劳务偿还、转移部分资产、将负债转为资本等,但不论是哪种方式的偿还,都会预期导致经济利益流出企业。例如,杂志的发行人可能预收了 3 年的订阅费,预订费构成了一种负债,出版公司在预订期内通过供应出版物而使其负债不断减少。

(3)负债的分类

负债按偿还期限长短可分为流动负债和非流动负债。

①流动负债。流动负债是指预计将在一年或者超过一年的一个营业周期内偿还的债务主要包括短期借款、应付账款、应付票据、应付职工薪酬、应交税费、预收账款等。

根据《企业会计准则第 30 号——财务报表列报》第十五条规定,负债满足下列条件之一的,应当归类为流动负债:预计在一个正常营业周期中清偿;主要为交易目的而持有;自资产负债表日起一年内到期应予以清偿;企业无权自主地将清偿推迟至资产负债表日后一年以上。

短期借款是指企业为了满足其生产经营活动的临时需要而向银行或其他金融机构等借入的、偿还期限在一年以内(含一年)的各项借款。

应付账款是指企业因购买材料、商品或接受劳务等经营活动应支付的款项。

应付票据是指企业采用商业汇票结算方式购买材料物资等而开出、承兑的商业汇票。

应付职工薪酬是指企业应付还未付的职工的工资、津贴、补贴和职工福利等。

应交税费是指企业按照税法等规定计算应交纳的各种税费。

预收账款是指买卖双方协议商定由购货方预先支付一部分货款给供应方而发生的一项负债。

②非流动负债。非流动负债是指流动负债以外的各项负债，主要包括长期借款、应付债券等。

长期借款是指企业向银行或其他金融机构借入的、期限在一年以上(不含一年)或超过一年的一个营业周期以上的各项借款。如企业在资产负债表日或之前违反了长期借款协议，导致贷款人可以随时要求清偿的负债，应当归入流动负债；贷款人在资产负债表日或之前同意提供在资产负债表日后一年以上宽限期，企业能够在此期限内改正违约行为，且贷款人不能要求随时清偿，则该项负债应当归类为非流动负债。

应付债券是指企业依照法定程序发行的、约定在一定期限内还本付息的一种书面承诺。

3. 所有者权益

(1)所有者权益的定义

所有者权益是指所有者在企业资产中享有的经济利益，是企业资产扣除负债后由所有者享有的剩余权益。公司的所有者权益又称股东权益。

(2)所有者权益的特征

①所有者权益是一种剩余权益，从数量上说是资产减去负债后的余额。所有者权益的大小，取决于所有者对企业投资的增减和企业经营的有效与否。

②所有者权益所代表的资产可供企业长期使用。企业不必像负债那样定期按照固定的比例支付资金的使用报酬。

③所有者权益所代表的资产是企业偿还债务的物质保证，也是企业亏损的承担者。

(3)所有者权益的构成

所有者权益包括实收资本、资本公积、盈余公积和未分配利润四大类。

①实收资本是所有者投入的构成企业注册资本或股本的金额，是企业实际收到的资本。

②资本公积是投资者超额投入的资本及受赠资本、企业内部非收益转化来的资本，包括资本溢价以及直接计入所有者权益的利得和损失。

③盈余公积是企业按规定从净利润中提取的企业积累资金，它含有法定盈余公积和任意盈余公积。法定盈余公积一般按利润的10%提取，用于企业发展和购买集体福利设施。

④未分配利润是企业留待以后年度分配的利润或本年待分配的利润。

所有者权益的来源包括所有者投入的资本(实收资本)、直接计入所有者权益的利得和损失、留存收益(盈余公积、未分配利润)等。

直接计入所有者权益的利得，是指不应计入当期损益的、会导致所有者权益产生增减变动的、与所有者投入资本或者向所有者分配利润无关的经济利益的流入。例如，企业接受捐赠的实物资产，在会计上计入“资本公积”；企业从税后利润中提取“盈余公积”，是直接计入所有者权益的利得。直接计入所有者权益的损失，是指由企业非日常活动产生的、会导致所有者权益减少的、与向所有者分配利润无关的经济利益的流出。

直接计入所有者权益的利得和损失包括：可供出售金融资产公允价值的变动；采用权益法的长期股权投资的其他权益变动；采用公允价值模式计量的非投资性房地产转换为投资性房地产时公允价值大于账面价值的差额；权益结算的股份支付。

4. 收入

(1)收入的定义

收入是指企业在日常活动中形成的、会导致所有者权益增加的、与所有者投入资本无关的经济利益的总流入。

(2)收入的特征

①收入从企业的日常活动中产生。日常活动是指企业为完成其经营目标所从事的经常性活动以及与之相关的活动。如商品销售、工业加工、交通运输服务、饮食服务等,都属于企业的日常活动。偶发的事项带来的经济利益是利得,不是收入。如处理废弃固定资产所得,不能算作企业的收入。

②收入是与所有者投入资本无关的经济利益的总流入。所有者投入资本的主要目的是希望享有企业资产的剩余权益,由此形成的经济利益的总流入不构成收入,而是所有者权益的组成部分。

③收入能导致企业所有者权益的增加。企业为第三方或者客户代收的款项,如旅行社代征收的门票和飞机票等款项,一方面增加企业的资产,另一方面增加企业的负债,但不能增加企业的所有者权益,因此不是企业的收入。

(3)收入的分类

①收入按交易性质分为销售商品收入(如某工业企业销售产品的收入)、提供劳务收入(如提供咨询服务的收入)、让渡资产使用权收入(如某工业企业对外出租固定资产的收入)。

②收入按业务比重又可以分为主营业务收入和其他业务收入。主营业务收入是指销售商品、提供劳务等取得的收入;其他业务收入是指销售原材料、出租不需用设备等取得的收入。

5. 费用

(1)费用的定义

费用是指企业为销售商品、提供劳务等日常活动所发生的经济利益的流出。

(2)费用的特征

①费用是企业在日常活动中形成的。费用要与收入相配比,要注意区分费用和损失。费用和损失都会带来企业经济利益的流出,但费用形成于企业日常活动,而损失产生于非日常活动。例如,企业处置固定资产、对外捐赠、因自然灾害造成的财产毁损等都会导致经济利益的流出,但这些不是日常活动,所以属于企业的损失而不是费用。

②费用是与向所有者分配利润无关的经济利益的总流出。向所有者分配的利润也会导致经济利益的流出,但其流出属于所有者权益的抵减,不应确认为费用。

③费用会导致所有者权益减少。如果交易或事项导致经济利益流出企业,但不减少所有者权益,则不属于企业的费用。如以现金偿还债务、向投资者支付股利以及企业支付的职工薪酬不是企业的费用。

④费用表现为资产减少、负债增加或者两者兼而有之。费用应当会导致经济利益的流出,从而导致资产减少、负债增加或两者兼而有之。例如,企业用银行存款支付的广告费、预提的本期短期借款利息等都属于企业的费用。

(3)费用的分类

费用按经济用途可以分为直接费用、间接费用、期间费用。

①直接费用。直接费用又分为直接材料费用、直接人工费用。其中,直接材料费用是指企业在生产产品和提供劳务的过程中所消耗的,直接用于产品生产、构成产品实体的各种原材料

及主要材料、外购半成品以及有助于产品形成的辅助材料等的费用。

②间接费用。间接费用主要指制造费用，是工业企业为生产产品（或提供劳务）而产生的、应该计入产品成本但没有专设项目的各种生产费用。制造费用的内容比较繁多，主要包括车间机物料消耗、车间折旧费、修理费等。制造费用项目一旦确定，不应随意更改。

③期间费用。期间费用包括管理费用、销售费用和财务费用。

管理费用是为组织和管理企业生产经营所发生的费用，如公司经费、工会经费、董事会费、业务招待费等。

销售费用是企业在销售过程中发生的费用，包括销售过程中发生的运输费、装卸费、包装费、保险费、展览费、广告费，以及为销售本企业商品而专设的销售机构发生的经营费用。

财务费用是为筹集生产经营资金等发生的费用，如利息支出、相关手续费等。

6. 利润

(1)利润的定义

利润是指企业在一定会计期间的经营成果，是企业在生产经营过程中各种收入与各项费用配比相抵后的正差额；如果是负差额，则表现为亏损。对利润进行核算，可以及时反映企业在一定会计期间的经营业绩或获利能力，反映企业的投入产出效率和经济效益，有助于企业投资者和债权人据此进行盈利预测，评价企业经营绩效，做出正确的决策。

(2)利润的来源

利润有在企业日常活动中形成的，也有在非日常活动中形成的。企业日常活动产生的利润即收入减去费用的净额，非日常活动产生的利润即直接计入当期利润的利得和损失。

由此可见，收入是影响企业利润的主要因素。企业通过销售商品或提供劳务，以现金或者应收账款的形式从客户处获得收入，大多导致资产的增加或负债的减少，当然也导致所有者权益的增加。企业为了获得收入就需要支付费用，费用必须由收入补偿，因此会导致收入的减少。利润可以理解为企业净资产的增加额，即所有者权益的增加额。

利润反映的是收入减去费用、利得减去损失后的净额，因此，利润的确认主要依赖于收入和费用以及利得和损失的确认，其金额的确定也主要取决于收入、费用、利得、损失金额的计量。

(3)利润的计算步骤

企业的利润分为营业利润、利润总额和净利润三个层次。

①营业利润是指营业收入减去营业成本和营业税金及附加，减去财务费用、管理费用、销售费用和资产减值损失，加上公允价值变动收益和投资收益的金额。用公式表示如下：

营业利润＝营业收入－营业成本－营业税金及附加－财务费用－管理费用－销售费用－资产减值损失＋公允价值变动收益（损失以“－”号填列）＋投资收益（损失以“－”号填列）

其中，营业收入是指主营业务收入加上其他业务收入；营业成本是指主营业务成本加上其他业务成本；营业税金及附加包括主营业务和其他业务负担的营业税、消费税、城建税、资源税和教育费附加；公允价值变动收益（或损失）是指企业交易性金融资产、交易性金融负债以及采用公允价值模式计量的投资性房地产、衍生工具、套期保值业务中公允价值变动形成的应计入当期损益的利得（或损失）。

②利润总额是指营业利润加上营业外收入、减去营业外支出后的金额。用公式表示如下：

利润总额＝营业利润＋营业外收入－营业外支出

其中，营业外收入是指企业发生的与其经营活动无直接关系的各项净收入，主要包括处置非流动资产利得、非货币性资产交换利得、债务重组利得、罚没利得、政府补助利得、确实无法支付而按规定程序经批准后转作营业外收入的应付债款、捐赠利得、盘盈利得等；营业外支出是指企业发生的与其经营活动无直接关系的各项净支出，包括处置非流动资产损失、非货币性资产交换损失、债务重组损失、罚款支出、捐赠支出、非常损失等。

③净利润是指利润总额减去所得税费用后的金额。用公式表示如下：

净利润＝利润总额－所得税费用

(二)非营利性组织会计要素的内容

1. 非营利性组织的定义

非营利性组织是指不以营利为目的的事业、机关、团体等单位，如学校、慈善团体、妇女团体等。

2. 非营利性组织的会计要素

非营利性组织的会计要素包括资产、负债、净资产、收入和费用。

三、会计要素的计量

会计要素的计量是为了将符合确认条件的会计要素登记入账，并列报于财务报表而确定其金额的过程。会计计量包括计量单位和计量属性两个基本的构成要素。

(一)计量单位

计量单位也称计量尺度，是指对计量对象就某一属性进行计量时具体使用的标准量度，如千克、米、人民币等。在前面的会计基本假设中，已经明确必须以货币作为主要的计量单位。

货币计量单位有两种：一是名义货币单位，适用于货币币值相对稳定的情况。名义货币单位是指各国主要流通货币的法定单位，如美国的美元、美分，英国的英镑、先令、便士，我国的元、角、分等。二是一般购买力货币单位(也称不变货币单位)，适用于物价变动剧烈，出现持续、恶性的通货膨胀情况。一般购买力货币单位就是以各国货币的一般购买力或实际交换比率作为计量单位。

计量单位解决对选定的计量属性“用什么计量”，它是外在的、形式的问题，计量单位的选择随计量属性的变化而变化。

(二)计量属性

计量属性是指所予计量的某一要素的特性方面，如桌子的长度、楼房的高度、铁矿的重量等。计量属性解决“计量什么”这个内在的、根本的问题，不同计量模式的区别关键在于计量属性的不同。不同的计量属性会使相同的会计要素表现为不同的货币数量，从而使会计信息反映的财务成果和经营状况建立在不同的计量基础上。根据《企业会计准则——基本准则》的规定，我国的会计计量属性主要包括历史成本、重置成本、可变现净值、现值和公允价值。

1. 历史成本

历史成本又称原始成本、实际成本。历史成本原则是指企业的各项财产在取得时应当按照实际成本计量。其后，各项财产如果发生减值，应当按照规定计提相应的减值准备。在历史成本计量下，资产按照购置时支付的现金或者现金等价物的金额或者按照购置资产时所付出的对价的公允价值计量；负债按照因承担现时义务而实际收到的款项或者资产的金额，或者承担现时义务的合同金额，或者按照日常活动中为偿还负债预期需要支付的现金或者现金等价物的金额计量。除法律、行政法规和国家统一的会计制度另有规定者外，企业一律不得自行调整其账面价值。

历史成本原则具有成本资料取得比较容易、比较客观、有原始凭证作证明便于查证、可以防止企业随意更改、会计核算手续简化、不必经常调整账目等优点。当然，历史成本原则是以货币稳定为前提的。

2. 重置成本

重置成本是指现在重新购置同样资产或重新制造同样产品所需的全部成本。重置成本也叫现行成本，是指在当前市场条件下重新取得同样一项资产所需支付的现金或现金等价物的金额。常用于盘盈固定资产的计量，如盘盈车床一台的价格确定。

3. 可变现净值

可变现净值是指在日常活动中，存货的估计售价减去至完工时估计将要发生的成本、估计的销售费用以及相关税费后的金额。

在可变现净值计量下，资产按照其正常对外销售所能收到现金或者现金等价物的金额扣减该资产至完工时估计将要发生的成本、估计的销售费用以及相关税费后的金额计量。用公式表示如下：

可变现净值＝预计售价－进一步加工成本－估计销售费用－估计相关税费

可变现净值经常用于在存货资产减值情况下的后续计量。

4. 现值

现值也称在用价值，是指资产按照预计从其持续使用和最终处置中所产生的未来净现金流入量折现的金额，负债按照预计期限内需要偿还的未来净现金流出量折现的金额。

现值是对未来现金流量进行折现后的价值，考虑货币时间价值。现值用于非流动资产可回收金额和以摊余成本计量的金融资产价值的确定，如固定资产将来回收价、贷款摊余成本价计量。

5. 公允价值

公允价值是指公平交易中双方自愿进行资产交换及债务偿还的金额。其实，公允价值的实质就是客观价值，它在本质上强调对资产客观价值的计量。

公允价值经常用于交易性金融资产、可供出售金融资产的计量，如股票、债券、基金等金融产品交易。公允价值能反映企业实际情况，对投资者更有用，但有可能出现公允价值计量不可靠的情况，甚至借机人为操纵利润。投资性房地产和生物资产等尤其要注意。

企业在对会计要素进行计量时，一般应当采用历史成本；采用重置成本、可变现净值、现值、公允价值计量的，应当保证所确定的会计要素金额能够取得并可靠计量。

四、划分会计要素的意义

(1)会计要素是对会计对象的科学分类，是实现会计反映职能，分类、系统地反映会计对象的需要。对企业会计来说，其对象是生产经营活动及反映其生产经营活动的资金运动，实质上就是企业所占有的各种经济资源的取得与运用。从静止的某一时点来说，企业的资金运动具体表现为企业范围内的各种经济资源的占有、运用和来源情况，也就是企业在某一时点的财务状况。为此，要表现企业的财务状况，就需要按照一定标准对各种经济资源的占有进行分类，对各种经济资源的来源进行分类，通过分类将其反映在会计报表中。这些为反映企业财务状况所进行的基本分类，就是反映和表明财务状况的会计要素。从一定期间来看，企业的资金运动表现为一定期间经济资源运用的所得与所费，表现为一定期间经济资源的流入和流出。所得与所费比较的结果，就是企业在一定期间内的经营成果。表现和反映一定期间所得与所费的基本分类，就是反映和表现经营成果的会计要素。

(2)会计要素是构成会计报表的基本框架，是会计报表最基本的项目，是会计报表项目的底线。我国《企业会计准则》列示了资产、负债、所有者权益、收入、费用和利润六大会计要素。这六大会计要素划分为反映财务状况的会计要素和反映经营成果的会计要素两大类。反映财务状况的会计要素包括资产、负债和所有者权益，是资金运动的相对静止状态的表现，构成资产负债表的三大要素。收入、费用、利润是反映经营成果的会计要素，是资金运动的显著变动状态的表现，构成利润表的三大要素。因此，这六大会计要素又称为会计报表要素，它们是设定会计报表结构和内容的依据。

第二节 会计科目

一、会计科目的概念

会计对象是社会再生产过程中的资金运动，资金运动具体表现为六大会计要素，而每一个会计要素又包括若干具体项目。每一个项目的内容既有共性，又有个性。如固定资产和原材料虽然都属于流动资产，但两者经济内容、用途等有所不同。

为了对会计要素进行全面、具体的反映和监督，就需要对会计要素作进一步的科学分类，划分为若干个项目。通常将具有相同性质的经济事项归为一类，并明确其核算内容，而这些项目在会计上就称为会计科目。

二、会计科目的分类

会计科目的分类标准主要有两个：一是按照反映的经济内容进行分类；二是按照提供信息的详细程度进行分类。

(一)按反映的经济内容分类

按经济内容分类是会计科目的最基本分类。按这种方法分类便于了解和掌握各会计科目的核算内容及性质，正确运用各会计科目提供的核算资料。会计科目按反映的经济内容一般分为五大类，即资产类、负债类、所有者权益类、成本类和损益类(包括收入类和费用类两类账户)，这种分类是由我国财政部统一规定的。企业会计科目表的设置就是按照这个标准排序和分类的。

1. 资产类科目

资产类科目是对资产类要素进行分类核算的项目，按资产的流动性分为反映流动资产的科目和反映非流动资产的科目。

流动资产包括“库存现金”、“银行存款”、“交易性金融资产”、“应收票据”、“应收账款”、“预付账款”和“其他应收款”等；非流动资产包括“长期股权投资”、“固定资产”、“无形资产”、“在建工程”和“工程物资”等。

2. 负债类科目

负债类科目对负债类要素进行分类核算，按负债的偿还期限分为反映流动负债的科目和反映长期负债的科目。

流动负债包括“短期借款”、“应付票据”、“应付账款”、“应付职工薪酬”、“预收账款”、“其他应付款”、“应交税费”和“应付股利”等；长期负债包括“长期借款”、“长期应付款”、“应付债券”等。

3. 所有者权益类科目

所有者权益类科目对所有者权益类要素进行分类核算，按所有者权益的形成和性质分为反映资本的科目和反映留存收益的科目。

反映资本的科目包括“实收资本”；反映留存收益的科目包括“资本公积”、“盈余公积”、“本年利润”和“利润分配”等。

4. 成本类科目

成本类科目对成本类要素进行分类核算，按成本的不同内容和性质分为反映制造成本的科目和反映劳务成本的科目。

反映制造成本的科目包括“生产成本”、“制造费用”；反映劳务成本的科目包括“劳务成本”、“研发支出”。

5. 损益类科目

损益类科目对损益类要素进行分类核算，按损益的不同内容分为反映收入的科目和反映费用的科目。

反映收入的科目包括“主营业务收入”、“其他业务收入”、“投资收益”和“营业外收入”；反映费用的科目包括“主营业务成本”、“其他业务成本”、“营业外支出”、“管理费用”、“销售费用”、“财务费用”和“营业税金及附加”。

(二)按提供信息的详细程度分类

会计科目按其所提供信息的详细程度及其统驭关系不同，分为总分类科目和明细分类科目。前者是对会计要素具体内容进行总括分类、提供总括信息的会计科目；后者是对总分类科目作进一步分类、提供更详细和更具体会计信息的科目。此分类方法可以更好地满足企业内部经营管理的需要，满足各方面会计信息使用者对会计信息详略不同的要求。

1. 总分类科目

总分类科目又称总账科目或一级科目，它是对会计要素具体内容进行总括分类、提供总括信息的会计科目；总分类科目反映各种经济业务的概括情况，是进行总分类核算的依据。

2. 明细分类科目

明细分类科目又称明细科目，它是对总分类科目内容所作的进一步分类，为了更详细反映经济业务内容，提供更详细和更具体的会计信息。如“应付账款”总分类科目下按照具体单位分设明细科目，具体反映应付哪个单位的账款。

为了适应管理工作的需要，在有的总分类科目下设的明细科目太多时，可以在总分类科目和明细分类科目之间增设二级科目(也称子目)。例如“原材料”科目属于总账科目，下设“主要材料”、“辅助材料”、“燃料”等二级科目，又可以再按材料类别、品种设置三级明细科目。又如“工程物资”科目属于总账科目，下设“专用材料”、“专用设备”等二级科目，而在二级明细科目下再根据不同的品种、规格、型号等设置三级明细科目。

各个会计科目并不是彼此孤立的，而是相互联系、相互补充地组成了一个完整的会计科目体系。根据管理的要求，企业需要设置提供总括指标的会计科目，也需要设置提供详细核算指标的会计科目。按我国现行会计制度规定，总分类科目一般由财政部统一制定，明细分类科目除会计制度规定的以外，各单位可根据实际情况自行设置。当然，并不是所有的总分类科目都设置明细分类科目。

表 2—1　　总分类科目和明细分类科目举例

<table>
<tr><td rowspan="2">总分类科目
（一级科目）</td><td colspan="2">明细分类科目</td></tr>
<tr><td>二级科目</td><td>明细科目</td></tr>
<tr><td rowspan="6">生产成本</td><td rowspan="3">A 产品</td><td>直接材料</td></tr>
<tr><td>直接人工</td></tr>
<tr><td>制造费用</td></tr>
<tr><td rowspan="3">B 产品</td><td>直接材料</td></tr>
<tr><td>直接人工</td></tr>
<tr><td>制造费用</td></tr>
</table>

总分类科目对其所属的明细分类科目具有统驭和控制的作用，而明细分类科目是对其所属的总分类科目的补充和说明。

三、会计科目的设置原则

（一）合法性原则

合法性原则是指所设置的会计科目应当符合国家统一的会计制度的规定。企业设置一级会计科目名称时，只要会计事项的相关核算内容在《企业会计准则——应用指南》中有明确的会计科目名称，就应遵循国家的统一规定，不另外确定科目名称。对一些主要会计科目的设置及其核算内容进行统一的规定，以保证会计核算指标在一个部门乃至全国范围内综合汇总、分析利用。同时，在不违反统一规定的前提下，可以根据自身特点增减合并会计科目。例如，统一规定的会计科目，未设"废品损失"和"停工损失"科目，企业如果需要单独核算废品损失和停工损失，则可以增设"废品损失"和"停工损失"科目。

（二）相关性原则

相关性原则是指所设置的会计科目应为提供有关各方所需要的会计信息服务，满足对外报告与对内管理的要求。不同行业、不同单位，经济活动差别很大，会计科目的设置也各不相同。如工业企业的主要经营活动是生产产品，所以应设置"生产成本"、"制造费用"等核算产品成本的科目，而商业企业就不需要设置这样的会计科目。另外，会计科目的名称应与其核算的内容相一致，并要含义明确、通俗易懂。

（三）实用性原则

实用性原则是指所设置的会计科目应符合单位自身特点，满足单位实际需要。在不违反统一规定的前提下，企业可以根据核算和管理的需要自行确定会计科目。但设置会计科目时，要注意会计科目的名称能确切地反映其核算的具体内容，科目的数量和详细程度应根据企业规模的大小、业务的繁简和管理的需要而定。

会计科目的名称要简单明了，清晰反映每项经济业务内容。要根据会计对象的特点，科学地设置科目。会计科目不宜分得过细，要避免过于烦琐，以利于会计核算工作。整套会计科目设置确定后，要保持相对稳定，不能经常变动。

2006 年，财政部公布了新的《企业会计准则——基本准则》和 38 项具体会计准则及其应用指南（包含《附录：会计科目和主要账务处理》），自 2007 年 1 月 1 日起在上市公司范围内施行，鼓励其他企业执行。

在新的《企业会计准则——应用指南》的《附录：会计科目和主要账务处理》中，财政部公布了会计科目及其编号，规定企业可根据实际情况，增设、分拆、合并会计科目，也可不设不相关的某些会计科目。企业可自行确定会计科目编号、自行设置明细会计科目。财政部将会计科目按其经济内容分为资产类、负债类、共同类、所有者权益类、成本类和损益类六大类,每类下设有若干一级会计科目(总账科目)。企业常用的一级会计科目及其编号见表 2—2。

表 2—2　　最新会计科目表

一、资产类

顺序号	编号	会计科目名称	会计科目适用范围	顺序号	编号	会计科目名称	会计科目适用范围
1	1001	库存现金		38	1431	周转材料	建造承包商专用
2	1002	银行存款		39	1441	贵金属	银行专用
3	1003	存放中央银行款项	银行专用	40	1442	抵债资产	金融共用
4	1011	存放同业	银行专用	41	1451	损余物资	保险专用
5	1015	其他货币资金		42	1461	存货跌价准备	
6	1021	结算备付金	证券专用	43	1501	待摊费用	
7	1031	存出保证金	金融共用	44	1511	独立账户资产	保险专用
8	1051	拆出资金	金融共用	45	1521	持有至到期投资	
9	1101	交易性金融资产		46	1522	持有至到期投资减值准备	
10	1111	买入返售金融资产	金融共用	47	1523	可供出售金融资产	
11	1121	应收票据		48	1524	长期股权投资	
12	1122	应收账款		49	1525	长期股权投资减值准备	
13	1123	预付账款		50	1526	投资性房地产	
14	1131	应收股利		51	1531	长期应收款	
15	1132	应收利息		52	1541	未实现融资收益	
16	1211	应收保户储金	保险专用	53	1551	存出资本保证金	保险专用
17	1221	应收代位追偿款	保险专用	54	1601	固定资产	
18	1222	应收分保账款	保险专用	55	1602	累计折旧	
19	1223	应收分保未到期责任准备金	保险专用	56	1603	固定资产减值准备	
20	1224	应收分保保险责任准备金	保险专用	57	1604	在建工程	
21	1231	其他应收款		58	1605	工程物资	
22	1241	坏账准备		59	1606	固定资产清理	
23	1251	贴现资产	银行专用	60	1611	融资租赁资产	租赁专用
24	1301	贷款	银行和保险共用	61	1612	未担保余值	租赁专用
25	1302	贷款损失准备	银行和保险共用	62	1621	生产性生物资产	农业专用
26	1311	代理兑付证券	银行和保险共用	63	1622	生产性生物资产累计折旧	农业专用
27	1321	代理业务资产		64	1623	公益性生物资产	农业专用
28	1401	材料采购		65	1631	油气资产	石油天然气开采专用
29	1402	在途物资		66	1632	累计折耗	石油天然气开采专用
30	1403	原材料		67	1701	无形资产	
31	1404	材料成本差异		68	1702	累计摊销	
32	1406	库存商品		69	1703	无形资产减值准备	
33	1407	发出商品		70	1711	商誉	
34	1410	商品进销差价		71	1801	长期待摊费用	
35	1411	委托加工物资		72	1811	递延所得税资产	
36	1412	包装物及低值易耗品		73	1901	待处理财产损溢	
37	1421	消耗性生物资产	农业专用				

续表

二、负债类

顺序号	编号	会计科目名称	会计科目适用范围	顺序号	编号	会计科目名称	会计科目适用范围
74	2001	短期借款		92	2261	应付分保账款	保险专用
75	2002	存入保证金	金融共用	93	2311	代理买卖证券款	证券专用
76	2003	拆入资金	金融共用	94	2312	代理承销证券款	证券和银行共用
77	2004	向中央银行借款	银行专用	95	2313	代理兑付证券款	证券和银行共用
78	2011	同业存放	银行专用	96	2314	代理业务负债	
79	2012	吸收存款	银行专用	97	2401	预提费用	
80	2021	贴现负债	银行专用	98	2411	预计负债	
81	2101	交易性金融负债		99	2501	递延收益	
82	2111	卖出回购金融资产款	金融共用	100	2601	长期借款	
83	2201	应付票据		101	2602	长期债券	
84	2202	应付账款		102	2701	未到期责任准备金	保险专用
85	2205	预收账款		103	2702	保险责任准备金	保险专用
86	2211	应付职工薪酬		104	2711	保户储金	保险专用
87	2221	应交税费		105	2721	独立账户负债	保险专用
88	2231	应付股利		106	2801	长期应付款	
89	2232	应付利息		107	2802	未确认融资费用	
90	2241	其他应付款		108	2811	专项应付款	
91	2251	应付保户红利	保险专用	109	2901	递延所得税负债	

三、共同类

顺序号	编号	会计科目名称	会计科目适用范围	顺序号	编号	会计科目名称	会计科目适用范围
110	3001	清算资金往来	银行专用	113	3201	套期工具	
111	3002	外汇买卖	金融共用	114	3202	被套期项目	
112	3101	衍生工具					

四、所有者权益类

顺序号	编号	会计科目名称	会计科目适用范围	顺序号	编号	会计科目名称	会计科目适用范围
115	4001	实收资本		119	4103	本年利润	
116	4002	资本公积		120	4104	利润分配	
117	4101	盈余公积		121	4201	库存股	
118	4102	一般风险准备	金融共用				

五、成本类

顺序号	编号	会计科目名称	会计科目适用范围	顺序号	编号	会计科目名称	会计科目适用范围
122	5001	生产成本		126	5401	工程施工	建造承包商专用
123	5101	制造费用		127	5402	工程结算	建造承包商专用
124	5201	劳务成本		128	5403	机械作业	建造承包商专用
125	5301	研发支出					

续表

六、损益类							
顺序号	编号	会计科目名称	会计科目适用范围	顺序号	编号	会计科目名称	会计科目适用范围
129	6001	主营业务收入		146	6411	利息支出	金融共用
130	6011	利息收入	金融共用	147	6421	手续费支出	金融共用
131	6021	手续费收入	金融共用	148	6501	提取未到期责任准备金	保险专用
132	6031	保费收入	保险专用	149	6502	提取保险责任准备金	保险专用
133	6032	分保费收入	保险专用	150	6511	赔付支出	保险专用
134	6041	租赁收入	租赁专用	151	6521	保户红利支出	保险专用
135	6051	其他业务收入		152	6531	退保金	保险专用
136	6061	汇兑损益	金融专用	153	6541	分出保费	保险专用
137	6101	公允价值变动损益		154	6542	分保费用	
138	6111	投资收益		155	6601	销售费用	
139	6201	摊回保险责任准备金	保险专用	156	6602	管理费用	
140	6202	摊回赔付支出	保险专用	157	6603	财务费用	
141	6203	摊回分保费用	保险专用	158	6604	勘探费用	
142	6301	营业外收入		159	6701	资产减值损失	
143	6401	主营业务成本		160	6711	营业外支出	
144	6402	其他业务支出		161	6801	所得税	
145	6405	营业税金及附加		162	6901	以前年度损益调整	

本章小结

1. 会计六大要素。即资产、负债、所有者权益、收入、分配和利润。资产、负债和所有者权益这三大要素是资产负债表的会计要素，是反映财务状况的会计要素；收入、费用和利润是反映经营成果的会计要素，构成利润表的三大要素。

2. 资产。资产是指企业过去的交易或者事项形成的、由企业拥有或者控制的、预期会给企业带来经济利益的资源。

3. 资产的分类。企业的资产按其流动性可分为流动资产和非流动资产。

4. 负债。负债是指企业过去的交易或者事项形成的、预期会导致经济利益流出企业的现时义务。

5. 负债的分类。负债按偿还期限长短可分为流动负债和非流动负债。

6. 所有者权益。所有者权益是指所有者在企业资产中享有的经济利益，是企业资产扣除负债后由所有者享有的剩余权益。

7. 所有者权益的构成。包括实收资本、资本公积、盈余公积和未分配利润。

8. 收入。收入是指企业在日常活动中形成的、会导致所有者权益增加的、与所有者投入资本无关的经济利益的总流入。

9. 收入的分类。收入按交易性质分为销售商品收入、提供劳务收入、让渡资产使用权收入；收入按业务比重又可以分为主营业务收入和其他业务收入。

10. 费用。费用是指企业为销售商品、提供劳务等日常活动所发生的经济利益的流出。

11. 费用的分类。费用按经济用途可以分为直接费用、间接费用和期间费用。

12. 利润。利润是指企业在一定会计期间的经营成果。

13. 非营利性组织的会计要素。包括资产、负债、净资产、收入和费用。

14. 我国的会计计量属性。主要包括历史成本、重置成本、可变现净值、现值和公允价值。

15. 会计科目。为了对会计要素进行全面、具体的反映和监督,就需要对会计要素作进一步的科学分类,划分为若干个项目。通常将具有相同性质的经济事项归为一类,并明确其核算内容,而这些项目在会计上就称为会计科目。

16. 会计科目的分类。会计科目按反映的经济内容一般分为五大类,即资产类、负债类、所有者权益类、成本类和损益类;会计科目按其所提供信息的详细程度及其统驭关系不同,分为总分类科目和明细分类科目。

17. 会计科目的设置原则。会计科目设置原则包括合法性原则、相关性原则和实用性原则。

第三章　会计等式与复式记账

【学习目标】

(1)了解会计等式；

(2)了解经济业务对会计恒等式的影响；

(3)了解会计账户的含义、会计账户与会计科目的联系和区别、会计账户的结构；

(4)了解单式记账法的概念、特征；

(5)了解复式记账法的概念、特征；

(6)了解借贷记账法的概念、记账符号、记账规则；

(7)掌握会计账户的对应关系；

(8)掌握会计分录的编制程序；

(9)掌握借贷记账法的试算平衡、发生额试算平衡法和余额试算平衡法；

(10)掌握总分类账户与明细分类账户的平行登记。

第一节　会计等式

会计等式是揭示会计要素之间相互关系的等式。会计等式也称为会计平衡公式。它是将数学等式原理运用到会计学科，从会计学的角度来反映会计主体的经济业务内容及其在进行有关会计计量时所表现出的经济等量关系，揭示会计主体内各种会计要素之间的内在联系。每一个会计主体要反映其经济活动，离不开设置会计账户、记账并编制财务报表，这一系列工作的理论基础就是会计等式。

一、资产＝负债＋所有者权益

企业要从事生产经营经济活动，就必须拥有或能够控制一定数量的经济资源，如库存现金、原材料、机器设备等，这在会计上称为资产。这些资产必然有一定的来源或者渠道。这些资产要么来源于债权人提供的资金，形成企业的负债；要么来源于所有者的资本投资，形成企业的所有者权益。不管是所有者还是债权人，他们作为资金的提供者必然会对企业资产提出相应的要求权，这在会计上称为权益。

资产和负债与所有者权益，实际上是同一笔资金的两个侧面。两者金额始终相等，完整地反映资金的来龙去脉，即资产＝权益。

权益包括债权人权益和所有者权益。债权人权益是债权人对企业的投资而形成的要求权，即负债；所有者权益是业主对企业的投资而形成的要求权。因此，“资产＝权益”这个等式又可以变为：资产＝负债＋所有者权益。

这个等式是静态会计等式，反映了某一特定日期企业资产、负债和所有者权益之间的平衡关系。

二、收入－费用＝利润

企业生产经营的目的是为了获取利润，利润本身就揭示了收入和费用客观上存在着密切的联系。费用是为了取得收入而发生的支出，收入是发生费用带来的结果。企业为了获取利润而开展业务，为了取得收入必然要发生各种耗费并力图使经济效益最大化。收入大于费用的差额为企业的利润，反之则为亏损。收入、费用和利润之间的关系用公式表示如下：

收入－费用＝利润

这个等式反映了资金运动动态情况下会计要素之间的平衡关系，是动态会计等式。此等式是企业计算和确定经营成果、设计和编制利润表的理论依据。

从产权关系上分析，企业实现的利润应归属于企业投资者，利润的增加会导致所有者权益增加，同时资产也等额增加；若企业发生亏损，会导致所有者权益减少，资产也等额减少。因此，会计等式可以扩展如下：

- 期初：资产＝负债＋所有者权益
- 过程：收入－费用＝利润
- 期末：资产＝负债＋(所有者权益＋利润)

然而，企业的利润经过分配后形成的盈余公积和未分配利润是所有者权益的组成内容。因此，会计等式又恢复成：资产＝负债＋所有者权益。

“资产＝负债＋所有者权益”这个平衡公式反映了资产的归属关系，是会计对象的公式化，其经济内容和数学上的等量关系既是资金平衡的理论依据，也是设置会计账户、复式记账和编制会计报表的基本理论依据。因此，会计上称之为基本会计等式。

三、经济业务对会计恒等式的影响

在会计上，将能导致会计要素项目金额发生增减变动的事项称为经济业务，如企业购买原材料、支付工资、销售产品等。

(一)对“资产＝权益”等式的影响

(1)资产与权益同时等额增加；

(2)资产方等额有增有减，权益不变；

(3)资产与权益同时等额减少；

(4)权益方等额有增有减，资产不变。

(二)对“资产＝负债＋所有者权益”等式的影响

如果把权益分解为负债和所有者权益两个会计要素，则不难看出，经济业务对“资产＝负债＋所有者权益”的影响会扩展为以下九种类型：

(1)资产和负债要素同时等额增加；
(2)资产和负债要素同时等额减少；
(3)资产和所有者权益要素同时等额增加；
(4)资产和所有者权益要素同时等额减少；
(5)资产要素内部项目等额有增有减，负债和所有者权益要素不变；
(6)负债要素内部项目等额有增有减，资产和所有者权益要素不变；
(7)所有者权益要素内部项目等额有增有减，资产和负债要素不变；
(8)负债要素增加，所有者权益要素等额减少，资产要素不变；
(9)负债要素减少，所有者权益要素等额增加，资产要素不变。

表 3—1　　经济业务对“资产＝负债＋所有者权益”的影响

序号	资产 ＝	负债 ＋	所有者权益	影响
1	＋－			资产内部一增一减
2		＋－		负债内部一增一减
3			＋－	所有者权益内部一增一减
4		＋	－	负债增加，所有者权益减少
5		－	＋	负债减少，所有者权益增加
6	＋	＋		资产增加，负债增加
7	－	－		资产减少，负债减少
8	＋		＋	资产增加，所有者权益增加
9	－		－	资产减少，所有者权益减少

下面举例说明经济业务的发生对会计等式各会计要素的影响：

【例 3—1】　阳光公司开设一家益民服务中心，专门从事各种便民服务。该中心于 2012 年 2 月 1 日成立并开始营业，其发生的经济业务如下：

业务 1：2012 年 2 月 3 日，服务中心以银行存款购买修配材料一批，计 10 000 元。

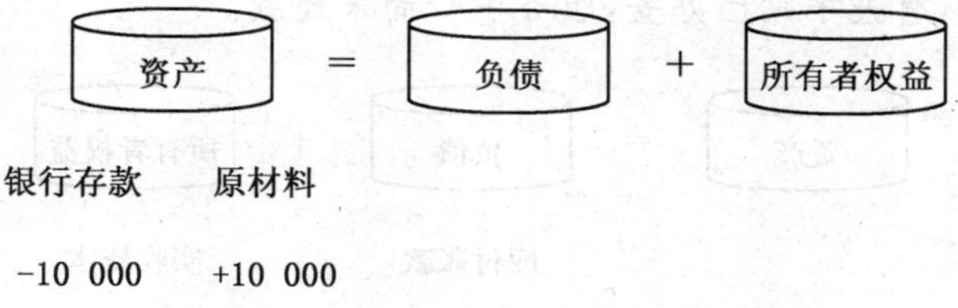

图 3—1　业务 1 示意图

这项业务的发生，一方面使企业的银行存款减少了10 000元，另一方面使企业的原材料增加了10 000元。银行存款和原材料都是资产项目，这项业务发生后，只会引起资产内部项目之间以相等的金额一增一减，而资产总额没有变化，更没有涉及负债和所有者权益项目，所以会计等式的平衡关系没有被破坏。

业务 2：2012 年 2 月 25 日，服务中心开出票据一张交给大海公司，约定 3 个月后归还所欠 12 000元货款，且一并支付利息。

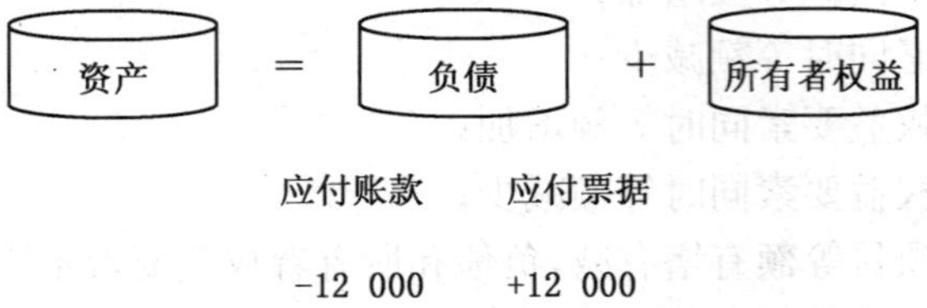

图 3—2 业务 2 示意图

这项业务的发生，一方面使企业的应付账款减少了 12 000 元，另一方面使企业的应付票据增加了12 000元。应付账款和应付票据同是负债项目，这项业务发生后，只会引起负债内部两个项目之间以相等的金额一增一减，而负债总额没有变化，更没有涉及资产和所有者权益项目，所以会计等式的平衡关系没有被破坏。

业务 3：2012 年 3 月 30 日，阳光公司将其对服务中心投资的 60 000 元转让给东方公司，有关手续已办妥。

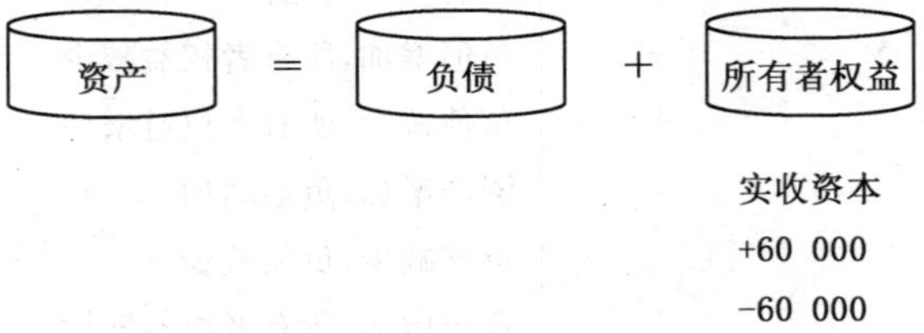

图 3—3 业务 3 示意图

这项业务的发生，使实收资本以相等的金额 60 000 元一增一减。实收资本是所有者权益项目，这项业务发生后，使所有者权益项目以相等的金额一增一减，而所有者权益总额没有变化，更没有涉及资产和负债项目，所以会计等式的平衡关系没有被破坏。

业务 4：2012 年 5 月 28 日，阳光公司委托服务中心代还一笔 20 000 元货款，以此作为对服务中心投资的减少，有关手续已办妥，服务中心尚未还款。

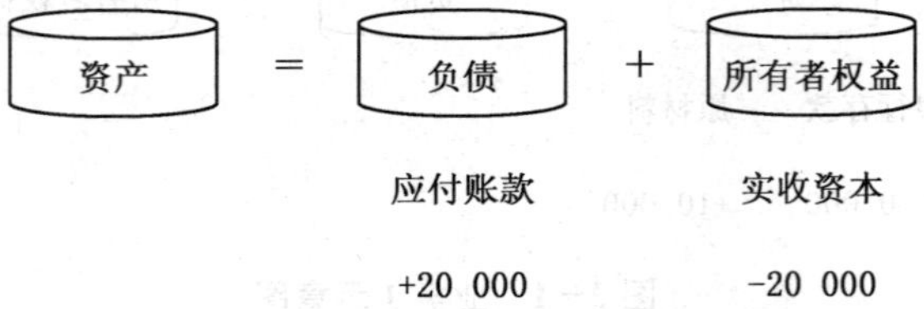

图 3—4 业务 4 示意图

这项业务的发生，一方面使企业的应付账款增加了 20 000 元，另一方面使企业的实收资本减少了20 000元。应付账款是负债项目，实收资本是所有者权益项目，这项业务发生后，使负债和所有者权益两个项目之间以相等的金额一增一减，资产项目总额没有变化，会计等式的平衡关系没有被破坏。

业务 5：2012 年 7 月 27 日，阳光公司代服务中心偿还 80 000 元的银行借款，以此作为对服务中心追加的投资，有关手续已办妥。

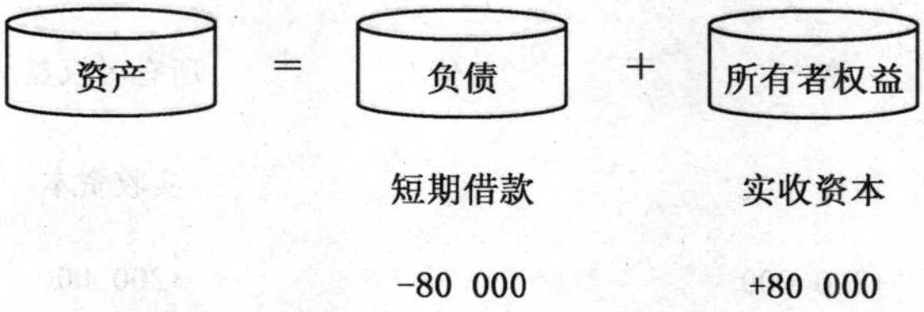

图 3—5　业务 5 示意图

这项业务的发生，一方面使企业的短期借款减少了 80 000 元，另一方面使企业的实收资本增加了 80 000 元。短期借款是负债项目，实收资本是所有者权益项目，这项业务发生后，使负债和所有者权益两个项目之间以相等的金额一增一减，资产项目总额没有变化，会计等式的平衡关系没有被破坏。

业务 6：2012 年 10 月 8 日，服务中心借入短期流动资金 100 000 元。

图 3—6　业务 6 示意图

这项业务的发生，一方面使企业的银行存款增加了 100 000 元，另一方面使企业的短期借款增加了100 000元。银行存款是资产项目，短期借款是负债项目，这项业务发生后，使资产项目和负债项目同时增加100 000元，从而使资产总额和负债及所有者权益总额同时发生相同数额的增加，会计等式的平衡关系没有被破坏。

业务 7：2012 年 11 月 15 日，服务中心以银行存款 8 000 元偿还所欠大海公司部分货款。

图 3—7　业务 7 示意图

这项业务的发生，一方面使企业的银行存款减少了 8 000 元，另一方面使企业的应付账款减少了 8 000 元。银行存款是资产项目，应付账款是负债项目，这项业务发生后，使一个资产项目和一个负债项目同时减少 8 000 元，从而使资产总额和负债及所有者权益总额同时发生相同数额的减少，会计等式的平衡关系没有被破坏。

业务 8：2012 年 12 月 1 日，服务中心获得阳光公司投入资金 200 000 元，当即存入该中心的开户银行。

图 3—8 业务 8 示意图

这项业务的发生，使企业的银行存款增加了 200 000 元，实收资本也增加了 200 000 元。银行存款是资产项目，实收资本是所有者权益项目，这项业务发生后，使一个资产项目和一个所有者权益项目同时增加200 000元，从而使资产总额和负债及所有者权益总额同时发生相同数额的增加，会计等式的平衡关系没有被破坏。

业务 9：2012 年 12 月 29 日，在办理有关手续后，阳光公司从服务中心抽回投资 20 000 元，服务中心以银行存款支付。

图 3—9 业务 9 示意图

这项业务的发生，一方面使企业的银行存款减少了20 000元，另一方面使企业的实收资本减少了20 000元。银行存款是资产项目，实收资本是所有者权益项目，这项业务发生后，使一个资产项目和一个所有者权益项目同时减少20 000元，从而使资产总额和负债及所有者权益总额同时发生相同数额的减少，会计等式的平衡关系没有被破坏。

从以上案例得出：

(1)每一项经济业务的发生都会引起两个或两个以上的资产和权益项目发生增减变化，但其变化结果不会破坏“资产＝负债＋所有者权益”这一基本会计等式的恒等关系。这一恒等关系是会计上设置账户、复式记账及编制资产负债表的理论依据。

(2)企业单位内部发生的经济业务种类繁多，但归结起来不外乎四种类型：

①资产和权益同时等额增加，如业务 6、8；

②资产和权益同时等额减少，如业务 7、9；

③资产内部有关项目有增有减，如业务 1；

④权益内部有关项目有增有减，如业务 2、3、4、5。

在以上四种类型中，第①②种类型将使企业的资产和权益总额发生增减变化，但不破坏其平衡关系，第③④种类型只影响资产和权益内部有关项目发生增减变化，而资产和权益的总额保持不变。

第二节　复式记账

一、会计账户

(一)会计账户的定义

会计账户是根据会计科目的名称开设的,在充分考虑会计核算阶段最终应当提供信息的基础上,记录、整理、汇总会计科目所反映的经济业务内容,是塑造和加工会计信息的工具。设置账户是会计核算的方法之一。

会计账户是按照会计科目的名称开设的,因而在设置账户之前,应先按照财政部在新的《企业会计准则——应用指南》的《附录:会计科目和主要账务处理》中关于会计科目的统一规定,结合本企业的具体情况,科学地设计好本企业的会计科目。在实际工作中,为满足会计核算的要求,应分别按总分类科目开设总分类账户,按明细分类科目开设明细分类账户。

(二)会计账户与会计科目的联系和区别

会计科目是会计账户的名称,各个会计科目都有各自界定的经济内容,但会计科目没有自己的结构。会计账户是按照会计科目的应用,是分类、记录、整理和汇总会计科目所反映经济业务内容的工具,是处理原始数据和其他会计资料的手段,它有自己的格式即结构。会计账户将会计科目所反映的企业经济业务内容及其增减变化的具体情况,连续、系统、全面地记录、汇总在一起,是提供信息使用者要求的财务报表的依据。由于账户是根据会计科目设置的,并按照会计科目命名,两者核算的内容完全一致,因而在实际工作中,大多数将两者作为同义语来理解,互相统一,不加区别。

(三)会计账户的结构

企业经济业务的发生及其变化,从数量上表现为会计要素内容的增加或减少两种情况。因此,会计账户的设置也必须有增加方、减少方两个部分,以便记录经济业务的增加额和减少额。至于账户的哪方记录增加额、哪方记录减少额,则由账户的性质而定。在会计学上,我们将账户的两方分别称为借方和贷方,以示区别。这是会计账户两个基本的结构。除此之外,账户还应具备以下部分:

(1)账户名称,即会计科目名称;

(2)日期、凭证号,即记载经济业务发生的日期、记账所依据的记账凭证号码;

(3)内容摘要,即经济业务内容的概括性文字摘要;

(4)增加方、减少方,即借方或贷方的金额及其余额。

会计账户格式如表3—2所示。

表3—2　　会计账户

账户名称:

××年		凭证号数	摘　要	借　方	贷　方	借或贷	余　额
月	日						

在会计教学上，为方便起见，一般将会计账户简易地设置为 T 型账户，用一条水平线及一条垂直的平分线来表示，如图 3—10 所示。

（借方）	账户名称（会计科目）	（贷方）

图 3—10　T 型账户

T 型账户主要反映账户的借方、贷方两部分结构及其数据。T 型账户左方为借方，右方为贷方。在 T 型账户的左、右两方中，记录有该账户的期初余额、本期增加额、本期减少额和期末余额。

账户如果有期初余额，那么首先应当在记录增加额的那一方登记，会计事项发生后，要将增减内容记录在相应的栏内。一个期间记录到账户增加方的数额合计，称为本期增加方发生额；记录到账户减少方的数额合计，称为本期减少方发生额。增减相抵后的差额，称为账户的余额。这四项金额的关系可以用下列等式来表示：

账户期末余额＝账户期初余额＋本期增加发生额－本期减少发生额

账户本期的期末余额转入下期，成为下期的期初余额。每个账户的本期发生额反映的是该项目在本期变动的情况，而期末余额则反映变动的结果。这里的“期”是指会计期间，在我国分别为月、季和年。例如，某企业“原材料”账户的记录如图 3—11 所示。

左方	原材料		右方
期初余额	10 000		
本期增加	20 000	本期减少	6 000
本期发生额	20 000	本期发生额	6 000
期末余额	24 000		

图 3—11　某企业“原材料”T 型账户

根据上述账户记录可知，企业期初库存原材料为10 000元，本期增加了20 000元，本期减少了6 000元，到期末库存原材料还有24 000元。

一般来说，账户的左、右两方是按照相反方向来记录增加额和减少额的。如果一个账户在左方记录增加额，则在右方记录减少额；反之，如果一个账户在右方记录增加额，则在左方记录减少额。具体来说，在一个账户的左、右两方中，究竟哪一方记录增加额、哪一方记录减少额，取决于所采用的记账方法和账户所记录的经济内容。账户的余额一般与记录增加额一方在同一方向。

二、记账方法

为了核算会计要素的具体内容，在账户中记录各项经济业务，必须采用一定的记账方法。记账方法指在账簿中登记经济业务的方法。具体来说，就是根据一定的记账原理和规则，运用特定的计量手段，利用文字和数字记录经济业务的专门方法。常见的记账方法有两种，即单式记账法和复式记账法。复式记账法是由单式记账法逐步完善而形成的。

（一）单式记账法

1. 单式记账法概述

单式记账法是最早出现的一种记账方法。它是指对发生的每项经济业务只在一个账户中进行登记的方法。例如，用现金100元购买办公用品，仅在现金账上记录现金减少，对于发生的费用并不记账。单式记账法一般只记录人欠、欠人和货币资金事项。

2. 单式记账法的基本特征

(1)对会计对象反映不完整，大多是以钱财、欠人、人欠为记账对象，没有一套完整的、相互联系的账户体系。

(2)采用单方面的记录方式，对发生的收入和支出项目只进行单方面的记录，不能反映资金运动的来龙去脉，也就不能反映经济业务的全貌。

(3)缺少全部账户的平衡体系，发生错误难以查找，不便于检查账户记录的正确性。

(4)缺少损益计算的专门账户和账户体系，不能正确核算成本和盈亏。

单式记账法的优点是记账手续比较简单，但是缺点很多，因此这种记账方法除个人和家庭记账外，企业一般不宜采用。

（二）复式记账法

1. 复式记账法概述

复式记账法是针对单式记账法而言的。它以资产与权益平衡关系作为记账基础，对于每一项经济业务，都要在两个或两个以上相互联系的会计科目中进行登记，系统地反映每一笔经济业务所引起的会计要素的增减变化及其结果。比如上述例子中，企业以现金100元购买办公用品。采用复式记账法，这项经济业务除了要在“库存现金”账户中记录减少100元，同时还要在“管理费用”账户中记录增加100元。

2. 复式记账法的基本特征

(1)复式记账法能相互联系地记录每一笔经济业务，对每一笔经济业务都要在两个或两个以上的账户中进行等额双重记录，从而如实反映资金运动的来龙去脉。

(2)复式记账法需要设置完整的账户体系，除了“库存现金”、“银行存款”账户外，还要设置实物性资产以及收入、费用和各种权益类账户，不仅记录货币资金的收付和债权债务的发生，而且要对所有财产和全部权益的增减变化，以及经营过程中所发生的费用和获得的收入作全面、系统的反映。

(3)复式记账法下，使有关会计科目之间形成了清晰的对应关系，便于了解交易或事项的内容，检查交易或事项是否合理、合法。

(4)复式记账法下，会计科目形成了一个完整的体系，并可利用各会计科目的发生额及余额之间相互联系、相互制约的关系进行试算平衡，检查会计科目的记录是否正确。

复式记账法是在市场经济长期发展中通过会计实践逐步形成并完善起来的，在其他方法中，如编制会计凭证和登记账簿，都必须运用复式记账法，所以在全部会计方法体系中复式记账法占有重要的地位。

3. 复式记账法的具体方法

复式记账法包括几种具体的方法，如借贷记账法、增减记账法、收付记账法等。其中，借贷记账法是复式记账法中应用最为广泛的一种方法。

三、借贷记账法

(一)借贷记账法的产生与演进

一般认为,近代会计始于复式簿记形成前后,即14世纪前后。1494年,意大利数学家卢卡·帕乔利在《算术、几何、比及比例概要》一书中专门用一个章节阐述了复式簿记的基本原理。这被会计界认为是会计发展史上的一个里程碑。德国诗人歌德曾赞誉"复式簿记为人类智慧的绝妙创造之一";数学家凯利赞誉"复式簿记原理像欧几里得的比率理论一样是绝对完善的";经济史学家桑巴特认为"创造复式簿记的精神也就是创造伽利略与牛顿系统的精神";而日本会计学家黑泽清的赞誉更显得夸张,但不失具体——"在复式簿记出现之前,世界上并不存在'资本'的概念,换言之,如果没有复式簿记,就不会有'资本'概念的出现"。

前面所述的复式簿记就是指借贷记账法。"借"、"贷"两字的含义,最初是从借贷资本家的角度来解释的。借贷资本家以经营货币资金借入和贷出为主要业务:对于借进来的款项,记在贷主(Creditor)的名下,表示自身的债务即欠人的增加;对于贷出去的款项,则记在借主(Debtor)的名下,表示自身的债权即人欠的增加。这样,"借"和"贷"两字分别表示借贷资本家的债权(应收款)、债务(应付款)及其增减变化。据日本会计学家黑泽清所著的《改订簿记原理》中考证:在人们已经发现的簿记中,最早用这种方法记账的是公元1211年意大利佛罗伦萨"银行"的账簿。

随着商品经济的发展,经济活动内容日趋复杂化,会计所记录的经济业务也日趋增多,从货币资金的借贷业务逐渐扩展到财产物资、经营损益和经营资本等的增减变化。这时,为了保证账簿记录的一致,对于非货币资金的借贷活动,也利用"借"和"贷"两字来说明经济业务的变化情况。这样,"借"、"贷"两字逐渐失去了原来的字面含义,变为单纯的记账符号,成为会计上的专门术语,即"左方"和"右方"的代名词。1494年,近代会计之父卢卡·帕乔利在《算术、几何、比及比例概要》中系统阐述了复式簿记的原理之后,借贷记账法逐渐完备。与此同时,西方国家的会计学者提出了借贷记账法的理论依据,即所谓"资产=负债+资本"的平衡公式,并根据这个平衡公式确立了借贷的记账规则,从而使借贷记账法日趋完善。随后借贷记账法传遍了欧洲、美洲等世界各地,成为世界通用的记账方法。

20世纪初,借贷记账法由日本传入我国,在1905年,蔡锡勇出版了《连环账谱》一书,这本书开了专门出版中国会计学术著作的先河。1908年(清光绪三十四年),大清银行第一次使用借贷记账法;1930年,中华民国实业部决定推广使用借贷记账法,这是我国官方有关统一使用借贷记账法的第一项规定。

1949年中华人民共和国成立后,各项会计制度建立和会计工作逐步开展的同时,借贷记账法得到推广。但是,在1966～1976年的"文革"时期,借贷记账法被视为资本主义的东西而停止使用,转而改用"增减记账法"。1978年,葛家澍教授发表了《必须替借贷记账法恢复名誉》一文,"打响了会计界拨乱反正的第一枪",由此而引发了新一轮关于记账方法的讨论。从此,借贷记账法逐步得到恢复。1980年9月,财政部在《国营工业企业会计制度——会计科目和会计报表》中规定,国营工业企业推行借贷记账法替代其早前使用的增减记账法;1986年,国营商业企业开始推行借贷记账法;1987年,农业部要求国营农业企业推行借贷记账法;1990年,农业部农村合作经营管理总站要求农村全面推行借贷记账法;1992年11月30日,财政部发布《企业会计准则》明确规定"会计记账采用借贷记账法";1993年7月1日起,我国企业即全面实行借贷记账法,从此借贷记账法成为我国法定的记账方法;1997年7月17日,财政部在《事业单位会计制度》中要求事业单位全面实行借贷记账法，以替代其早前一直使用的资金收付记账法。

（二）借贷记账法概述

1．借贷记账法的理论依据

借贷记账法的理论依据是：资产＝负债＋所有者权益。

该会计等式规范了企业经济业务的内容，每一项经济业务发生以后，在客观上都会引起不同方面的资金发生变化，在复式记账法下，则要对发生的每一项经济业务进行完整的记录，要在两个或两个以上相互联系的账户以相等的金额同时登记，并且这种经济业务的发生不会影响会计等式的恒等关系。例如，资产类项目的增加同时会涉及所有者权益、负债或者收入项目的增加等。

2．借贷记账法的记账符号

记账符号是会计核算中采用的一种抽象标记，表示经济业务的增减变动和记账方向。借贷记账法以“借”和“贷”作为记账符号，“借”表示记入账户的左方，“贷”表示记入账户的右方。这里的“借”、“贷”已经失去了原有的含义，变成了纯粹的记账符号。至于是“借”表示增加还是“贷”表示增加，则取决于账户的性质和结构。

在借贷记账法下，“借”、“贷”两个符号对会计等式两边的会计要素规定了相反的含义，即抽象地看，无论是“借”还是“贷”都既表示增加，又表示减少。而具体地看，“借”对会计等式左边的账户即资产、费用、成本类账户表示增加，对会计等式右边的账户即负债、所有者权益、收入类账户则表示减少；“贷”对会计等式左边的资产、费用、成本类账户表示减少，对会计等式右边的负债、所有者权益、收入类账户则表示增加。具体如表3—3所示。

表3—3 性质不同的账户“借”、“贷”含义不同

借		贷	
增加	减少	增加	减少
资产	负债	负债	资产
费用	所有者权益	所有者权益	费用
成本	收入	收入	成本

3．借贷记账法的账户结构

在借贷记账法下，账户的基本结构是左方为“借方”，右方为“贷方”。记账时，账户的借、贷两方必须作相反方向的记录。即对于每一个账户来说，如果借方用来登记增加额，则贷方就用来登记减少额；如果借方用来登记减少额，则贷方就用来登记增加额。在一个会计期间内，借方登记的合计数称为借方发生额，贷方登记的合计数称为贷方发生额。期末将借、贷双方发生额相比较，差额称为期末余额；本期的期末余额转入下期，即为下期的期初余额。至于一个账户哪一方登记增加额、哪一方登记减少额，这要根据各个账户所反映的经济内容，也就是它的性质来决定，即不同性质的账户，有不同的账户结构。下面分别说明不同性质的账户结构。

（1）资产类账户

资产类账户的结构是：账户的借方登记资产的增加额，贷方登记资产的减少额。由于资产的减少额不可能大于它的期初余额与本期增加额之和，所以这类账户期末如果有余额，则必定在借方。注意资产类账户的三个要点：

①“借”表示增加，“贷”表示减少；

②余额一般在借方；

③期末余额＝期初余额＋本期借方发生额－本期贷方发生额。

资产类账户

借(＋)	贷(－)
期初余额	
本期增加额	本期减少额
本期发生额合计	本期发生额合计
期末余额	

图 3－12　资产类账户的简化结构

(2)负债类账户

负债类账户的结构是：账户的借方登记负债的减少额，贷方登记负债的增加额，期末余额在贷方。如“应付账款”账户，其贷方记录应付账款的增加额，借方记录应付账款的归还额，即减少额，贷方余额表示应付未付的账款数。注意负债类账户的三个要点：

①“贷”表示增加，“借”表示减少；

②余额一般在贷方；

③期末余额＝期初余额＋本期贷方发生额－本期借方发生额。

负债类账户

借(－)	贷(＋)
	期初余额
本期减少额	本期增加额
本期发生额合计	本期发生额合计
	期末余额

图 3－13　负债类账户的简化结构

(3)所有者权益类账户

所有者权益类账户的结构与负债类账户的结构相同，其结构为：贷方记录所有者权益的增加额，借方记录所有者权益的减少额，期末余额在贷方。如“实收资本”账户，其贷方记录实收资本的增加额，借方记录实收资本的减少额，贷方余额表示实收资本的余额。注意所有者权益类账户的三个要点：

①“贷”表示增加，“借”表示减少；

②余额一般在贷方；

③期末余额＝期初余额＋本期贷方发生额－本期借方发生额。

所有者权益类账户

借(－)	贷(＋)
	期初余额
本期减少额	本期增加额
本期发生额合计	本期发生额合计
	期末余额

图 3－14　所有者权益类账户的简化结构

(4)成本类账户

成本类账户的结构为:账户的借方登记成本的增加额,贷方登记成本的减少额,期末余额一般在借方。如“生产成本”账户,其借方记录生产成本的增加额,贷方记录生产成本的减少额,借方余额表示生产成本的余额。注意成本类账户的三个要点:

①“借”表示增加,“贷”表示减少;

②余额一般在借方;

③期末余额=期初余额+本期借方发生额-本期贷方发生额。

借(+)　　成本类账户	贷(-)
期初余额	
本期增加额	本期减少额
本期发生额合计	本期发生额合计
期末余额	

图 3-15　成本类账户的简化结构

(5)损益类账户

损益类账户包括收入类账户和费用类账户,由于它们的性质不同,账户的结构也不同。由于收入和费用都影响所有者权益的增减,收入增加使所有者权益增加,费用增加使所有者权益减少,所以收入类账户与所有者权益类账户的结构相似,而费用类账户同所有者权益类账户的结构则相反。

①收入类账户

收入类账户与所有者权益类账户的结构相似,即本期收入增加额记入账户的贷方,本期收入减少额记入账户的借方。期末,将本期收入增加额减去减少额后的差额,从收入类账户转入利润类账户的贷方。经此结转后,收入类账户一般没有期末余额。注意收入类账户的两个要点:

a.“贷”表示增加,“借’表示减少;

b. 期末一般无余额。

借(-)　　收入类账户	贷(+)
收入的减少额或转销额	收入的增加额
本期发生额合计	本期发生额合计

该类账户期末无余额

图 3-16　收入类账户的简化结构

②费用类账户

费用增加使所有者权益减少,则费用类账户与所有者权益类账户的结构相反,即本期费用增加额记入账户的借方,本期费用减少额记入账户的贷方。期末,将本期费用增加额减去减少额后的差额,从费用类账户转入利润类账户的借方。经此结转后,费用类账户一般没有期末余额。注意费用类账户的两个要点:

a.“借”表示增加,“贷”表示减少;

b. 期末一般无余额。

借(+)	费用类账户　　　　贷(－)
费用的增加额	费用的减少额或转销额
本期发生额合计	本期发生额合计

该类账户期末无余额

图 3—17　费用类账户的简化结构

综合以上对各类账户结构的说明,可将借贷记账法下账户结构归纳总结如表 3—4 所示。

表 3—4　　借贷记账法下账户结构归纳总结

账户类别	借方	贷方	余额
资产	增加	减少	一般在借方
负债、所有者权益和利润	减少	增加	一般在贷方
费用	增加	减少	期末一般无余额
收入	减少	增加	期末一般无余额

4. 借贷记账法的记账规则

记账规则是账户记录经济业务的规律性,它是根据不同性质账户的结构和不同类型经济业务在账户中登记的方法总结而成的。借贷记账法属于复式记账法的一种,它要求对任何一项经济业务的发生,应在两个或多个相互联系的账户中以相等的金额进行登记,力求反映经济业务和价值运动的来龙去脉。对于借贷记账法而言,这些金额必然分别记入一些特定账户的借方或贷方,而且记入账户借方的金额必然等于记入贷方的金额。因此,可总结出借贷记账法的记账规则:有借必有贷,借贷必相等。运用这个记账规则时,要注意以下几点:

(1)考虑经济业务所涉及的科目。要分析经济业务的内容,确定经济业务所涉及的会计要素是增加还是减少,并判断会计要素的属性,是资产要素变化还是负债或所有者权益要素变化,哪些要素增加、哪些要素减少,或者同增同减等。

(2)根据第一点的分析,确定该经济业务的账户名称、记入账户的方向及金额。要根据账户借贷方结构的规定:凡是涉及资产、费用及成本的增加,负债及所有者权益的减少,收入的减少,都记入该账户的借方;凡是涉及资产、费用及成本的减少,负债及所有者权益的增加,收入的增加,都记入该账户的贷方。

为了加深对借贷记账法的理解,下面举例说明借贷记账法的记账规则。

【例 3—2】 以长江公司 2010 年 2 月发生的 9 笔经济业务为例,说明借贷记账法的记账规则。

业务 1:长江公司收到阳光公司投入资金 100 000 元,款项已存入银行。

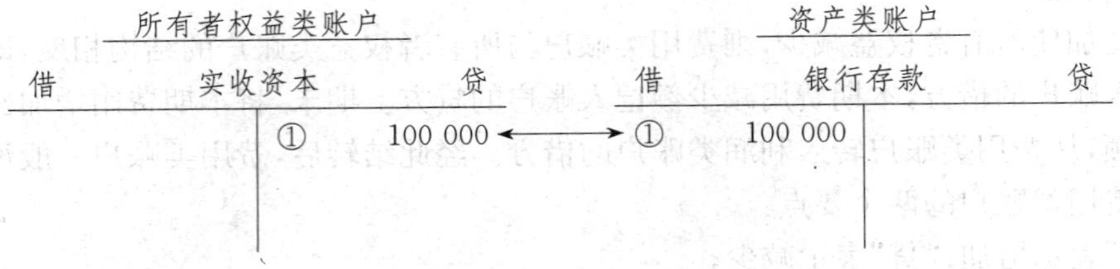

图 3—18　业务 1 示意图

在这笔经济业务中，一方面，长江公司的银行存款增加了100 000元，“银行存款”是资产类账户，按照资产类账户的结构，资产增加记入借方、减少记入贷方，即应记入“银行存款”账户的借方；另一方面，长江公司收到阳光公司的投入资本，实收资本也增加了100 000元，“实收资本”是所有者权益类账户，按照所有者权益类账户的结构，所有者权益增加记入贷方、减少记入借方，即应记入“实收资本”账户的贷方。

业务2：长江公司向银行借入3个月期限的短期借款20 000元存入银行。

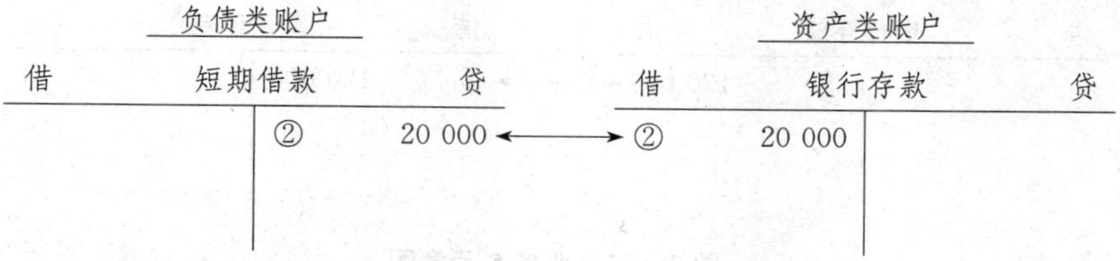

图3—19　业务2示意图

在这笔经济业务中，一方面，长江公司的银行存款增加了20 000元，“银行存款”是资产类账户，按照资产类账户的结构，资产增加记入借方、减少记入贷方，即应记入“银行存款”账户的借方；另一方面，长江公司是从银行借入的款项，这表示它的短期借款也增加了20 000元，“短期借款”是负债类账户，按照负债类账户的结构，负债增加记入贷方、减少记入借方，即应记入“短期借款”账户的贷方。

业务3：长江公司以银行存款偿还上月所欠光大公司材料款20 000元。

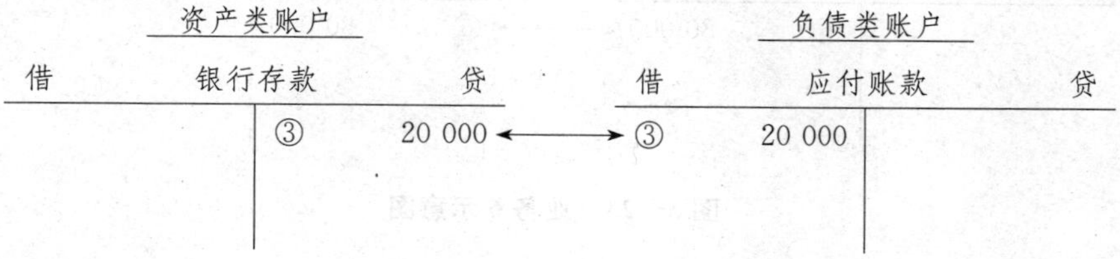

图3—20　业务3示意图

在这笔经济业务中，一方面，长江公司的银行存款减少了20 000元，按照资产类账户的结构，资产增加记入借方、减少记入贷方，即应记入“银行存款”账户的贷方；另一方面，用银行存款的20 000元去归还所欠材料款，长江公司的应付账款也减少了20 000元，“应付账款”是负债类账户，按照负债类账户的结构，负债增加记入贷方、减少记入借方，即应记入“应付账款”账户的借方。

业务4：长江公司因缩小经营规模，经批准减少注册资本50 000元，并以银行存款发还给投资者。

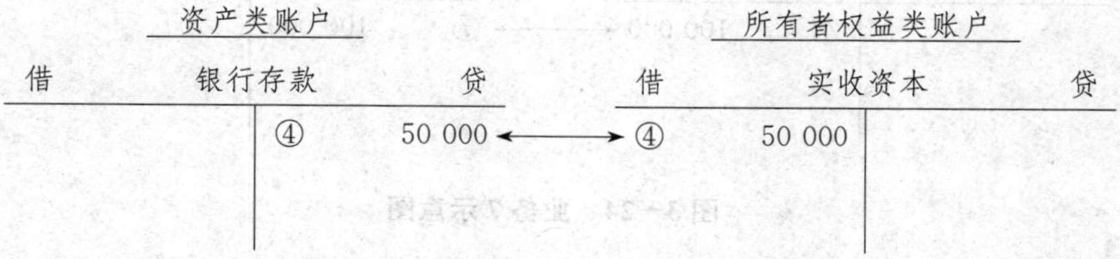

图3—21　业务4示意图

在这笔经济业务中，一方面，长江公司的银行存款减少了50 000元，按照资产类账户的结构，资产增加记入借方、减少记入贷方，即应记入“银行存款”账户的贷方；另一方面，银行存款的钱发还给投资者，长江公司的实收资本也减少了50 000元，按照所有者权益类账户的结构，所有者权益增加记入贷方、减少记入借方，即应记入“实收资本”账户的借方。

业务5：长江公司向银行提取现金120 000元。

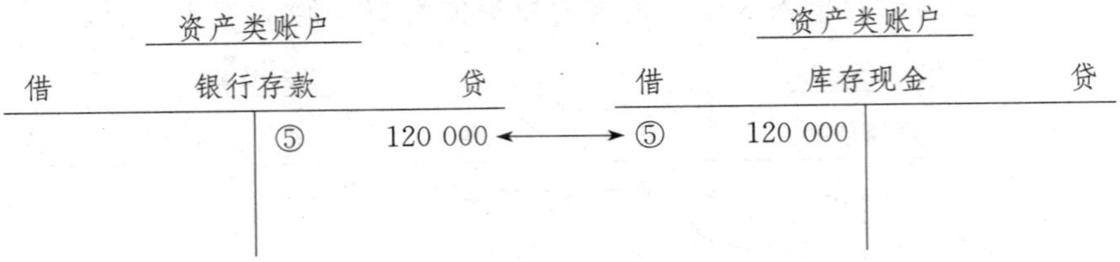

图3—22 业务5示意图

在这笔经济业务中，一方面，长江公司的银行存款减少了120 000元，按照资产类账户的结构，资产增加记入借方、减少记入贷方，即应记入“银行存款”账户的贷方；另一方面，银行存款的钱取现，长江公司的库存现金增加了120 000元，“库存现金”也是资产类账户，按照资产类账户的结构，增加记入借方，即应记入“库存现金”账户的借方。

业务6：经批准，长江公司将盈余公积80 000元转增资本。

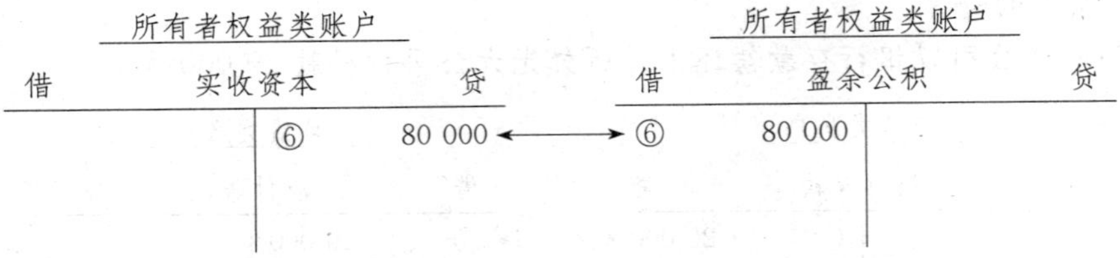

图3—23 业务6示意图

在这笔经济业务中，一方面，长江公司的盈余公积减少了80 000元，“盈余公积”是所有者权益类账户，按照所有者权益类账户的结构，所有者权益增加记入贷方、减少记入借方，即应记入“盈余公积”账户的借方；另一方面，盈余公积的钱转成资本，长江公司的实收资本增加了80 000元，“实收资本”也是所有者权益类账户，按照所有者权益类账户的结构，即应记入“实收资本”账户的贷方。

业务7：长江公司向银行借入100 000元直接用于归还拖欠的货款。

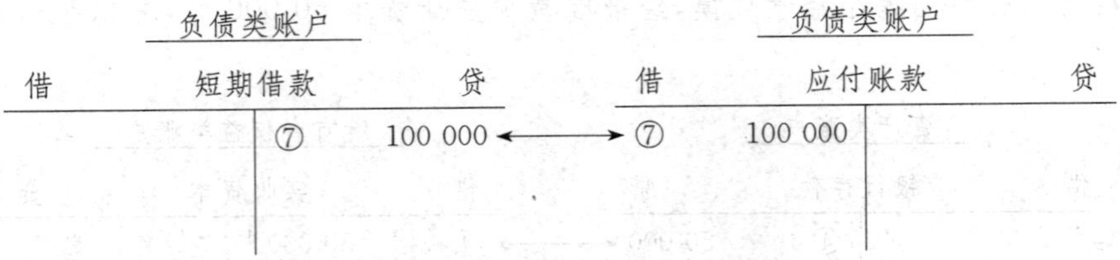

图3—24 业务7示意图

在这笔经济业务中，长江公司从银行借入100 000元，一方面，它的短期借款增加了

100 000元,“短期借款”是负债类账户,按照负债类账户的结构,负债增加记入贷方、减少记入借方,即应记入“短期借款”账户的贷方;另一方面,长江公司用借来的100 000元去归还所欠的货款,长江公司的应付账款减少了100 000元,“应付账款”也是负债类账户,按照负债类账户的结构,负债增加记入贷方、减少记入借方,即应记入“应付账款”账户的借方。

业务8:长江公司经与债权人协商并经有关部门批准,将所欠40 000元债务转为资本。

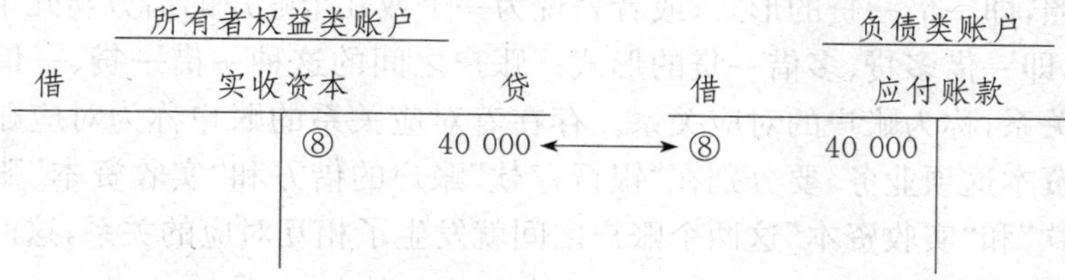

图3—25 业务8示意图

在这笔经济业务中,一方面,长江公司的应付账款减少了40 000元,按照负债类账户的结构,负债增加记入贷方、减少记入借方,即应记入“应付账款”账户的借方;另一方面,应付账款转为资本,长江公司的实收资本增加了40 000元,按照所有者权益类账户的结构,所有者权益增加记入贷方、减少记入借方,即应记入“实收资本”账户的贷方。

业务9:长江公司经研究决定,向投资者分配利润30 000元。

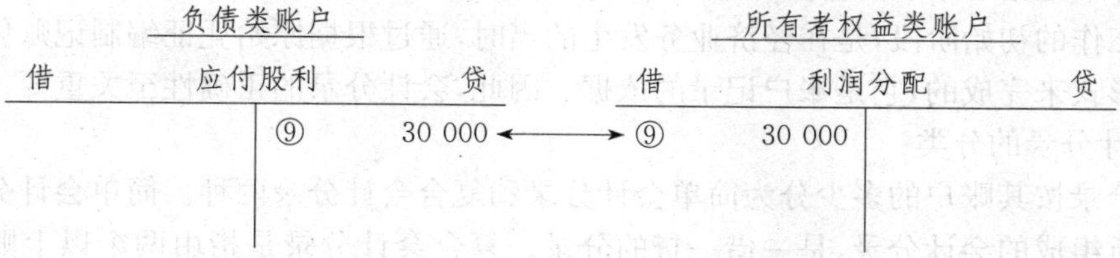

图3—26 业务9示意图

在这笔经济业务中,长江公司向投资者分配利润,一方面,“利润分配”账户减少了30 000元,“利润分配”是所有者权益类账户,按照所有者权益类账户的结构,所有者权益增加记入贷方、减少记入借方,即应记入“利润分配”账户的借方;另一方面,在实际支付给股东现金前,公司“应付股利”账户增加了30 000元,“应付股利”是负债类账户,按照负债类账户的结构,负债增加记入贷方、减少记入借方,即应记入“应付股利”账户的贷方。

从以上经济业务中可以得出结论:采用借贷记账法记录时,任何一笔经济业务都至少要在两个账户中进行登记,即在记入一个账户或几个账户借方的同时记入另一个账户或几个账户的贷方,并且记入借方与记入贷方的金额必须相等。由此得出借贷记账法的记账规则:有借必有贷,借贷必相等。

对于有些比较复杂的经济业务,在运用借贷记账法时,则需要在一个账户的借方和几个账户的贷方进行登记,或者在一个账户的贷方和几个账户的借方进行登记,借贷双方的金额也必须相等。其运用的记账规则仍然是“有借必有贷,借贷必相等”。

四、账户的对应关系和会计分录

（一）账户的对应关系

从以上案例中可以看出，按照借贷记账法的记账规则，将发生的经济业务登记入账后，在有关账户之间就必然形成了一种相互依存的对应关系。具体表现为一个账户的借方与另一个账户的贷方相互对照，即一借一贷的形式；或者表现为一个或几个账户的借方与几个或一个账户的贷方相互对照，即一借多贷、多借一贷的形式。账户之间的这种一借一贷、一借多贷或多借一贷的相互依存关系，称为账户的对应关系。存在着对应关系的账户称为对应账户。例如公司收到股东投入资本这项业务，要分别在“银行存款”账户的借方和“实收资本”账户的贷方进行登记，“银行存款”和“实收资本”这两个账户之间就发生了相互对应的关系，这两个账户互为对应账户。

实际上，经济业务并不是先行记入有关各账户的。由于同一笔经济业务的内容分别记录在两个或两个以上账户中，当业务数量繁多时，容易发生漏记、重记等记账错误。为了保证账户对应关系的正确性，便于正确地记账，在将经济业务记入账户之前，应先根据经济业务所涉及的科目及其借贷方向和金额编制会计分录，然后根据会计分录登记有关账户。

（二）会计分录

1. 会计分录的定义

会计分录是指对某项经济业务事项标明其应借、应贷会计科目及其金额的记录。会计分录是会计工作的初始阶段，是在经济业务发生的当时，通过根据原始凭证编制记账凭证或登记日记账的形式来完成的，它是账户记录的依据。因此，会计分录的正确性至关重要。

2. 会计分录的分类

会计分录按其账户的多少分为简单会计分录和复合会计分录两种。简单会计分录是指由两个账户所组成的会计分录，是一借一贷的分录。复合会计分录是指由两个以上账户所组成的会计分录，有一借多贷、一贷多借和多借多贷的分录。举例说明复合会计分录：

【例 3—3】 企业生产产品领用原材料25 000元，厂部管理部门一般耗用原材料3 000元。应作如下复合会计分录：

借：生产成本	25 000	
管理费用	3 000	
贷：原材料		28 000

一笔复合会计分录可以分解为若干简单会计分录，而若干简单会计分录又可以复合为一笔复合会计分录。

据此，【例 3—3】可以拆分为：

借：生产成本	25 000	
贷：原材料		25 000
借：管理费用	3 000	
贷：原材料		3 000

3. 会计分录的编制步骤

(1)一项业务发生后，首先分析这项经济业务涉及的会计要素是资产、费用、成本，还是负债、所有者权益、收入；

(2)确定涉及哪些科目，是增加还是减少；

(3)根据会计科目表,确定记入哪个账户的借方或贷方;

(4)确定应借、应贷科目是否正确,借贷方金额是否相等。

以【例 3－2】所述的 9 笔经济业务为例,说明会计分录的编制:

①长江公司收到阳光公司投入资金 100 000 元,款项已存入银行。

借:银行存款　100 000
　　贷:实收资本　100 000

②长江公司向银行借入 3 个月期限的短期借款 20 000 元存入银行。

借:银行存款　20 000
　　贷:短期借款　20 000

③长江公司以银行存款偿还上月所欠光大公司材料款 20 000 元。

借:应付账款　20 000
　　贷:银行存款　20 000

④长江公司因缩小经营规模,经批准减少注册资本 50 000 元,并以银行存款发还给投资者。

借:实收资本　50 000
　　贷:银行存款　50 000

⑤长江公司向银行提取现金 120 000 元。

借:库存现金　120 000
　　贷:银行存款　120 000

⑥经批准,长江公司将盈余公积 80 000 元转增资本。

借:盈余公积　80 000
　　贷:实收资本　80 000

⑦长江公司向银行借入 100 000 元直接用于归还拖欠的货款。

借:应付账款　100 000
　　贷:短期借款　100 000

⑧长江公司经与债权人协商并经有关部门批准,将所欠 40 000 元债务转为资本。

借:应付账款　40 000
　　贷:实收资本　40 000

⑨长江公司经研究决定,向投资者分配利润 30 000 元。

借:利润分配　30 000
　　贷:应付股利　30 000

五、借贷记账法的试算平衡

所谓试算平衡,是根据资产与权益的恒等关系和记账规则来检查和验证账户记录正确性的一种方法。借贷记账法的试算平衡,包括发生额试算平衡和余额试算平衡。

如前所述,在借贷记账法下,所有的经济业务都根据“有借必有贷,借贷必相等”的记账规则在各账户中相互联系地进行记录,以系统地反映企业资产、负债、所有者权益等各会计要素具体内容的增减变动及其结果。不过,由于所有资料信息都分散在各账户中,所以无法明了企业所有业务活动的情形以及企业的财务状况和经营成果的粗略情况,尤其在企业规模庞大、经济业务繁多的情况下更是如此。为了汇总反映各账户资料,并验证账务处理工作的正确性,在此基础上编制会计报表，可编制全部账户本期发生额及余额试算平衡表。

（一）发生额试算平衡法

发生额试算平衡法是以记账规则为依据，用来检查本期全部账户的借贷发生额是否相等的方法。发生额试算平衡直接根据借贷记账法的记账规则来确定，由于每项经济业务都是按照“有借必有贷，借贷必相等”的记账规则登记入账的，因而将一定时期（如1个月）所有经济业务登记入账后，全部科目的借方本期发生额合计与全部科目的贷方本期发生额合计必定相等。其平衡公式为：

全部会计科目本期借方发生额合计＝全部会计科目本期贷方发生额合计

以【例3－2】所述的9笔经济业务为例，编制长江公司2月份发生额试算平衡表，见表3－5。

表3－5 总分类账户本期发生额试算平衡表

2010年2月28日 单位：元

会计科目	借方发生额	贷方发生额
库存现金	120 000	
银行存款	120 000	190 000
应付账款	160 000	
应付股利		30 000
短期借款		120 000
实收资本	50 000	220 000
盈余公积	80 000	
利润分配	30 000	
合　计	560 000	560 000

（二）余额试算平衡法

余额试算平衡法是根据本期所有账户借方余额合计与贷方余额合计的恒等关系来检验本期账户记录是否正确的方法，包括期初余额平衡和期末余额平衡两类。其公式为：

全部会计科目借方期初余额合计＝全部会计科目贷方期初余额合计

全部会计科目借方期末余额合计＝全部会计科目贷方期末余额合计

实际工作中，常常把上述两种平衡表合并起来，编制总分类账户本期发生额及余额试算平衡表。试算平衡表中一般应设置“期初余额”、“本期发生额”和“期末余额”三大栏，每一大栏分设“借方”和“贷方”两小栏。各大栏中的借方合计与贷方合计应该平衡相等，否则便是记账错误。为了简化表格，试算平衡表也可只根据各个科目的本期发生额编制，不填列各科目的期初余额和期末余额。

以【例3－2】所述的9笔经济业务为例，编制长江公司2月份试算平衡表，见表3－6。

表 3－6 **总分类账户试算平衡表**

2010 年 2 月 28 日 单位:元

会计科目	期初余额		本期发生额		期末余额	
	借方	贷方	借方	贷方	借方	贷方
库存现金	1 200		120 000		121 200	
银行存款	240 000		120 000	190 000	170 000	
应收账款	94 000				94 000	
原材料	49 000				49 000	
固定资产	186 000				186 000	
无形资产	112 000				112 000	
短期借款		148 000		120 000		268 000
应付账款		96 000	160 000		64 000	
应付股利				30 000		30 000
长期借款		50 000				50 000
实收资本		280 000	50 000	220 000		450 000
资本公积		8 200				8 200
盈余公积		100 000	80 000			20 000
利润分配			30 000		30 000	
合　计	682 200	682 200	560 000	560 000	826 200	826 200

通过编制试算平衡表,如果试算不平衡,即借方发生额(余额)合计不等于贷方发生额(余额)合计,则科目记录或计算肯定有误;如果试算平衡,即借方发生额(余额)合计等于贷方发生额(余额)合计,可大体上推断科目记录或计算正确,但不能绝对肯定记账无误,因为有的错误是不影响借贷平衡关系的。下列各项经济业务记账有误,借贷仍然平衡:

(1)漏记某项经济业务,将使本期借贷双方的发生额等额减少,借贷仍然平衡;

(2)重记某项经济业务,将使本期借贷双方的发生额等额虚增,借贷仍然平衡;

(3)某项经济业务记错有关账户,借贷仍然平衡;

(4)借方或贷方发生额中,偶然发生多记、少记并相互抵销,借贷仍然平衡;

(5)某项经济业务记录的应借、应贷科目相互颠倒。

六、总分类账户与明细分类账户的平行登记

(一)总分类账户与明细分类账户的关系

在会计核算工作中,为了适应经济管理上的需要,对于一切经济业务都要在有关账户中进行登记,既要提供总括的核算资料,又要提供详细的核算资料。会计账户按其所提供会计核算指标的详细程度来分,可分为总分类账户和明细分类账户。企业既要设置总分类账户,进行总分类核算,又要设置明细分类账户,进行明细分类核算。例如"原材料"的核算,如果只设"原材料"总分类账户就只能显示企业原材料总额为多少,而一个企业不可能只使用一种原材料,为了具体了解各种原材料的收、发、结存的情况,就有必要在"原材料"总分类科目下,按照材料的

品种设置明细分类账户。

总分类账户是用来对会计要素具体内容进行总分类核算的账户，如应收账款、原材料、固定资产等都可以设置总分类账户。总分类科目又称总账科目，它提供总括核算指标。在我国，为了保证会计核算口径的一致性和可比性，便于一个部门或一个行业或一个地区，乃至全国范围的会计资料的汇总、检查，企事业单位总分类账户常常是根据国家有关会计制度规定的会计科目设置的。为了保证会计信息的一致性和可比性，现在各会计主体必须按照 2006 年财政部《企业会计准则——应用指南》中《附录：会计科目和主要账务处理》的规定，结合单位情况，设置统一的会计科目（一级科目，即总账科目）及其编号，这就是根据会计科目设置总账的依据。

但是，总账不能满足企业日常管理的正常需要。为方便企业加强管理，除了需要设置总账，还需要详细说明企业各方面具体情况的详细会计信息，也就是需要设置明细分类账户。明细分类账户是用来对会计要素的具体内容进行明细分类核算的账户。明细分类账户又可称为明细账户。明细分类账户是企业会计部门根据本单位经济业务的具体内容、管理上的要求及方便会计核算等而自行设置的。

有些总分类账户包含的内容很多，如固定资产、原材料等，若用一个总分类账户直接控制众多的明细分类账户，那么如果有记账差错时，会给核对工作等带来不便，这时，可在总分类账户与明细分类账户之间设置一些类别账户，进行分层控制。这些类别账户就称为二级账户，其下属的明细分类账户则称为三级明细账户。二级账户的核算口径比总分类账户的稍细，比三级明细分类账户稍粗，是介于总分类账户和明细分类账户之间的账户。

以原材料为例，在"原材料"账户下，可按材料的类别设置二级账户，按材料的具体品名、规格等设置三级明细账户，如图 3－27 所示。

总分类账户 （一级账户）	类别账户 （二级账户）	明细分类账户 （三级账户）
原材料	甲类材料	A 材料
		B 材料
	乙类材料	C 材料
		D 材料

图 3－27　账户层级

从图 3－27 中可以看出，总分类账户和明细分类账户之间的关系是统驭和从属的关系。即一级账户统驭二级账户，二级账户统驭三级账户；反之，三级账户从属于二级账户，二级账户从属于一级账户。总分类账户对明细分类账户具有统驭控制作用，明细分类账户对总分类账户具有补充说明作用。总分类账户与明细分类账户之间的关系，实质上是一种控制与被控制的关系，故有时人们也将总分类账户称为控制账户或统驭账户，而把明细分类账户称为被控制账户或被统驭账户。

（二）总分类账户与明细分类账户的平行登记

总分类账户与明细分类账户登记的经济业务内容是相同的，只是详细程度不一样。因此，在会计核算中，要采取平行登记的方法。所谓平行登记，是指对所发生的每一笔经济业务，要以会计凭证为依据，一方面记入有关总分类账户，另一方面记入总分类账户所属的明细分类账户。采用平行登记，不仅可以满足经营管理者对总括资料及详细核算资料的需要，同时通过总分类账户与明细分类账户的勾稽关系，还可以检查账务记录的正确性，可见，平行登记是企业内部牵制制度在会计核算上的具体运用。平行登记的要点通常包括以下四方面：

1. 依据相同

依据相同指对所发生的每项经济业务都要以会计凭证为依据，一方面记入有关总分类账户，另一方面记入有关总分类账户所属明细分类账户。总账依据记账凭证、汇总记账凭证或会计科目(一级科目)汇总表登记，明细账依据记账凭证及其所附的原始凭证登记，它们登记的资料都来自会计凭证。

2. 方向相同

方向相同指对同一经济业务，双方登记的方向应当相同。即总分类账户记入借方，明细分类账户也应记入借方；反之，都应记入账户的贷方。

3. 期间相同

对同一经济业务，登记总分类账户和明细分类账户的会计期间应当一致，不能只登记总分类账户，不登记明细分类账户，反之亦然。在实际工作中，对于同一笔经济业务，总分类账户与明细分类账户的具体登记时间可能有先有后，但在同一会计期间(如一个月度)内必须全部登记入账。

4. 金额相同

金额相同指将同一笔经济业务记入总分类账户和所属明细分类账户时，记入总分类账户的金额应与记入所属明细分类账户的金额(或金额之和)相等。

本章小结

1. 会计等式。会计等式又称为会计平衡公式，用来反映会计主体的经济业务内容及其在进行有关会计计量时所表现出的经济等量关系，揭示会计对象各会计要素之间的内在联系。

2. 资产＝负债＋所有者权益。这个平衡公式反映了资产的归属关系，是会计对象的公式化，其经济内容和数学上的等量关系既是资金平衡的理论依据，也是设置会计账户、复式记账和编制会计报表的基本理论依据。因此，会计上称之为基本会计等式。

3. 收入－费用＝利润。这个等式反映了资金运动动态情况下会计要素之间的平衡关系，是动态会计等式。此等式是企业计算和确定经营成果、设计和编制利润表的理论依据。

4. 会计等式的恒等关系。每一项经济业务的发生都会引起两个或两个以上的资产和权益项目发生增减变化，但其变化结果不会破坏“资产＝负债＋所有者权益”这一基本会计等式的恒等关系。

5. 会计账户。会计账户是根据会计科目的名称开设的，在充分考虑会计核算阶段最终应当提供信息的基础上，记录、整理、汇总会计科目所反映的经济业务内容，是塑造和加工会计信息的工具。

6. 会计科目和会计账户的关系。会计科目是会计账户的名称，各个会计科目都有各自界定的经济内容，但会计科目没有自己的结构；会计账户有自己的结构。

7. T 型账户。T 型账户主要反映账户的借方、贷方两部分结构及其数据。T 型账户左方为借方，右方为贷方。在 T 型账户的左、右两方中，记录有该账户的期初余额、本期增加额、本期减少额和期末余额。

8. 记账方法。记账方法指在账簿中登记经济业务的方法。常见的记账方法有两种，即单式记账法和复式记账法。

9. 单式记账法。单式记账法是最早出现的一种记账方法。它是指对发生的每项经济业务只在一个账户中进行登记的方法。单式记账法一般只记录人欠、欠人和货币资金事项。

10. 复式记账法。复式记账法是针对单式记账法而言的。它以资产与权益平衡关系作为记账基础，对于每一项经济业务，都要在两个或两个以上相互联系的会计科目中进行登记，系统地反映每一笔经济业务所引起的会计要素的增减变化及其结果。

11. 借贷记账法的理论依据。借贷记账法的理论依据是：资产＝负债＋所有者权益。

12. 借贷记账法的记账符号。借贷记账法以"借"和"贷"作为记账符号，"借"表示记入账户的左方，"贷"表示记入账户的右方。

13. 借贷记账法的账户结构。在借贷记账法下，账户的基本结构是左方为"借方"，右方为"贷方"。记账时，账户的借、贷两方必须作相反方向的记录。

14. 借贷记账法的记账规则。借贷记账法属于复式记账法的一种，它要求对任何一项经济业务的发生，应在两个或多个相互联系的账户中以相等的金额进行登记，力求反映经济业务和价值运动的来龙去脉。

15. 会计分录。会计分录是指对某项经济业务事项标明其应借、应贷会计科目及其金额的记录。会计分录是会计工作的初始阶段，是在经济业务发生的当时，通过根据原始凭证编制记账凭证或登记日记账的形式来完成的，它是账户记录的依据。

16. 会计分录的分类。会计分录按其账户的多少分为简单会计分录和复合会计分录两种。简单会计分录是指由两个账户所组成的会计分录，是一借一贷的分录。复合会计分录是指由两个以上账户所组成的会计分录，有一借多贷、一贷多借和多借多贷的分录。

17. 试算平衡。试算平衡是根据资产与权益的恒等关系和记账规则来检查和验证账户记录正确性的一种方法。借贷记账法的试算平衡，包括发生额试算平衡和余额试算平衡。

18. 总分类账户与明细分类账户的关系。两者登记的经济业务内容是相同的，只是详细程度不一样。总分类账户对明细分类账户具有统驭控制作用，明细分类账户对总分类账户具有补充说明作用。总分类账户与明细分类账户之间的关系，实质上是一种控制与被控制的关系。

19. 平行登记。平行登记是指对所发生的每一笔经济业务，要以会计凭证为依据，一方面记入有关总分类账户，另一方面记入总分类账户所属的明细分类账户。

20. 平行登记的要点。平行登记的要点通常包括以下四方面：依据相同、方向相同、期间相同和金额相同。

第四章 资 产

【学习目标】

(1)了解资产的概念和分类；

(2)了解货币资金、交易性金融资产、应收及预付款项、存货、持有至到期投资、长期股权投资、可供出售金融资产、固定资产及投资性房地产、无形资产及其他资产的概念；

(3)掌握货币资金、交易性金融资产、应收及预付款项、存货、持有至到期投资、长期股权投资、可供出售金融资产、固定资产及投资性房地产、无形资产及其他资产的核算。

资产是指企业过去交易或事项形成的、由企业拥有或控制的、预期会给企业带来经济利益的资源。

资产按照不同的标准可以作不同的分类。按是否具有实物形态，资产可分为有形资产和无形资产；按其来源不同，资产可分为自有资产和租入资产；按其流动性不同，资产可分为流动资产和非流动资产，其中流动资产又可分为货币资金、交易性金融资产、应收票据、应收账款、预付款项、其他应收款、存货等，非流动资产又可分为长期股权投资、持有至到期投资、固定资产、可供出售金融资产、投资性房地产、无形资产及其他资产等。

第一节 货币资金

货币资金是指在企业生产经营过程中处于货币形态的那一部分资产，按其形态和用途不同，可分为库存现金、银行存款和其他货币资金。

一、库存现金

库存现金是指存放于企业财务部门、由出纳人员经管的货币。库存现金是企业流动性最强的资产，企业应当严格遵守国家有关现金管理制度，正确进行现金收支的核算，监督现金使用的合法性与合理性。

(一)现金管理制度

根据国务院发布的《现金管理暂行条例》的规定,现金管理制度主要包括以下内容:

1. 现金的使用范围

企业可用现金支付的款项有:

(1)职工的工资、津贴;

(2)个人劳务报酬;

(3)根据国家规定发给个人的科学技术、文化艺术、体育等各种奖金;

(4)各种劳保、福利费用以及国家规定的对个人的其他支出;

(5)向个人收购农副产品和其他物资的价款;

(6)出差人员必须随身携带的差旅费;

(7)结算起点(1 000 元以下)的零星开支;

(8)中国人民银行确定需要支付现金的其他支出。

除上述范围内的支付可以使用现金外,其他款项结算必须通过开户银行办理转账结算。

2. 现金的限额

现金的限额是指为保证各单位日常零星开支的需要,按规定允许留存的现金的最高数额。库存现金的限额,由开户行根据开户单位的实际需要和距离银行远近等情况核定。其限额一般按照单位 3～5 天日常零星开支所需现金确定。远离银行机构或交通不便的单位可依据实际情况适当放宽,但最高不得超过 15 天。经核定的库存现金限额,开户单位必须严格遵守。需要增加或者减少库存现金限额的,应当向开户银行提出申请,由开户银行核定。

3. 现金收支的规定

企业收入的现金应于当天送存开户银行,当天送存有困难的,由开户银行确定送存时间。企业需要支付的现金,应从银行提取或从库存现金中支付,不得从收入的现金中支付,即不得"坐支"现金。因特殊情况需要"坐支"现金的,必须报经有关部门批准并在核定的范围和限额内进行,同时收支的现金必须分别入账。

企业从开户银行提取现金时,应如实写明用途,由企业财会部门负责人签章,经开户银行审核批准后予以支付。因采购地点不确定、交通不便、抢险救灾或其他特殊情况必须使用现金的单位,应向开户银行书面申请,由本单位财会部门负责人签章,开户银行审核批准后予以支付。

企业在组织现金收支工作中,还应做到"五不准":不准"白条顶库",即不用不符合财务制度的凭证抵顶库存现金;不准"公款私存",即不准用单位收入的现金以个人名义储蓄;不准设置"小金库",从而保留账外公款;不准谎报用途套取现金;不准用银行账户代其他单位和个人存取现金。银行对违反上述规定的单位,将按照违规金额的一定比例予以处罚。

(二)现金的核算

为了反映企业库存现金的收入、支出和结存情况,企业应当设置"库存现金"科目,该科目借方登记现金的增加数,贷方登记现金的减少数,期末余额在借方,反映企业实际持有的库存现金的金额。企业内部各部门周转使用的备用金,可以单独设置"备用金"科目进行核算。

【例 4—1】 甲公司根据 12 月 20 日发生的有关现金收付业务,编制的会计分录如下:

(1)企业签发现金支票,从银行提取现金 6 000 元备用。

借:库存现金	6 000	
贷:银行存款		6 000

(2)销售人员张三因出差预借差旅费5 000元，以现金支付。

借：其他应收款——张三 5 000

贷：库存现金 5 000

(3)支付本月水电费200元，以现金支付。

借：管理费用 200

贷：库存现金 200

企业应当设置现金总账和现金日记账，分别进行库存现金的总分类核算和明细分类核算。现金日记账由出纳人员根据收、付款凭证，按照业务发生顺序逐笔登记。每日终了，应当在现金日记账上计算出当日的现金收入合计额、现金支出合计额和结余额，并将现金日记账的账面结余额与实际库存现金额相核对，保证账款相符；月度终了，现金日记账的余额应当与现金总账的余额核对，做到账账相符。

二、银行存款

银行存款是指企业存放在银行和其他金融机构的货币资金。企业应当根据业务需要，按照规定在其所在地银行开设账户，运用所开设的账户，进行存款、取款以及各种收支转账业务的结算。银行存款的收付应严格执行银行结算制度的规定。

为了反映企业银行存款的收入、支出和结存情况，企业应当设置“银行存款”科目，该科目借方登记银行存款的增加数，贷方登记银行存款的减少数，期末余额在借方，反映企业实际持有的银行存款金额。

【例4—2】 东方公司根据12月25日发生的有关银行存款收付业务，编制的会计分录如下：

(1)从银行提现150 000元以备发工资。

借：库存现金 150 000

贷：银行存款 150 000

(2)企业购进原材料20 000元，支付增值税额3 400元，开转账支票一张，已通过银行付款，材料已验收入库。

借：原材料 20 000

应交税费——应交增值税(进项税额) 3 400

贷：银行存款 23 400

(3)企业销售产品一批，售价40 000元，增值税额6 800元，共计46 800元，收到转账支票存入银行。

借：银行存款 46 800

贷：主营业务收入 40 000

应交税费——应交增值税(销项税额) 6 800

企业应当设置银行存款总账和银行存款日记账，分别进行银行存款的总分类核算和明细分类核算。银行存款日记账由出纳人员根据收、付款凭证，按照业务的发生顺序逐笔登记。每日终了，应结出余额。

三、其他货币资金

(一)其他货币资金的内容

其他货币资金是指企业除库存现金、银行存款以外的各种货币资金,主要包括银行汇票存款、银行本票存款、信用卡存款、信用证保证金存款、存出投资款、外埠存款等。

1. 银行汇票存款

银行汇票是汇款人将款项交存当地出票银行,由出票银行签发的、由其在见票时按照实际结算金额无条件支付给收款人或持票人的票据。银行汇票的出票银行为银行汇票的付款人。单位和个人各种款项的结算,均可使用银行汇票。银行汇票可以用于转账,填明“现金”字样的银行汇票也可以用于支取现金。它具有使用灵活、票随人到、兑现性强等特点,适用于先收款后发货或钱货两清的商品交易。银行汇票的付款期限为自出票日起 1 个月内。银行汇票的收款人可以将银行汇票背书转让给他人。

申请人使用银行汇票,应向出票银行填写“银行汇票申请书”,填明收款人名称、汇票金额、申请人名称、申请日期等事项并签章,签章为其预留银行的签章。出票银行受理银行汇票申请书,收妥款项后签发银行汇票,并用压数机压印出票金额,将银行汇票和解讫通知一并交给申请人。申请人应将银行汇票和解讫通知一并交付给汇票上记明的收款人。收款人受理申请人交付的银行汇票时,应在出票金额以内,根据实际需要的款项办理结算,并将实际结算的金额和多余金额准确、清晰地填入银行汇票和解讫通知的有关栏内,到银行办理款项入账手续。收款人可以将银行汇票背书转让给被背书人。银行汇票的背书转让以不超过出票金额的实际结算金额为准。未填写实际结算金额或实际结算金额超过出票金额的银行汇票,不得背书转让。银行汇票的提示付款期限为自出票日起 1 个月,持票人超过付款期限提示付款的,银行将不予受理。持票人向银行提示付款时,必须同时提交银行汇票和解讫通知,缺少任何一联,银行不予受理。

银行汇票丧失,失票人可以凭人民法院出具的其享有票据权利的证明,向出票银行请求付款或退款。

2. 银行本票存款

银行本票是银行签发的、承诺自己在见票时无条件支付确定的金额给收款人或者持票人的票据。银行本票由银行签发并保证兑付,而且见票即付,具有信誉高、支付功能强等特点。单位和个人在同一票据交换区域需要支付的各种款项,均可使用银行本票。银行本票可以用于转账,注明“现金”字样的银行本票可以用于支取现金。银行本票分为定额本票和不定额本票。定额本票的面值有1 000元、5 000元、10 000元和50 000元。银行本票的付款期限为自出票日起最长不超过 2 个月。

申请人使用银行本票,应向银行填写“银行本票申请书”。申请人或收款人为单位的,不得申请签发现金银行本票。出票银行受理银行本票申请书,收妥款项后签发银行本票,在本票上签章后交给申请人。申请人应将银行本票交付给本票上记明的收款人。收款人可以将银行本票背书转让给被背书人。

申请人因银行本票超过提示付款期限或其他原因要求退款时,应将银行本票提交到出票银行并出具单位证明。出票银行对于在本行开立存款账户的申请人,只能将款项转入原申请人账户;对于现金银行本票和未到本行开立存款账户的申请人,才能退付现金。

银行本票丧失,失票人可以凭人民法院出具的其享有票据权利的证明,向出票银行请求付款或退款。

3. 信用卡存款

信用卡存款是指单位或个人为取得信用卡而按照规定存入银行信用卡专户的款项。信用卡是银行卡的一种，是可以存入现金的，但标准信用卡存款没有利息，且存进的钱再取出来需要缴纳手续费。信用卡按使用对象分为单位卡和个人卡；按信用等级分为金卡和普通卡；按是否向发卡银行交存备用金分为贷记卡和准贷记卡。

单位卡账户的资金一律从其基本存款账户转账存入，不得交存现金，不得将销货收入的款项存入其账户。持卡人可持信用卡在特约单位购物、消费，但单位卡不得用于10万元以上的商品交易、劳务供应款项的结算，不得支取现金。特约单位在每日营业终了，应将当日受理的信用卡签购单汇总，计算手续费和净计金额，并填写汇(总)计单和进账单，连同签购单一并送交收单银行办理进账。

信用卡按是否向发卡银行交存备用金分为贷记卡、准贷记卡两类。贷记卡是指发卡银行给予持卡人一定的信用额度，持卡人可在信用额度内先消费、后还款的信用卡。准贷记卡是指持卡人须先按发卡银行要求交存一定金额的备用金，当备用金账户余额不足支付时，可在发卡银行规定的信用额度内透支的信用卡。准贷记卡的透支期限最长为60天，贷记卡的首月最低还款额不得低于其当月透支余额的10%。

4. 信用证保证金存款

信用证保证金存款是指采用信用证结算方式的企业为取得信用证而按规定存入银行信用证保证金专户的款项。企业向银行申请开立信用证，应按规定向银行提交开证申请书、信用证申请人承诺书和购销合同。

5. 存出投资款

存出投资款是指企业为购买股票、债券、基金等根据有关规定存入在证券公司指定银行开立的投资款专户的款项。

6. 外埠存款

外埠存款是指企业到外地进行临时或零星采购时，汇往采购地银行开立采购专户的款项。该账户的存款不计利息、只付不收、付完清户，除了采购人员可从中提取少量现金外，一律采用转账结算。

(二)其他货币资金的核算

为了反映和监督其他货币资金的收支和结存情况，企业应当设置“其他货币资金”科目，该科目借方登记其他货币资金的增加数，贷方登记其他货币资金的减少数，期末余额在借方，反映企业实际持有的其他货币资金。本科目应按其他货币资金的种类设置明细科目进行核算。

1. 银行汇票存款

企业填写“银行汇票申请书”、将款项交存银行时，借记“其他货币资金——银行汇票”科目，贷记“银行存款”科目；企业持银行汇票购货、收到有关发票账单时，借记“原材料”、“库存商品”、“应交税费——应交增值税(进项税额)”等科目，贷记“其他货币资金——银行汇票”科目；采购完毕收回剩余款项时，借记“银行存款”科目，贷记“其他货币资金——银行汇票”科目；企业收到银行汇票、填制进账单到开户银行办理款项入账手续时，根据进账单及销货发票等，借记“银行存款”科目，贷记“主营业务收入”、“应交税费——应交增值税(销项税额)”等科目。

【例4—3】 2015年10月20日东方公司申请办理银行汇票，委托其开户银行从其存款账户中划出40 000元开立银行汇票。10月25日，公司采购物资，材料尚未到达，持银行汇票进行结算，其中货款 30 000 元，增值税额 5 100 元，剩余款项转回银行存款户。

(1)2015 年 10 月 20 日取得银行汇票时：

借：其他货币资金——银行汇票	40 000	
贷：银行存款		40 000

(2)2015 年 10 月 25 日采购物资时：

借：在途物资	30 000	
应交税费——应交增值税(进项税额)	5 100	
贷：其他货币资金——银行汇票		35 100

(3)收到剩余款项时：

借：银行存款	4 900	
贷：其他货币资金——银行汇票		4 900

2. 银行本票存款

企业填写"银行本票申请书"、将款项交存银行时，借记"其他货币资金——银行本票"科目，贷记"银行存款"科目；企业持银行本票购货、收到有关发票账单时，借记"原材料"、"库存商品"、"应交税费——应交增值税(进项税额)"等科目，贷记"其他货币资金——银行本票"科目；企业收到银行本票、填制进账单到开户银行办理款项入账手续时，根据进账单及销货发票等，借记"银行存款"科目，贷记"主营业务收入"、"应交税费——应交增值税(销项税额)"等科目。相关例题类似【例 4—3】，下同。

3. 信用卡存款

企业应填制"信用卡申请表"，连同支票和有关资料一并送存发卡银行，根据银行盖章退回的进账单第一联，借记"其他货币资金——信用卡"科目，贷记"银行存款"科目；企业用信用卡购物或支付有关费用，收到开户银行转来的信用卡存款的付款凭证及所附发票账单，借记"管理费用"等科目，贷记"其他货币资金——信用卡"科目；企业信用卡在使用过程中，需要向其账户续存资金的，借记"其他货币资金——信用卡"科目，贷记"银行存款"科目；企业的持卡人如不需要继续使用信用卡时，应持信用卡主动到发卡银行办理销户，销卡时，单位卡科目余额转入企业基本存款户，不得提取现金，借记"银行存款"科目，贷记"其他货币资金——信用卡"科目。

4. 信用证保证金存款

企业填写"信用证申请书"、将信用证保证金交存银行时，应根据银行盖章退回的"信用证申请书"回单，借记"其他货币资金——信用证保证金"科目，贷记"银行存款"科目；企业接到开证行通知，根据供货单位信用证结算凭证及所附发票账单，借记"原材料"、"库存商品"、"应交税费——应交增值税(进项税额)"等科目，贷记"其他货币资金——信用证保证金"科目；将未用完的信用证保证金存款余额转回开户银行时，借记"银行存款"科目，贷记"其他货币资金——信用证保证金"科目。

5. 存出投资款

企业向证券公司划出资金时，应按实际划出的金额，借记"其他货币资金——存出投资款"科目，贷记"银行存款"科目；购买股票、债券等时，借记"交易性金融资产"等科目，贷记"其他货币资金——存出投资款"科目。

6. 外埠存款

企业将款项汇往外地时，应填写汇款委托书，委托开户银行办理汇款。企业将款项汇往外地开立采购专用账户时，根据汇出款项凭证，编制付款凭证，进行账务处理，借记“其他货币资金——外埠存款”科目，贷记“银行存款”科目；收到采购人员转来供应单位发票账单等报销凭证时，借记“原材料”、“库存商品”、“应交税费——应交增值税（进项税额）”等科目，贷记“其他货币资金——外埠存款”科目；采购完毕收回剩余款项时，根据银行的收账通知，借记“银行存款”科目，贷记“其他货币资金——外埠存款”科目。

第二节　交易性金融资产

企业金融资产主要包括库存现金、银行存款、应收账款、应收票据、贷款、垫款、其他应收款、应收利息、债权投资、股权投资、基金投资、衍生金融资产等。企业应当结合自身业务特点和风险管理要求，将取得的金融资产分类核算。

一、交易性金融资产概述

交易性金融资产是指企业为了近期内出售而持有的金融资产。通常情况下，是以赚取差价为目的从二级市场购入的股票、债券和基金等。

企业持有交易性金融资产的目的是短期性的，即在初次确认时即确定其持有目的是为了短期获利；另外，交易性金融资产往往具有活跃市场，公允价值能够通过活跃市场获取。

为了核算交易性金融资产各项业务，企业应当设置“交易性金融资产”、“公允价值变动损益”、“投资收益”等科目。

（一）“交易性金融资产”科目

“交易性金融资产”科目核算企业为交易目的所持有的债券投资、股票投资、基金投资等交易性金融资产的公允价值。企业持有的直接指定为公允价值计量且其变动计入当期损益的金融资产也在“交易性金融资产”科目核算。该科目的借方登记交易性金融资产的取得成本、资产负债表日其公允价值高于账面余额的差额等；贷方登记资产负债表日其公允价值低于账面余额的差额，以及企业出售交易性金融资产时结转的成本和公允价值变动损益。企业应当按照交易性金融资产的类别和品种，分别设置“成本”、“公允价值变动”等明细科目进行核算。

（二）“公允价值变动损益”科目

“公允价值变动损益”科目核算企业交易性金融资产等公允价值变动而形成的应计入当期损益的利得或损失。该科目贷方登记资产负债表日企业持有的交易性金融资产等的公允价值高于账面余额的差额；借方登记资产负债表日企业持有的交易性金融资产等的公允价值低于账面余额的差额。

（三）“投资收益”科目

“投资收益”科目核算企业持有交易性金融资产等实现的投资收益以及处置交易性金融资产等实现的投资收益或投资损失。该科目贷方登记企业出售交易性金融资产等实现的投资收益；借方登记企业出售交易性金融资产等发生的投资损失。

二、交易性金融资产的取得

企业取得交易性金融资产时，应当按照该金融资产取得时的公允价值作为其初始入账金额。公允价值是指在公平交易中，熟悉情况的交易双方自愿进行资产交换或者债务清偿的金额。

取得交易性金融资产所支付价款中包含了已宣告但尚未发放的现金股利或已到付息期但尚未领取的债券利息的,应当单独确认为应收项目,不构成交易性金融资产的初始入账金额。

取得交易性金融资产所发生的相关交易费用,应当在发生时计入投资收益。交易费用是指可直接归属于购买、发行或处置金融工具新增的外部费用,包括支付给代理机构、咨询公司、券商等的手续费和佣金及其他必要支出。

企业取得交易性金融资产,应当按照该金融资产取得时的公允价值,借记“交易性金融资产——成本”科目,按照发生的交易费用,借记“投资收益”科目,按照已到付息期但尚未领取的利息或已宣告但尚未发放的现金股利,借记“应收利息”或“应收股利”科目,按照实际支付的金额,贷记“其他货币资金”等科目。

三、交易性金融资产的现金股利和利息

企业持有交易性金融资产期间,取得被投资单位宣告发放的现金股利,或企业在资产负债表日按分期付息、一次还本债券投资的票面利率计算的利息收入,应当确认为应收项目,借记“应收股利”或“应收利息”科目,贷记“投资收益”科目。

四、交易性金融资产的期末计量

资产负债表日,交易性金融资产应当按照公允价值计量,公允价值与账面余额之间的差额计入当期损益。

企业应当在资产负债表日按照交易性金融资产公允价值与其账面余额的差额,借记或贷记“交易性金融资产——公允价值变动”科目,贷记或借记“公允价值变动损益”科目。

五、交易性金融资产的处置

企业出售交易性金融资产时,应当将该金融资产出售时的公允价值与其初始入账金额之间的差额确认为投资收益,同时调整公允价值变动损益。

企业应按实际收到的金额,借记“其他货币资金”等科目,按该金融资产的账面余额,贷记“交易性金融资产”科目,按其差额,贷记或借记“投资收益”科目。同时,将原计入该金融资产的公允价值变动转出,借记或贷记“公允价值变动损益”科目,贷记或借记“投资收益”科目。

【例 4—4】 2015 年 5 月 13 日,甲公司支付价款 1 060 000 元从二级市场购入乙公司发行的股票 100 000 股,每股价格 10.60 元(含已宣告但尚未发放的现金股利 0.60 元),另支付交易费用 1 000 元。甲公司将持有的乙公司股票划分为交易性金融资产,且持有乙公司股票后对其无重大影响。

甲公司的其他相关资料如下:

(1)5 月 23 日,收到乙公司发放的现金股利;

(2)6 月 30 日,乙公司股票价格涨到每股 13 元;

(3)8 月 15 日,将持有的乙公司股票全部售出,每股售价 15 元。

假定不考虑其他因素,甲公司的账务处理如下:

(1)5 月 13 日,购入乙公司股票:

借:交易性金融资产——成本	1 000 000
应收股利	60 000

投资收益 1 000

贷:银行存款 1 061 000

(2)5 月 23 日,收到乙公司发放的现金股利:

借:银行存款 60 000

贷:应收股利 60 000

(3)6 月 30 日,确认股票价格变动:

借:交易性金融资产——公允价值变动 300 000

贷:公允价值变动损益 300 000

(4)8 月 15 日,乙公司股票全部售出:

借:银行存款 1 500 000

贷:交易性金融资产——成本 1 000 000

——公允价值变动 300 000

投资收益 200 000

同时,结转公允价值变动损益:

借:公允价值变动损益 300 000

贷:投资收益 300 000

【例 4—5】 2015年 1 月 1 日,丙企业从二级市场支付价款 1 020 000 元(含已到付息期但尚未领取的利息 20 000 元)购入某公司发行的债券,另支付交易费用 20 000 元。该债券面值 1 000 000 元,剩余期限为 2 年,票面年利率为 4%,每半年付息一次,丙企业将其划分为交易性金融资产。

丙企业的其他相关资料如下:

(1)2015 年 1 月 5 日,收到该债券 2014 年下半年利息 20 000 元;

(2)2015 年 6 月 30 日,该债券的公允价值为 1 150 000 元(不含利息);

(3)2015 年 7 月 5 日,收到该债券上半年利息;

(4)2015 年 12 月 31 日,该债券的公允价值为 1 100 000 元(不含利息);

(5)2016 年 1 月 5 日,收到该债券 2015 年下半年利息;

(6)2016 年 3 月 31 日,丙企业将该债券出售,取得价款 1 180 000 元(含一季度利息10 000 元)。

假定不考虑其他因素,则丙企业的账务处理如下:

(1)2015 年 1 月 1 日,购入债券:

借:交易性金融资产——成本 1 000 000

应收利息 20 000

投资收益 20 000

贷:银行存款 1 040 000

(2)2015 年 1 月 5 日,收到该债券 2014 年下半年利息:

借:银行存款 20 000

贷:应收利息 20 000

(3)2015 年 6 月 30 日,确认债券公允价值变动和投资收益:

借:交易性金融资产——公允价值变动 150 000

贷:公允价值变动损益 150 000

借:应收利息 20 000
　　贷:投资收益 20 000

(4)2015 年 7 月 5 日,收到该债券上半年利息:

借:银行存款 20 000
　　贷:应收利息 20 000

(5)2015 年 12 月 31 日,确认债券公允价值变动和投资收益:

借:公允价值变动损益 50 000
　　贷:交易性金融资产——公允价值变动 50 000

借:应收利息 20 000
　　贷:投资收益 20 000

(6)2016 年 1 月 5 日,收到该债券 2015 年下半年利息:

借:银行存款 20 000
　　贷:应收利息 20 000

(7)2016 年 3 月 31 日,将该债券予以出售:

借:应收利息 10 000
　　贷:投资收益 10 000

借:银行存款 1 180 000
　　贷:交易性金融资产——成本 1 000 000
　　　　　　　　　　——公允价值变动 100 000
　　　　应收利息 10 000
　　　　投资收益 70 000

同时,结转公允价值变动损益:

借:公允价值变动损益 100 000
　　贷:投资收益 100 000

第三节 应收及预付款项

应收及预付款项,是指企业在日常生产经营过程中发生的各项债权,包括应收款项和预付款项。应收款项包括应收票据、应收账款和其他应收款等;预付款项是指企业按照合同规定预付的款项,如预付账款。应收票据、应收账款和预付账款产生于企业的营业活动,即购销活动;其他应收款则产生于企业的非营业活动。

一、应收票据

(一)应收票据概述

应收票据是指企业因销售商品、提供劳务等而收到的商业汇票。商业汇票是一种由出票人签发的、委托付款人在指定日期无条件支付确定金额给收款人或者持票人的票据。

商业汇票的付款期限,最长不得超过六个月。定日付款的汇票付款期限自出票日起计算,并在汇票上记载具体到期日;出票后定期付款的汇票付款期限自出票日起按月计算,并在汇票上记载;见票后定期付款的汇票付款期限自承兑或拒绝承兑日起按月计算,并在汇票上记载。

商业汇票的提示付款期限，自汇票到期日起 10 日。符合条件的商业汇票的持票人，可以持未到期的商业汇票连同贴现凭证向银行申请贴现。

应收票据与应收账款的区别在于：应收账款是仅仅凭商业信用而发生的赊销款，虽然购销双方签有购销合同，但不是法律上可作为结算的书面凭据；而应收票据作为商业信用的工具，将收款权利、收款期限和应收取的金额以书面文件形式约定下来，具有法律上的约束力，可以转让和流通，在市场经济中应用广泛。符合条件的商业汇票的持票人，可以持未到期的商业汇票背书转让或向银行贴现，比应收账款具有更大的流动性。

根据承兑人不同，商业汇票分为商业承兑汇票和银行承兑汇票。

1. 商业承兑汇票

商业承兑汇票是指由付款人签发并承兑，或由收款人签发交由付款人承兑的汇票。商业承兑汇票的付款人收到开户银行的付款通知，应在当日通知银行付款。付款人在接到通知日的次日起 3 日内（遇法定休假日顺延）未通知银行付款的，视同付款人承诺付款，银行将于付款人接到通知日的次日起第四日（遇法定休假日顺延）上午开始营业时，将票款划给持票人。付款人提前收到由其承兑的商业汇票，应通知银行于汇票到期日付款。银行在办理划款时，付款人存款账户不足支付的，银行应填制付款人未付票款通知书，连同商业承兑汇票邮寄持票人开户银行转交持票人。

2. 银行承兑汇票

银行承兑汇票是指由在承兑银行开立存款账户的存款人（这里也是出票人）签发、由承兑银行承兑的票据。企业申请使用银行承兑汇票时，应向其承兑银行按票面金额的万分之五交纳手续费。银行承兑汇票的出票人应于汇票到期前将票款足额交存其开户银行，承兑银行应在汇票到期日或到期日后的见票当日支付票款。银行承兑汇票的出票人于汇票到期前未能足额交存票款时，承兑银行除凭票向持票人无条件付款外，对出票人尚未支付的汇票金额按照每天万分之五计收利息。

（二）应收票据的核算

为了反映和监督应收票据取得、票款收回等经济业务，企业应当设置“应收票据”科目，该科目借方登记取得的应收票据的面值，贷方登记到期收回票款或到期前向银行贴现的应收票据的票面余额，期末余额在借方，反映企业持有的商业汇票的票面金额。本科目可按照开出、承兑商业汇票的单位进行明细核算，并设置“应收票据备查簿”，逐笔登记商业汇票的种类、号数、出票日、票面金额、交易合同号，付款人、承兑人、背书人的姓名或单位名称，到期日、背书转让日、贴现日、贴现率和贴现净额，以及收款日和收回金额、退票情况等资料。商业汇票到期结清票款或退票后，在备查簿中应予注销。

1. 取得应收票据和收回到期票款

应收票据取得的原因不同，其会计处理也有所区别。因债务人抵偿前欠货款而取得的应收票据，借记“应收票据”科目，贷记“应收账款”科目；因企业销售商品、提供劳务等而收到开出、承兑的商业汇票，借记“应收票据”科目，贷记“主营业务收入”、“应交税费——应交增值税（销项税额）”等科目。商业汇票到期收回款项时，应按实际收到的金额，借记“银行存款”科目，贷记“应收票据”科目。

【例 4—6】 甲企业向乙企业销售产品一批，货款为 100 000 元，增值税为 17 000 元，货已发出，钱尚未收到，乙企业开出一张 3 个月的商业承兑汇票，面值为 117 000 元，抵付产品货款。甲企业编制会计分录如下：

借:应收票据　　117 000
　　贷:主营业务收入　　100 000
　　　　应交税费——应交增值税(销项税额)　　17 000

3个月后,应收票据到期,甲企业收回票面金额117 000元存入银行,编制会计分录如下:

借:银行存款　　117 000
　　贷:应收票据　　117 000

如果该票据到期,乙企业无力偿还票款,甲企业应将到期票据的票面金额转入“应收账款”科目。

借:应收账款　　117 000
　　贷:应收票据　　117 000

2. 转让应收票据

实务中,企业可以将自己持有的商业汇票背书转让。背书是指在票据背面或者粘单上记载有关事项并签章的票据行为。背书转让的,背书人应当承担票据责任。企业将持有的商业汇票背书转让以取得所需物资时,按应计入取得物资成本的金额,借记“原材料”、“库存商品”等科目,按专用发票上注明的可抵扣的增值税额,借记“应交税费——应交增值税(进项税额)”科目,按商业汇票的票面金额,贷记“应收票据”科目,如有差额,借记或贷记“银行存款”等科目。

【例4—7】 承【例4—6】,假定甲企业将上述应收票据背书转让,以取得生产经营所需的A种材料,该材料金额为100 000元,适用增值税税率为17%。甲企业应作如下会计处理:

借:原材料　　100 000
　　应交税费——应交增值税(进项税额)　　17 000
　　贷:应收票据　　117 000

3. 应收票据的贴现

企业持有未到期的商业汇票可以到银行申请贴现。将商业汇票贴现后,企业可以从银行取得贴现款。贴现款的计算方法如下:

(1)票据到期值=票据面值×(1+票面利率×票据到期月数÷12)

或:票据到期值=票据面值×(1+票面利率×票据到期日数÷360)

(2)贴现息=票据到期值×年贴现率×贴现天数÷360

(3)贴现天数=贴现日至到期日实际天数-1

(4)贴现款=票据到期值-贴现息

应收票据到期日有两种表示方法:按月表示和按日表示。按月表示时,票据的期限不考虑各月份实际天数多少,统一按次月对日为整月计算,如1月31日签发并承兑的1个月、2个月、3个月的商业汇票,其到期日分别为2月28日(闰年为2月29日)、3月31日、4月30日。按日表示时,票据的期限不考虑月数,统一按票据的实际天数计算。在票据签发承兑日和票据到期日这两天中,只计算其中的一天,如1月31日(当年2月份为28天)签发并承兑的期限为30天、60天、90天的商业汇票,其到期日分别为3月2日、4月1日、5月1日。

贴现天数是指自贴现日起至票据到期前一日止的实际天数,在贴现日和票据到期日这两天中,只计算其中的一天。如1月31日(当年2月份为28天)签发并承兑的期限为30天、60天、90天,到期日分别为3月2日、4月1日、5月1日的商业汇票,于2月10日持该票到银行贴现,则贴现天数分别为20天、50天、80天。无论商业汇票的到期日是按月表示还是按日表示，贴现期一律按实际贴现天数计算。

【例 4—8】 2015 年 5 月 2 日，企业持所收取的出票日期为 3 月 23 日、期限为 6 个月、面值为 110 000 元的不带息商业承兑汇票一张到银行贴现，银行年贴现率为 12%。

该应收票据到期日为 9 月 23 日，其贴现天数为 144 天(30＋30＋31＋31＋23－1)。

贴现息＝110 000×12%÷360×144＝5 280(元)

贴现净额＝110 000－5 280＝104 720(元)

有关会计分录如下：

借：银行存款	104 720	
财务费用	5 280	
贷：应收票据		110 000

二、应收账款

应收账款是指企业因销售商品、提供劳务等经营活动应向购货单位或接受劳务单位收取的款项，主要包括企业销售商品或提供劳务等应向有关债务人收取的价款及代购货单位垫付的包装费、运杂费等。

为了反映和监督应收账款的增减变动及其结存情况，企业应设置“应收账款”科目，该科目借方登记应收账款的增加数，贷方登记应收账款的收回数及确认的坏账损失。期末余额一般在借方，反映企业尚未收回的应收账款；如果期末余额在贷方，则反映企业预收的账款。“应收账款”科目应按客户名称设置明细科目核算。

预收款项不多的单位，不单独设置“预收账款”科目，预收款项也在“应收账款”科目核算。

【例 4—9】 甲公司向乙公司销售商品一批，货款 58 000 元，适用的增值税税率为 17%，以银行存款代购货单位垫付运杂费 2 000 元，已办理托收手续。甲公司应作如下会计处理：

借：应收账款——乙公司	69 860	
贷：主营业务收入		58 000
应交税费——应交增值税(销项税额)		9 860
银行存款		2 000

甲公司实际收到款项时，应作如下会计处理：

借：银行存款	69 860	
贷：应收账款		69 860

企业应收账款改用应收票据结算，在收到承兑的商业汇票时，借记“应收票据”科目，贷记“应收账款”科目。

【例 4—10】 承上例，甲公司收到乙公司寄来商业汇票一张，面值 69 860 元，用以偿还其前欠货款。甲公司应作如下会计处理：

借：应收票据	69 860	
贷：应收账款		69 860

三、预付账款

预付账款是指企业按照购货合同规定预付给供应单位的款项。预付账款按实际付出的金额入账，如预付的材料、商品采购货款等。

为了反映和监督预付账款的增减变动及其结存情况，企业应当设置“预付账款”科目，该科目借方登记预付的款项及补付的款项，贷方登记收到所购物资时根据有关发票账单记入“原材料”等科目的金额及收回多付款项的金额。期末余额在借方，反映企业实际预付的款项；期末余额在贷方，则反映企业尚未预付的款项。

预付款项情况不多的企业，可以不设置“预付账款”科目，而直接通过“应付账款”科目核算。

企业根据购货合同的规定向供应单位预付款项时，借记“预付账款”科目，贷记“银行存款”科目；企业收到所购物资，按应计入购入物资成本的金额，借记“原材料”、“库存商品”、“应交税费——应交增值税（进项税额）”等科目，贷记“预付账款”科目。当预付货款小于采购货物所需支付的款项时，应将不足部分补付，借记“预付账款”科目，贷记“银行存款”科目；当预付货款大于采购货物所需支付的款项时，对收回的多余款项应借记“银行存款”科目，贷记“预付账款”科目。

【例 4－11】 甲公司向乙公司采购材料一批，所需支付的款项总额为60 000元。按照合同规定向乙公司预付货款的 50%，验收货物后补付其余款项。甲公司应作如下会计处理：

（1）预付 50%的货款时：

借：预付账款——乙公司	30 000	
贷：银行存款		30 000

（2）收到乙公司发来的材料，验收无误，增值税专用发票记载的货款为60 000元，增值税额为 10 200 元。甲公司以银行存款补付所欠款项 40 200 元。

借：原材料	60 000	
应交税费——应交增值税（进项税额）	10 200	
贷：预付账款——乙公司		70 200
借：预付账款——乙公司	40 200	
贷：银行存款		40 200

四、其他应收款

其他应收款是指企业除应收票据、应收账款、预付账款等以外的其他各种应收及暂付款项。其主要内容包括：

（1）应收的各种赔款、罚款，如因企业财产等遭受意外损失而应向有关保险公司收取的赔款等；

（2）应收出租包装物租金；

（3）应向职工收取的各种垫付款项，如为职工垫付的水电费、应由职工负担的医药费和房租费等；

（4）存出保证金，如租入包装物支付的押金；

（5）其他各种应收、暂付款项。

为了反映和监督其他应收款的增减变动及其结存情况，企业应当设置“其他应收款”科目进行核算，该科目借方登记其他应收款的增加数，贷方登记其他应收款的收回数，期末余额一般在借方，反映企业尚未收回的其他应收款项。

【例 4－12】 甲公司在采购过程中发生材料毁损，按保险合同规定，应由保险公司赔偿损失30 000元，赔款尚未收到。

借：其他应收款——保险公司	30 000	

贷:原材料 30 000

其后,上述保险公司赔款如数收到。

借:银行存款 30 000

贷:其他应收款——保险公司 30 000

【例 4—13】 甲公司租入包装物一批,以银行存款支付押金 10 000 元。

借:其他应收款——存出保证金 10 000

贷:银行存款 10 000

其后,租入包装物按期如数退回,甲公司收到出租方退还的押金 10 000 元,已存入银行。

借:银行存款 10 000

贷:其他应收款——存出保证金 10 000

【例 4—14】 甲公司办公室主任王新出差预借差旅费 1 000 元,用现金支付。

借:其他应收款 1 000

贷:库存现金 1 000

一周后,王新出差归来报销差旅费 900 元,余款 100 元交回。

借:管理费用 900

库存现金 100

贷:其他应收款 1 000

五、应收款项减值

企业应当在资产负债表日对应收款项(包括应收票据、应收账款、预付账款、其他应收款等)的账面价值进行检查,有客观证据表明该应收款项发生减值的,应当将该应收款项的账面价值减记至预计未来现金流量现值,减记的金额确认减值损失,计提坏账准备。坏账是指企业无法收回或收回的可能性极小的应收款项。由于发生坏账而遭受的损失,称为坏账损失。出于谨慎性的会计信息质量要求,会计上要求企业定期或在年末估计可能发生的坏账,所估计的坏账即为坏账准备。

根据确认坏账损失的时间不同,即把坏账损失列为哪一会计期间费用的不同,会计上有直接转销法和备抵法两种核算方法。

(一)直接转销法

直接转销法是指在实际发生坏账时,确认坏账损失,直接计入期间费用,并注销相应的应收款项的一种核算方法。

采用直接转销法,当企业发生坏账损失时,直接将实际发生的坏账损失,借记"管理费用"账户,同时冲减已确认为坏账的应收款项,贷记"应收账款"等应收款项账户。如果已冲销的应收款项以后由于债务人经济情况好转或其他原因,又全部或部分收回,为了通过应收款项的账簿记录反映债务人的偿债信誉,首先应借记"应收账款"等应收款项账户,贷记"管理费用"账户,以恢复企业债权并冲减管理费用;然后借记"银行存款"账户,贷记"应收账款"账户,以反映账款收回情况。

【例 4—15】 甲公司的购货单位乙公司破产,所欠甲公司货款 36 000 元无法收回,确认为坏账。甲公司应作如下会计处理:

借:管理费用 36 000

贷:应收账款——乙公司 36 000

经追索，甲公司收回已确认为坏账的乙公司所欠货款10 000元。

借：应收账款——乙公司　　10 000

　　贷：管理费用　　10 000

借：银行存款　　10 000

　　贷：应收账款——乙公司　　10 000

直接转销法的优点是账务处理比较简单，但这种处理方法忽视了坏账与赊销业务的联系，在前期不反映潜在的坏账损失，只在确认坏账时才将损失全部计入当期费用，显然不符合权责发生制和收入与费用相配比的会计原则，虚增了前期利润，并且使前期资产负债表上列示的应收款项高估，不能真实反映应收款项可收回的净额。

（二）备抵法

备抵法是指期末在检查应收款项收回的可能性的前提下，预计可能发生的坏账损失，并计提坏账准备，当某一应收款项全部或部分被确认为坏账时，将其冲减坏账准备并相应转销应收款项的一种核算方法。企业会计制度规定，企业只能采用备抵法核算坏账损失。

企业应当定期或者至少于每年年度终了，分析各项应收款项收回的可能性，预计可能产生的坏账损失。对没有把握收回的应收款项，计提坏账准备。

企业应当设置“坏账准备”科目，核算应收款项的坏账准备计提、转销等情况。企业当期计提的坏账准备应当计入资产减值损失。“坏账准备”科目的贷方登记当期计提的坏账准备金额，借方登记实际发生的坏账损失金额和冲减的坏账准备金额，期末余额一般在贷方，反映企业已计提但尚未转销的坏账准备。

坏账准备可按以下公式计算：

$$\text{当期应计提的坏账准备}=\text{当期按应收款项计算应提坏账准备金}-(\text{或}+)\text{“坏账准备”科目的贷方(或借方)余额}$$

企业计提坏账准备时，按应减记的金额，借记“资产减值损失——计提的坏账准备”科目，贷记“坏账准备”科目。冲减多计提的坏账准备时，借记“坏账准备”科目，贷记“资产减值损失——计提的坏账准备”科目。

企业采用备抵法进行坏账核算时，首先应按期估计坏账损失。估计坏账损失的方法有应收款项余额百分比法、账龄分析法和赊销百分比法。

1. 应收款项余额百分比法

应收款项余额百分比法，是根据会计期末应收款项的余额和估计的坏账率估计坏账损失、计提坏账准备的方法。

【例4－16】 甲企业从2014年开始计提坏账准备。2014年末应收账款余额为1 500 000元，该企业坏账准备的提取比例为5‰。则计提的坏账准备为：

坏账准备提取额＝1 500 000×5‰＝7 500（元）

借：资产减值损失　　7 500

　　贷：坏账准备　　7 500

2015年11月，企业发现一笔2 500元的应收账款无法收回，按有关规定确认为坏账损失。

借：坏账准备　　2 500

　　贷：应收账款　　2 500

2015年12月31日，该企业应收账款余额为1 800 000元。按本年年末应收账款余额应保持的坏账准备金额（即坏账准备的余额）为：

1 800 000×5‰=9 000(元)

年末计提坏账准备前,"坏账准备"账户的贷方余额为:

7 500-2 500=5 000(元)

本年度应补提的坏账准备金额为:

9 000-5 000=4 000(元)

有关账务处理如下:

借:资产减值损失　4 000

　贷:坏账准备　4 000

2016 年 5 月 20 日,接到银行通知,企业上年度已冲销的 2 500 元坏账又收回了,款项已存入银行。有关账务处理如下:

借:应收账款　2 500

　贷:坏账准备　2 500

借:银行存款　2 500

　贷:应收账款　2 500

2. 账龄分析法

账龄分析法,是根据应收款项账龄的长短来估计坏账的方法。账龄指的是顾客所欠账款的时间。采用这种方法,企业利用账龄分析表所提供的信息,确定坏账准备的金额。确定的方法为按各类账龄分别估计其可能成为坏账的部分。

【例 4-17】 某企业 2014 年 12 月 31 日应收账款账龄及估计坏账损失如表 4-1 所示。

表 4-1　应收账款账龄及估计坏账损失表　单位:元

应收账款账龄	应收账款金额	估计损失(%)	估计损失金额
未到期	60 000	0.5	300
过期 1 个月	40 000	1.0	400
过期 2 个月	30 000	2.0	600
过期 3 个月	20 000	3.0	600
过期 3 个月以上	10 000	5.0	500
合　计	160 000		2 400

如表 4-1 所示,该企业 2014 年 12 月 31 日估计的坏账损失为 2 400 元,所以"坏账准备"账户的账面余额应为 2 400 元。

假设在估计坏账损失前,"坏账准备"账户有贷方余额 2 600 元,则该企业应冲减 200 元(2 600-2 400)。有关账务处理如下:

借:坏账准备　200

　贷:资产减值损失　200

3. 赊销百分比法

赊销百分比法,是以赊销金额的一定百分比来估计坏账的方法。企业可以根据过去的经验和有关资料,估计坏账损失与赊销金额之间的比率,也可以用其他更合理的方法进行估计。

一般情况下,坏账百分比根据企业以往的经验,按赊销金额中平均发生坏账损失的比率加以计算确定。坏账百分比的计算公式如下:

估计坏账百分比=估计坏账÷估计赊销额×100%

采用赊销百分比法，企业应根据生产经营及销售政策的变化情况，及时调整坏账百分比，以使其计提的坏账准备较符合企业坏账损失的实际情况。

需要指出的是，赊销百分比法的计提依据是本期赊销额，不包括以前的赊销额，因此在计提坏账准备时，不需要考虑“坏账准备”账户的此前余额，直接根据本期赊销额计算确定。

【例 4—18】 甲企业 2014 年全年赊销金额为 120 000 元，坏账百分比按以前 5 年的资料计算确定。以前 5 年平均赊销金额为 80 000 元，发生坏账损失 1 200 元。则：

估计坏账百分比＝1 200÷80 000×100%＝1.5%

年末提取的坏账准备＝120 000×1.5%＝1 800(元)

编制会计分录如下：

借：资产减值损失——计提的坏账准备　　1 800

　　贷：坏账准备　　1 800

备抵法弥补了直接转销法的不足，符合权责发生制及收入与费用相配比原则的要求，它一方面可以预计不能收回的应收款项作为坏账及时计入费用，避免企业虚增利润；另一方面在资产负债表上列示应收款项净额，避免企业虚列资产，能更真实地反映企业的财务状况。

第四节　存　货

一、存货概述

存货是指企业在日常活动中持有以备出售的产成品或商品、处在生产过程中的在产品、在生产过程或提供劳务过程中耗用的材料和物料等。

(一)存货的种类

存货包括各类原材料、在产品、半成品、产成品、商品以及包装物、低值易耗品、委托代销商品等。

(1)原材料。是指企业在生产过程中经加工改变其形态或性质并构成产品主要实体的各种原料，以及主要材料、辅助材料、燃料、修理用备件(备品备件)、包装材料、外购半成品(外购件)等。

(2)在产品。是指企业正在制造尚未完工的生产物，包括正在各个生产工序加工的产品和已加工完毕但尚未检验或已检验但尚未办理入库手续的产品。

(3)半成品。是指经过一定生产过程并已检验合格交付半成品仓库保管，但尚未制造完工成为产成品，仍需进一步加工的中间产品。

(4)产成品。是指工业企业已经完成全部生产过程并已验收入库，可以按照合同规定的条件送交订货单位，或者可以作为商品对外销售的产品。企业接受来料加工制造的代制品和为外单位加工修理的代修品，制造和修理完成并验收入库后，应视同企业的产成品。

(5)商品。是指商品流通企业外购或委托加工完成并验收入库用于销售的各种商品。

(6)包装物。是指为了包装本企业的商品而储备的各种包装容器，如桶、箱、瓶、坛、袋等。其主要作用是盛装、装潢产品或商品。

(7)低值易耗品。是指不能作为固定资产核算的各种用具物品，如工具、管理用具、玻璃器皿、劳动保护用品，以及在经营过程中周转使用的容器等。其特点是单位价值较低，或使用期限相对于固定资产较短，在使用过程中保持其原有实物形态基本不变。包装物和低值易耗品构成周转材料。周转材料是指企业能够多次使用、不符合固定资产定义、逐渐转移其价值但仍保持原有形态、不确认为固定资产的材料。

(8)委托代销商品。是指企业委托其他单位代销的商品。

(二)存货成本的确定

存货应当按照成本进行初始计量。存货成本包括采购成本、加工成本和其他成本。

1. 存货的采购成本

存货的采购成本，包括购买价款、相关税费、运输费、装卸费、保险费以及其他可归属于存货采购成本的费用。

其中，存货的购买价款是指企业购入的材料或商品的发票账单上列明的价款，但不包括按规定可以抵扣的增值税额。

存货的相关税费是指企业购买存货发生的进口税费、消费税、资源税和不能抵扣的增值税进项税额，以及相应的城市维护建设税、教育费附加等应计入存货采购成本的税费。

其他可归属于存货采购成本的费用是指采购成本中除上述各项以外的可归属于存货采购的费用，如在存货采购过程中发生的仓储费和包装费、运输途中的合理损耗、入库前的挑选整理费用等。

商品流通企业在采购商品过程中发生的运输费、装卸费、保险费以及其他可归属于存货采购成本的费用等进货费用，应当计入存货采购成本，也可以先行归集，期末根据所购商品的销售情况进行分摊。对于已售商品的进货费用，计入当期损益；对于未售商品的进货费用，计入期末存货成本。企业采购商品的进货费用金额较小的，可以在发生时直接计入当期损益。

2. 存货的加工成本

存货的加工成本是指在存货的加工过程中发生的追加费用，包括直接人工以及按照一定方法分配的制造费用。

直接人工是指企业在生产产品和提供劳务过程中发生的直接从事产品生产和劳务提供人员的职工薪酬。

制造费用是指企业为生产产品和提供劳务而发生的各项间接费用。

3. 存货的其他成本

存货的其他成本是指除采购成本、加工成本以外的，使存货达到目前场所和状态所发生的其他支出。企业设计产品发生的设计费用通常应计入当期损益，但是为特定客户设计产品所发生的、可直接确定的设计费用应计入存货的成本。

存货的来源不同，其成本的构成内容也不同。原材料、商品、低值易耗品等通过购买而取得的存货的成本由采购成本构成；产成品、在产品、半成品等自制或需委托外单位加工完成的存货的成本由采购成本、加工成本以及使存货达到目前场所和状态所发生的其他支出构成。实务中，具体按以下原则确定：

(1)购入的存货，其成本包括买价、运杂费(包括运输费、装卸费、保险费、包装费、仓储费等)、运输途中的合理损耗、入库前的挑选整理费用(包括挑选整理中发生的工、费支出和数量损耗，并扣除回收的下脚废料价值)以及按规定应计入成本的税费和其他费用。

(2)自制的存货，包括自制原材料、自制包装物、自制低值易耗品、自制半成品及库存商品等，其成本包括直接材料、直接人工和制造费用等的各项实际支出。

(3)委托外单位加工完成的存货，包括加工后的原材料、包装物、低值易耗品、半成品、产成品等，其成本包括实际耗用的原材料或者半成品、加工费、装卸费、保险费、委托加工的往返运输费等费用以及按规定应计入成本的税费。

但是，下列费用不应计入存货成本，而应在其发生时计入当期损益：

一是非正常消耗的直接材料、直接人工和制造费用，应在发生时计入当期损益，不应计入存货成本。如由于自然灾害而发生的直接材料、直接人工和制造费用，由于这些费用的发生无助于使该存货达到目前场所和状态，不应计入存货成本，而应确认为当期损益。

二是仓储费用，指企业在存货采购入库后发生的储存费用，应在发生时计入当期损益。但是，在生产过程中为达到下一个生产阶段所必需的仓储费用应计入存货成本。如某种酒类产品生产企业为使生产的酒达到规定的产品质量标准而必须发生的仓储费用，应计入酒的成本，而不应计入当期损益。

三是不能归属于使存货达到目前场所和状态的其他支出，应在发生时计入当期损益，不得计入存货成本。

（三）发出存货的计价方法

企业应当根据各类存货的实物流转方式、企业管理的要求、存货的性质等实际情况，合理地确定发出存货成本的计算方法，以及当期发出存货的实际成本。

对于性质和用途相似的存货，应当采用相同的成本计算方法确定发出存货的成本。企业在确定发出存货的成本时，可以采用先进先出法、月末一次加权平均法、移动加权平均法和个别计价法等方法。企业不得采用后进先出法确定发出存货的成本。

1. 先进先出法

先进先出法是以先购入的存货应先发出（销售或耗用）这样一种存货实物流转假设为前提，对发出存货进行计价。采用这种方法，先购入的存货成本在后购入的存货成本之前转出，据此确定发出存货和期末存货的成本。具体方法是：收入存货时，逐笔登记收入存货的数量、单价和金额；发出存货时，按照先进先出的原则逐笔登记存货的发出成本和结存金额。

先进先出法可以随时结转存货发出成本，但如果存货收发业务较多且存货单价不稳定时，其工作量较大。在物价持续上升时，期末存货成本接近于市价，而发出成本偏低，会高估企业当期利润和库存存货价值；反之，会低估企业存货价值和当期利润。

【例 4—19】 甲公司“原材料——A 材料”的明细账见表 4—2。

表 4—2　原材料明细账（先进先出法）

明细科目：A 材料　　　　计量单位：千克

2014 年		凭证		摘要	收入			发出			结存		
月	日	字	号		数量	单价	金额	数量	单价	金额	数量	单价	金额
3	1			月初余额							100	100	10 000
3	12	记	31	收入	200	120	24 000				300		34 000
3	15	记	35	收入	100	150	15 000				400		49 000
3	20	记	48	发出				100	100	10 000	300		39 000
3	25	记	50	发出				100	120	12 000	200		27 000
3	26	记	55	收入	100	140	14 000				300		41 000
3	28	记	60	发出				100	120	12 000	200		29 000
3	31			本月合计	400		53 000	300		34 000	200		29 000

2. 月末一次加权平均法

月末一次加权平均法是指以本月全部进货数量加上月初存货数量作为权数，去除本月全部进货成本加上月初存货成本，计算出存货的加权平均单位成本，以此为基础计算本月发出存货的成本和期末存货的成本的一种方法。计算公式如下：

存货单位成本＝[月初库存存货的实际成本＋∑(本月各批进货的实际单位成本×本月各批进货的数量)]÷(月初库存存货数量＋本月各批进货数量之和)

本月发出存货成本＝本月发出存货的数量×存货单位成本

本月月末库存存货成本＝本月月末库存存货的数量×存货单位成本

采用加权平均法只在月末一次计算加权平均单价，比较简单，有利于简化成本计算工作，但由于平时无法从账上提供发出和结存存货的单价及金额，因此不利于存货成本的日常管理与控制。

【例 4—20】 乙公司“原材料——B 材料”的明细账见表 4—3。

表 4—3　原材料明细账(月末一次加权平均法)

明细科目:B 材料　　计量单位:千克

2014 年		凭证		摘要	收入			发出			结存		
月	日	字	号		数量	单价	金额	数量	单价	金额	数量	单价	金额
3	1			月初余额							100	100	10 000
3	12	记	31	收入	200	120	24 000				300		
3	15	记	35	收入	100	150	15 000				400		
3	20	记	48	发出				100			300		
3	25	记	50	发出				100			200		
3	26	记	55	收入	100	140	14 000				300		
3	28	记	60	发出				100			200		
3	31			本月合计	400		53 000	300	126	37 800	200	126	25 200

采用月末一次加权平均法，乙公司在 3 月 20 日、3 月 25 日和 3 月 28 日发出 B 材料时，仅登记发出数量，不登记金额；月末计算 B 材料的平均单位成本为 126 元/千克[(10 000＋53 000)/(100＋400)]。为此，本月发出 B 材料的金额在月末时一次计算，共计发出 300 千克，成本合计 37 800 元；月末结存 B 材料 200 千克，成本合计 25 200 元①。

3. 移动加权平均法

移动加权平均法是指以每次进货的成本加上原有库存存货的成本，除以每次进货数量与原有库存存货的数量之和，据以计算加权平均单位成本，作为在下次进货前计算各次发出存货成本的依据。计算公式如下：

$$存货单位成本=\frac{原有库存存货的实际成本+本次进货的实际成本}{原有库存存货数量+本次进货数量}$$

本次发出存货成本＝本次发出存货数量×本次发货前存货单位成本

本月月末库存存货成本＝本月月末库存存货的数量×本月月末存货单位成本

采用移动加权平均法能够使企业管理当局及时了解存货的结存情况，计算的平均单位成

① 通常 25 200 元(10 000＋53 000－37 800)是通过账户的内在关系倒推得出，而不直接用 200×126 计算。

本以及发出和结存的存货成本比较客观。但由于每次收货都要计算一次平均单价，计算工作量较大，对收发货较频繁的企业不适用。

【例 4—21】 丙公司“原材料——C 材料”的明细账见表 4—4。

表 4—4 **原材料明细账(移动加权平均法)**

明细科目:C 材料 计量单位:千克

2014 年		凭证		摘要	收入			发出			结存		
月	日	字	号		数量	单价	金额	数量	单价	金额	数量	单价	金额
3	1			月初余额							100	100.00	10 000
3	12	记	31	收入	200	120	24 000				300	113.33	34 000
3	15	记	35	收入	100	150	15 000				400	122.50	49 000
3	20	记	48	发出				100	122.50	12 250	300	122.50	36 750
3	25	记	50	发出				100	122.50	12 250	200	122.50	24 500
3	26	记	55	收入	100	140	14 000				300	128.33	38 500
3	28	记	60	发出				100	128.33	12 833	200	128.33	25 667
3	31			本月合计	400		53 000	300		37 333	200	128.33	25 667

采用移动加权平均法，丙公司每购入一次存货计算一次存货的单价：在 3 月 12 日、3 月 15 日和 3 月 26 日购入 C 材料时，计算 C 材料的单位成本分别为 113. 33 元/千克[(10 000＋24 000)/(100＋200)]、122. 50 元/千克[(34 000＋15 000)/(300＋100)]、128. 33 元/千克[(24 500＋14 000)/(200＋100)]。发出 C 材料时按最近一次的单价计算，则本月三次发出 C 材料的单价分别为 122. 50 元、122. 50 元、128. 33 元；每次发出 100 千克，则金额分别为 12 250 元、12 250 元、12 833 元，成本合计 37 333 元；月末结存 C 材料 200 千克，成本合计 25 667 元①。

4. 个别计价法

个别计价法，也称个别认定法、具体辨认法、分批实际法，其特征是注重所发出存货具体项目的实物流转与成本流转之间的联系，逐一辨认各批发出存货和期末存货所属的购入批别或生产批别，分别按其购入或生产时所确定的单位成本计算各批发出存货和期末存货的成本。

个别计价法的成本计算准确，符合实际情况，但在存货收发频繁的情况下，其发出成本分辨的工作量较大。因此，这种方法适用于一般不能替代使用的存货、为特定项目专门购入或制造的存货以及提供的劳务，如珠宝、名画等贵重物品。在实际工作中，越来越多的企业采用计算机信息系统进行会计处理，个别计价法可以广泛应用于发出存货的计价，并且该方法确定的存货成本最为准确。

二、原材料

原材料是指企业在生产过程中经过加工改变其形态或性质并构成产品主要实体的各种原料、主要材料和外购半成品，以及不构成产品实体但有助于产品形成的辅助材料。原材料具体包括原料及主要材料、辅助材料、外购半成品(外购件)、修理用备件(备品备件)、包装材料、燃料等。

原材料的日常收发及结存，可以采用实际成本核算，也可以采用计划成本核算。

---

① 25 667 元(10 000＋53 000－37 333)也是由倒推得出，理由同上。

(一)采用实际成本核算

材料按实际成本计价核算时，材料的收发及结存，无论是总分类核算还是明细分类核算，均按照实际成本计价。使用的会计科目有“原材料”、“在途物资”等，“原材料”科目的借方、贷方及余额均以实际成本计价，不存在成本差异的计算与结转问题。但采用实际成本核算时，日常反映不出材料成本是节约还是超支，从而不能反映和考核物资采购业务的经营成果。因此，这种方法通常适用于材料收发业务较少的企业。

“原材料”科目用于核算库存各种材料的收发与结存情况。在原材料按实际成本核算时，该科目的借方登记入库材料的实际成本，贷方登记发出材料的实际成本，期末余额在借方，反映企业库存材料的实际成本。

“在途物资”科目用于企业采用实际成本(进价)核算材料或商品等物资的日常情况、货款已付但尚未验收入库的各种物资(即在途物资)的采购成本，该科目的借方登记企业购入的在途物资的实际成本，贷方登记验收入库的在途物资的实际成本，期末余额在借方，反映企业在途物资的采购成本。该科目应按供应单位和物资品种进行明细核算。

1. 购入材料

由于支付方式不同，原材料入库的时间与付款的时间可能一致，也可能不一致，在会计处理上也有所不同。

(1)货款已经支付，同时材料验收入库。对于发票账单与材料同时到达的采购业务，企业在支付货款或开出并承兑商业汇票、材料验收入库后，应根据发票账单等结算凭证确定的材料成本，借记“原材料”、“应交税费——应交增值税(进项税额)”科目，按照实际支付的款项或应付票据面值，贷记“银行存款”、“应付票据”等科目。

【例 4—22】 甲公司购入原材料一批，取得的增值税专用发票上注明的原材料价款为200 000元，增值税税额为34 000元，并收到供应单位寄来的发票，货款已通过银行转账支付，材料已验收入库。根据上述资料，应作如下账务处理：

借:原材料	200 000	
应交税费——应交增值税(进项税额)	34 000	
贷:银行存款		234 000

(2)货款已经支付，材料尚未验收入库，即款付料未到。对于已经付款或已开出并承兑商业汇票，但材料尚未到达或尚未验收入库的采购业务，应根据发票账单等结算凭证，借记“在途物资”、“应交税费——应交增值税(进项税额)”科目，贷记“银行存款”、“应付票据”等科目；待材料到达、验收入库后，再根据收料单，借记“原材料”科目，贷记“在途物资”科目。

【例 4—23】 沿用【例 4—22】资料，并假设购入材料业务的发票等结算凭证已到，货款已经支付，但材料尚未运到。企业应于收到发票等结算凭证时，作如下账务处理：

借:在途物资	200 000	
应交税费——应交增值税(进项税额)	34 000	
贷:银行存款		234 000

上述材料到达入库时，再作如下账务处理：

借:原材料	200 000	
贷:在途物资		200 000

(3)货款尚未支付，材料已经验收入库。对于材料已到达并已验收入库，但发票账单等结算凭证未到、货款尚未支付的采购业务，应于月末按材料的暂估价格，借记“原材料”科目，贷记

"应付账款"科目。下月初用红字作同样的记账凭证予以冲回,以便下月付款或开出并承兑商业汇票后,按正常程序,借记"原材料"、"应交税费——应交增值税(进项税额)"科目,贷记"银行存款"或"应付票据"等科目。

【例 4—24】 假设【例 4—22】中购入材料业务的材料已经运到,并验收入库,但发票等结算凭证尚未收到、货款尚未支付。平时不入账,而在月末时按照暂估价入账,假设其暂估价为190 000元。有关账务处理如下:

借:原材料　　190 000

　　贷:应付账款——暂估应付账款　　190 000

下月初用红字将上述分录冲回:

借:原材料　　190 000

　　贷:应付账款——暂估应付账款　　190 000

收到有关结算凭证,并支付货款时:

借:原材料　　200 000

　　应交税费——应交增值税(进项税额)　　34 000

　　贷:银行存款　　234 000

(4)对于采用预付货款的方式采购材料,本书在"预付账款"科目部分已做详细介绍。

2. 发出材料

企业在月末根据"领料单"或"限额领料单"中有关领料的单位、部门等加以归类,编制"发料凭证汇总表",据以编制记账凭证、登记入账。发出材料实际成本的确定,可以由企业从前述个别计价法、先进先出法、月末一次加权平均法、移动加权平均法等方法中选择。计价方法一经确定,不得随意变更。如需变更,应在财务报表附注中予以说明。

企业发出材料时,应当根据"发料凭证汇总表"编制记账凭证、登记入账,并根据发出材料的领用部门和用途计入相关资产的成本或者当期损益,其具体核算的原则是:当生产产品领用原材料时,借记"生产成本"科目;当车间一般消耗领用时,借记"制造费用"科目;当行政管理部门领用时,借记"管理费用"科目;当销售部门领用时,借记"销售费用"科目;当在建工程领用时,借记"在建工程"科目;按上述领用原材料的合计数,贷记"原材料"科目。

【例 4—25】 甲公司2014年3月根据领用凭证编制的"发料凭证汇总表"如表4—5所示。

表 4—5　　发料凭证汇总表

甲公司　　2014年3月31日　　单位:元

领用部门 \ 材料类别	A材料
生产车间生产产品	500 000
各车间一般消耗	40 000
销售部门消耗	4 000
行政管理部门消耗	10 000
合　计	554 000

根据上述"发料凭证汇总表",结转发出材料的实际成本时,会计分录为:

借:生产成本 500 000
　　制造费用 40 000
　　销售费用 4 000
　　管理费用 10 000
　　贷:原材料 554 000

(二)采用计划成本核算

材料采用计划成本核算时,材料的收发及结存,无论是总分类核算还是明细分类核算,均按照计划成本计价。企业需要增设"材料采购"和"材料成本差异"科目,而不必设置原材料按实际成本核算时反映在途物资的"在途物资"科目。材料实际成本与计划成本的差异,通过"材料成本差异"科目核算。月末,计算本月发出材料应负担的成本差异并进行分摊,根据领用材料的用途计入相关资产的成本或者当期损益,从而将发出材料的计划成本调整为实际成本。

一是"材料采购"科目。本科目借方登记采购材料的实际成本,贷方登记入库材料的计划成本。借方大于贷方表示超支,从本科目贷方转入"材料成本差异"科目的借方;贷方大于借方表示节约,从本科目借方转入"材料成本差异"科目的贷方;期末为借方余额,反映企业在途材料的采购成本。

二是"材料成本差异"科目。本科目反映企业已入库各种材料的实际成本与计划成本的差异,借方登记超支差异及发出材料应负担的节约差异,贷方登记节约差异及发出材料应负担的超支差异。期末如为借方余额,反映企业库存材料的实际成本大于计划成本的差异(即超支差异);如为贷方余额,反映企业库存材料的实际成本小于计划成本的差异(即节约差异)。

采用计划成本进行原材料日常核算的企业,其基本的核算程序如下:

(1)企业应先制定各种材料的计划成本目录,规定原材料的分类以及各种原材料的名称、规格、编号、计量单位和计划单位成本。

(2)平时收到材料时,应按计划单位成本计算出收入材料的计划成本填入收料单内,并按实际成本与计划成本的差额,作为"材料成本差异"分类登记。

(3)平时领用、发出的材料,都按计划成本计算,月度终了再将本月发出材料应负担的成本差异进行分摊,随同本月发出材料的计划成本记入有关账户,将发出材料的计划成本调整为实际成本。发出材料应负担的成本差异应当按期(月)分摊,不得在季末或年末一次计算。

1. 购入材料

【例 4-26】 甲公司购入A材料一批,增值税专用发票上记载的货款为30 000元,增值税额为5 100元,发票账单已收到,计划成本为32 000元,已验收入库,全部款项以银行存款支付。

借:材料采购——A材料 30 000
　　应交税费——应交增值税(进项税额) 5 100
　　贷:银行存款 35 100

在计划成本法下,取得的材料先要通过"材料采购"科目进行核算,企业支付材料价款和运杂费等构成存货实际成本的,记入"材料采购"科目。

企业验收入库的材料,按计划成本,借记"原材料"科目,贷记"材料采购"科目。按实际成本大于计划成本的差异,借记"材料成本差异"科目,贷记"材料采购"科目;实际成本小于计划成本的差异,借记"材料采购"科目,贷记"材料成本差异"科目。

【例 4-27】 承【例 4-26】,甲公司将A材料验收入库,结转材料成本差异。上述入库材料的实际成本为30 000元,入库材料的成本差异为节约2 000元(30 000-32 000)。

借：原材料——A材料　　32 000

　　贷：材料采购——A材料　　30 000

　　　　材料成本差异——A材料　　2 000

2. 发出材料

月末，企业根据领料单等编制"发料凭证汇总表"，结转发出材料的计划成本，应当根据所发出材料的用途，按计划成本分别记入"生产成本"、"制造费用"、"销售费用"、"管理费用"等科目。

企业日常采用计划成本核算的，发出的材料成本应由计划成本调整为实际成本，通过"材料成本差异"科目进行结转，按照所发出材料的用途，分别记入"生产成本"、"制造费用"、"销售费用"、"管理费用"等科目。发出材料应负担的成本差异应当按期(月)分摊，不得在季末或年末一次计算。相关公式如下：

$$\text{本期材料成本差异率}=\left(\text{期初结存材料的成本差异}+\text{本期验收入库材料的成本差异}\right)\div\left(\text{期初结存材料的计划成本}+\text{本期验收入库材料的计划成本}\right)\times 100\%$$

期初材料成本差异率＝期初结存材料的成本差异÷期初结存材料的计划成本×100%

【例4－28】 承【例4－26】，甲公司根据"发料凭证汇总表"的记录，某月消耗A材料的计划成本为：生产车间领用20 000元，车间管理部门领用2 000元，企业行政管理部门领用5 000元。假定甲公司月初结存A材料的计划成本为18 000元，成本差异为超支2 500元；当月入库A材料的计划成本为32 000元，成本差异为节约2 000元。

借：生产成本　　20 000

　　制造费用　　2 000

　　管理费用　　5 000

　　贷：原材料——A材料　　27 000

材料成本差异率＝(2 500－2 000)/(18 000＋32 000)×100%＝1%

结转发出材料的成本差异的分录：

借：生产成本　　200

　　制造费用　　20

　　管理费用　　50

　　贷：材料成本差异——A材料　　270

三、库存商品

(一)库存商品的内容

库存商品是指企业已完成全部生产过程并已验收入库、合乎标准规格和技术条件，可以按照合同规定的条件送交订货单位或可以作为商品对外销售的产品，以及外购或委托加工完成并验收入库用于销售的各种商品。

库存商品具体包括库存产成品、外购商品、存放在门市部准备出售的商品、发出展览的商品、寄存在外的商品、接受来料加工制造的代制品和为外单位加工修理的代修品等。

库存商品可以采用实际成本核算，也可以采用计划成本核算，其方法与原材料相似。采用计划成本核算时，库存商品实际成本与计划成本的差异，可单独设置"产品成本差异"科目核算。在本书中，库存商品按实际成本核算。

为了反映和监督库存商品的增减变动及其结存情况，企业应当设置"库存商品"科目，该科目借方登记验收入库的库存商品成本，贷方登记发出的库存商品成本，期末余额在借方，反映各种库存商品的实际成本或计划成本。

（二）库存商品的核算

1. 验收入库商品

对于库存商品采用实际成本核算的企业，当库存商品生产完成并验收入库时，应按实际成本，借记“库存商品”科目，贷记“生产成本”科目。

【例4—29】 甲公司2014年4月已验收入库B产品100台，实际单位成本500元，计50 000元。应作如下会计处理：

借：库存商品——B产品　　50 000

　贷：生产成本　　50 000

2. 销售商品

企业销售商品、确认收入时，应结转其销售成本，借记“主营业务成本”等科目，贷记“库存商品”科目。

【例4—30】 承【例4—29】，甲公司当月已实现销售的B产品有50台。在结转其销售成本时，应作如下会计处理：

借：主营业务成本　　25 000

　贷：库存商品——B产品　　25 000

第五节 持有至到期投资

一、持有至到期投资的内容

持有至到期投资是指到期日固定、回收金额固定或可确定，且企业有明确意图和能力持有至到期的非衍生金融资产。通常情况下，包括企业持有的且在活跃市场上有公开报价的国债、企业债券、金融债券等。

“到期日固定、回收金额固定或可确定”是指相关合同明确了投资者在确定的时间内获得或应收取现金流量的金额。因此，权益工具投资不能划分为持有至到期投资。

“有明确意图持有至到期”是指投资者在取得投资时意图明确，准备将投资持有至到期，除非遇到一些企业所不能控制、预期不会重复发生且难以合理预计的独立事件，否则将持有至到期。

“有能力持有至到期”是指企业有足够的财务资源，并不受外部因素影响将投资持有至到期。

二、持有至到期投资的核算

（一）持有至到期投资核算应设置的会计科目

为了反映和监督持有至到期投资的取得、收取利息、出售等情况，企业应当设置“持有至到期投资”、“投资收益”等科目进行核算。

“持有至到期投资”科目核算企业持有至到期投资的摊余成本。该科目借方登记持有至到期投资的取得成本，分次付息、到期还本债券投资在资产负债表日按照票面利率计算确定的应收未收利息等，贷方登记企业出售持有至到期投资时结转的成本等。企业可以按照持有至到期投资的类别和品种分别设置“成本”、“利息调整”、“应计利息”等明细科目进行核算。

（二）持有至到期投资的取得

企业取得持有至到期投资应当按照公允价值计量，取得持有至到期投资所发生的交易费用计入持有至到期投资的初始确认金额。

企业取得持有至到期投资支付的价款中包含已到付息期但尚未领取的债券利息，应当单独确认为应收项目，不构成持有至到期投资的初始确认金额。

企业取得的持有至到期投资，应当按照该投资的面值，借记“持有至到期投资——成本”科目，按照支付的价款中包含的已到付息期但尚未领取的利息，借记“应收利息”科目，按照实际支付的金额，贷记“银行存款”等科目，按照其差额，借记或贷记“持有至到期投资——利息调整”科目。

（三）持有至到期投资的持有

企业在持有持有至到期投资的会计期间，所涉及的会计处理主要有两个方面：一是在资产负债表日确认债券利息收入；二是在资产负债表日核算发生的减值损失。

1. 持有至到期投资的债券利息收入

企业在持有持有至到期投资的会计期间，应当按照摊余成本对持有至到期投资进行计量。在资产负债表日，按照持有至到期投资摊余成本和实际利率计算确定的债券利息，应当作为投资收益进行会计处理。

摊余成本，是指该金融资产的初始确认金额经下列调整后的结果：

(1)扣除已偿还的本金；

(2)加上或减去采用实际利率法将该初始确认金额与到期日金额之间的差额进行摊销形成的累计摊销额；

(3)扣除已发生的减值损失。

实际利率是指将金融资产在预期存续期间或适用的更短期间内的未来现金流量，折现为该金融资产当前账面价值所使用的利率。实际利率在相关金融资产预期存续期间或适用的更短期间内保持不变。

需要说明的是，如果有客观证据表明该金融资产按实际利率计算的各期利息收入与按名义利率计算的差额很小，也可以采用名义利率替代实际利率使用。

持有至到期投资为分期付息、一次还本债券投资的，企业应于资产负债表日按票面利率计算确定的应收未收利息，借记“应收利息”科目，按持有至到期投资期初摊余成本和实际利率计算确定的利息收入，贷记“投资收益”科目，按其差额，借记或贷记“持有至到期投资——利息调整”科目。

持有至到期投资为一次还本付息债券投资的，企业应于资产负债表日按票面利率计算确定的应收未收利息，借记“持有至到期投资——应计利息”科目，按持有至到期投资摊余成本和实际利率计算确定的利息收入，贷记“投资收益”科目，按其差额，借记或贷记“持有至到期投资——利息调整”科目。

2. 持有至到期投资的减值

(1)持有至到期投资减值准备的计提和转回

资产负债表日，持有至到期投资的账面价值高于预计未来现金流量现值的，企业应当将该持有至到期投资的账面价值减记至预计未来现金流量现值，将减记的金额作为资产减值损失进行会计处理，计入当期损益，同时计提相应的资产减值准备。

已计提减值准备的持有至到期投资价值以后又得以恢复的，应当在原已计提的减值准备金额内予以转回，转回的金额计入当期损益。

(2)持有至到期投资减值准备的核算

为了核算企业持有至到期投资的减值准备，企业应设置"持有至到期投资减值准备"科目。该科目应当按照持有至到期投资类别和品种进行明细核算。资产负债表日，持有至到期投资发生减值的，按应减记的金额，借记"资产减值损失"科目，贷记本科目。已计提减值准备的持有至到期投资价值以后又得以恢复的，应在原已计提的减值准备金额内，按恢复增加的金额，借记本科目，贷记"资产减值损失"科目。本科目期末贷方余额，反映企业已计提但尚未转销的持有至到期投资减值准备。

资产负债表日，当持有至到期投资账面价值高于预计未来现金流量现值，企业应当按照持有至到期投资账面价值高于预期未来现金流量现值的差额，借记"资产减值损失——计提的持有至到期投资减值准备"科目，贷记"持有至到期投资减值准备"科目。

企业结转出售持有至到期投资的账面价值时，对于已计提持有至到期投资减值准备的，还应当同时借记"持有至到期投资减值准备"科目。

(四)持有至到期投资的出售

企业出售持有至到期投资时，应当将取得的价款与账面价值之间的差额作为投资损益进行会计处理。如果对持有至到期投资计提了减值准备，还应当同时结转减值准备。

企业出售持有至到期投资，应当按照实际收到的金额，借记"银行存款"等科目，按照该持有至到期投资的账面余额，贷记"持有至到期投资——成本(利息调整、应计利息)"科目，按照其差额，贷记或借记"投资收益"科目。

【例 4—31】 2007 年 1 月 1 日，甲公司从二级证券市场购买了乙公司债券，债券的本金为 1 100 万元，期限为 5 年，划分为持有至到期投资，甲公司支付价款 961 万元(含交易费用 5 万元)，每年 1 月 5 日按票面利率 3%支付上年度的债券利息。该债券在第五年兑付本金及最后一期利息。合同约定，债券发行方乙公司在遇到特定情况下可以将债券赎回，且不需要为赎回支付额外款项。甲公司在购买时预计发行方不会提前赎回。假定 2009 年 1 月 1 日甲公司预计乙公司将于 2009 年 12 月 31 日赎回本金的 50%，共计 550 万元。乙公司 2009 年 12 月 31 日实际赎回本金的 50%。

(1)编制甲公司 2007 年购买债券时的会计分录：

借：持有至到期投资——成本	1 100	
贷：银行存款		961
持有至到期投资——利息调整		139

初始确认时计算实际利率：$1\,100 \times 3\% \times PA(R,5) + 1\,100 \times PV(R,5) = 961$，经计算，$R=6\%$。

(2)计算 2007 年末应确认的实际利息收入并编制有关会计分录：

按票面利率应确认的利息收入＝1 100×3%＝33(万元)

按实际利率和摊余成本计算的利息收入＝961×6%＝57.66(万元)

利息调整＝57.66－33＝24.66(万元)

借：应收利息	33.00	
持有至到期投资——利息调整	24.66	

贷:投资收益 57.66

(3)编制2008年1月5日收到利息时的会计分录:

借:银行存款 33

贷:应收利息 33

(4)计算2008年末应确认的实际利息收入并编制有关会计分录:

按票面利率应确认的利息收入=1 100×3%=33(万元)

按实际利率和摊余成本计算的利息收入=(961+24.66)×6%=59.14(万元)

利息调整=59.14-33=26.14(万元)

借:应收利息 33.00

持有至到期投资——利息调整 26.14

贷:投资收益 59.14

(5)计算调整2009年初摊余成本并编制有关会计分录:

2009年初实际摊余成本=961+24.66+26.14=1 011.8(万元)

2009年初应摊余成本=(33+550)/(1+6%)+16.5/(1+6%)^2+(16.5+550)/(1+6%)^3

=1 040.32(万元)

2009年初应调增摊余成本=1 040.32-1 011.8=28.52(万元)

借:持有至到期投资——利息调整 28.52

贷:投资收益 28.52

(6)计算2009年末应确认的实际利息收入并编制有关会计分录:

应收利息=1 100×3%=33(万元)

按实际利率和实际摊余成本计算的利息收入=1 040.32×6%=62.42(万元)

利息调整=62.42-33=29.42(万元)

借:应收利息 33.00

持有至到期投资——利息调整 29.42

贷:持有至到期投资 62.42

(7)编制2009年末收到50%本金时的会计分录:

借:银行存款 550

贷:持有至到期投资——成本 550

(8)计算2010年末应确认的实际利息收入并编制有关会计分录:

应收利息=550×3%=16.5(万元)

实际利息收入=(1 040.32-550+29.42)×6%=31.18(万元)

利息调整=31.18-16.5=14.68(万元)

借:应收利息 16.50

持有至到期投资——利息调整 14.68

贷:投资收益 31.18

(9)计算2011年末应确认的实际利息收入,并编制确认利息收入和收到本息时的有关会计分录:

应收利息=550×3%=16.5(万元)

利息调整=(1 100-1 040.32)-29.42-14.68=15.58(万元)

或

利息调整＝139－24.66－26.14－28.52－29.42－14.68＝15.58(万元)

实际利息收入＝16.5＋15.58＝32.08(万元)

借:应收利息	16.50
持有至到期投资——利息调整	15.58
贷:投资收益	32.08
借:银行存款	566.5
贷:应收利息	16.5
持有至到期投资——成本	550.0
借:银行存款	550
贷:持有至到期投资——成本	550

第六节　长期股权投资

一、长期股权投资概述

(一)长期股权投资的概念

长期股权投资包括企业持有的对其子公司、合营企业及联营企业的权益性投资,以及企业持有的对被投资单位不具有控制、共同控制或重大影响,且在活跃市场中没有报价、公允价值不能可靠计量的权益性投资。

企业能够对被投资单位实施控制的,被投资单位为本企业的子公司。控制,是指有权决定一个企业的财务和经营政策,并能据以从该企业的经营活动中获取利益。

企业与其他方对被投资单位实施共同控制的,被投资单位为本企业的合营企业。共同控制,是指按照合同约定对某项经济活动所共有的控制,仅在与该项经济活动相关的重要财务和经营决策需要分享控制权的投资方一致同意时存在。

企业能够对被投资单位施加重大影响的,被投资单位为本企业的联营企业。重大影响,是指对一个企业的财务或经营政策有参与决策的权力,但并不能够控制或者与其他方一起共同控制这些政策的制定。

(二)长期股权投资的核算方法

长期股权投资的核算方法有两种:一是成本法;二是权益法。

1. 成本法核算的长期股权投资的范围

(1)企业能够对被投资单位实施控制的长期股权投资。即企业对子公司的长期股权投资。企业对子公司的长期股权投资应当采用成本法核算,编制合并财务报表时按权益法进行调整。

(2)企业对被投资单位不具有控制、共同控制或重大影响,且在活跃市场中没有报价、公允价值不能可靠计量的长期股权投资。

2. 权益法核算的长期股权投资的范围

企业对被投资单位具有共同控制或者重大影响时,长期股权投资应当采用权益法核算。

(1)企业对被投资单位具有共同控制的长期股权投资。即企业对其合营企业的长期股权投资。

(2)企业对被投资单位具有重大影响的长期股权投资。即企业对其联营企业的长期股权投资。

为了核算企业的长期股权投资,企业应当设置"长期股权投资"、"投资收益"等科目。

"长期股权投资"科目核算企业持有的采用成本法和权益法核算的长期股权投资,借方登记长期股权投资取得时的成本以及采用权益法核算时按被投资单位实现的净利润计算的应分享的份额,贷方登记收回长期股权投资的价值或采用权益法核算时当被投资单位宣告分派现金股利或利润时企业按持股比例计算应享有的份额,以及按被投资单位发生的净亏损计算的应分担的份额,期末借方余额,反映企业持有的长期股权投资的价值。

二、采用成本法核算的长期股权投资

(一)长期股权投资初始投资成本的确定

除企业合并形成的长期股权投资以外,以支付现金取得的长期股权投资,应当按照实际支付的购买价款作为初始投资成本。企业所发生的与取得长期股权投资直接相关的费用、税金及其他必要支出应计入长期股权投资的初始投资成本。

此外,企业取得长期股权投资实际支付的价款或对价中包含的已宣告但尚未发放的现金股利或利润,作为应收项目处理,不构成长期股权投资的成本。

(二)取得长期股权投资

取得长期股权投资时,应按照初始投资成本计价。除企业合并形成的长期股权投资以外,以支付现金、非现金资产等其他方式取得的长期股权投资,应按照上述规定确定的长期股权投资初始投资成本,借记"长期股权投资"科目,贷记"银行存款"等科目。如果实际支付的价款中包含已宣告但尚未发放的现金股利或利润,借记"应收股利"科目,贷记"长期股权投资"科目。

【例4—32】 甲公司2014年1月1日购买乙公司发行的股票50 000股准备长期持有,从而拥有乙公司5%的股份。每股买入价为6元,另外,公司购买该股票时发生有关税费5 000元,款项已由银行存款支付。甲公司应作如下会计处理:

借:长期股权投资　　305 000(50 000×6+5 000)

　　贷:银行存款　　305 000

(三)长期股权投资持有期间被投资单位宣告发放现金股利或利润

长期股权投资持有期间被投资单位宣告发放现金股利或利润时,企业按应享有的部分确认为投资收益,借记"应收股利"科目,贷记"投资收益"科目。被投资单位分配的在本企业取得投资前的现金股利或利润,应作为投资成本的收回,借记"应收股利"科目,贷记"长期股权投资"科目。

【例4—33】 承【例4—32】,甲公司2015年1月15日收到乙公司宣告发放2014年度现金股利的通知,应分得现金股利10 000元。甲公司应作如下会计处理:

借:应收股利　　10 000

　　贷:投资收益　　10 000

【例4—34】 沿用【例4—32】资料,甲公司2014年1月1日购买乙公司发行的股票50 000股准备长期持有,从而拥有乙公司5%的股份。假定每股买入价为6元,每股价格中包含0.2元的已宣告分派的现金股利,另外,公司购买该股票时发生有关税费5 000元,款项已由银行存款支付。甲公司应作如下会计处理:

借:长期股权投资　　295 000[50 000×(6—0.2)+5 000]

　　应收股利　　　　　　　　　　　　　　　　　　　　10 000
　　　贷：银行存款　　　　　　　　　　　　　　　　　　　305 000

（四）长期股权投资的处置

处置长期股权投资时，按实际取得的价款与长期股权投资账面价值的差额确认为投资损益，并应同时结转已计提的长期股权投资减值准备。

企业处置长期股权投资时，应按实际收到的金额，借记"银行存款"等科目，按原已计提的减值准备，借记"长期股权投资减值准备"科目，按该项长期股权投资的账面余额，贷记"长期股权投资"科目，按尚未领取的现金股利或利润，贷记"应收股利"科目，按其差额，贷记或借记"投资收益"科目。

【例4—35】　承【例4—32】，甲公司于2016年1月1日将对乙公司的投资以320 000元的价格卖出，支付相关税费2 000元，取得价款318 000元，款项已由银行收妥。甲公司应作如下会计处理：

　　借：银行存款　　　　　　　　　　　　　　　　　　318 000
　　　　贷：长期股权投资　　　　　　　　　　　　　　　　305 000
　　　　　　投资收益　　　　　　　　　　　　　　　　　　13 000

如果该项投资仅售280 000元，支付相关税费2 000元，取得价款278 000元，款项已由银行收妥。甲公司应作如下会计处理：

　　借：银行存款　　　　　　　　　　　　　　　　　　278 000
　　　　投资收益　　　　　　　　　　　　　　　　　　27 000
　　　　贷：长期股权投资　　　　　　　　　　　　　　　　305 000

三、采用权益法核算的长期股权投资

（一）取得长期股权投资

取得长期股权投资，长期股权投资的初始投资成本大于投资时应享有被投资单位可辨认净资产公允价值份额的，不调整已确认的初始投资成本，借记"长期股权投资——成本"科目，贷记"银行存款"等科目。长期股权投资的初始投资成本小于投资时应享有被投资单位可辨认净资产公允价值份额的，借记"长期股权投资——成本"科目，贷记"银行存款"等科目，按其差额，贷记"营业外收入"科目。

【例4—36】　甲公司2014年1月1日购买丙公司发行的股票500 000股准备长期持有，占丙公司股份的30%。每股买入价为6元，另外，购买该股票时发生有关税费50 000元，款项已由银行存款支付。2013年12月31日，丙公司的所有者权益的账面价值为10 000 000元。甲公司应作如下会计处理：

　　借：长期股权投资——成本　　　　　　3 050 000（500 000×6＋50 000）
　　　　贷：银行存款　　　　　　　　　　　　　　　　　　3 050 000

在本例中，长期股权投资的初始投资成本3 050 000元大于投资时应享有被投资单位可辨认净资产公允价值份额3 000 000元（10 000 000×30%），故不做调整。

【例4—37】　沿用【例4—36】资料，如果每股买入价为5.5元，其他资料不变，则甲公司应作如下会计处理：

　　借：长期股权投资——成本　　　　　　3 000 000（10 000 000×30%）
　　　　贷：银行存款　　　　　　　　　　　　　　　　　　2 800 000

营业外收入　　　　　　200 000[3 000 000－(500 000×5.5＋50 000)]

在本例中，实际长期股权投资的初始投资成本 2 800 000 元(500 000×5.5＋50 000)小于投资时应享有被投资单位可辨认净资产公允价值份额 3 000 000 元(10 000 000×30%)，故需要做调整。

(二)持有长期股权投资期间被投资单位实现净利润或发生净亏损

根据被投资单位实现的净利润计算应享有的份额，借记"长期股权投资——损益调整"科目，贷记"投资收益"科目。被投资单位发生净亏损作相反的会计分录，但以本科目的账面价值减记至零为限，借记"投资收益"科目，贷记"长期股权投资——损益调整"科目。

被投资单位以后宣告发放现金股利或利润时，企业计算应分得的部分，借记"应收股利"科目，贷记"长期股权投资——损益调整"科目。收到被投资单位宣告发放的股票股利，不进行账务处理，但应在备查簿中登记。

【例 4－38】 承【例 4－36】，2014年丙公司实现净利润1 000 000元。甲公司按照持股比例确认投资收益300 000元。2015 年 5 月 18 日，丙公司已宣告发放现金股利，甲公司可分派到150 000元。2015 年 6 月 18 日，甲公司收到丙公司分派的现金股利。甲公司应作如下会计处理：

(1)确认甲公司实现投资收益时：

借：长期股权投资——损益调整　　　　300 000

　　贷：投资收益　　　　　　　　　　　　300 000

(2)丙公司宣告发放现金股利时：

借：应收股利　　　　　　　　　　　　150 000

　　贷：长期股权投资——损益调整　　　　150 000

(3)收到丙公司宣告发放的现金股利时：

借：银行存款　　　　　　　　　　　　150 000

　　贷：应收股利　　　　　　　　　　　　150 000

(三)持有长期股权投资期间被投资单位所有者权益的其他变动

在持股比例不变的情况下，被投资单位除净损益外所有者权益的其他变动，企业按持股比例计算应享有的份额，借记或贷记"长期股权投资——其他权益变动"科目，贷记或借记"资本公积——其他资本公积"科目。

【例 4－39】 承【例 4－36】，2014 年丙公司可供出售金融资产的公允价值增加了400 000元。甲公司按照持股比例确认相应的资本公积120 000元。甲公司应作如下会计处理：

借：长期股权投资——其他权益变动　　120 000

　　贷：资本公积——其他资本公积　　　　120 000

(四)长期股权投资的处置

处置长期股权投资时，按实际取得的价款与长期股权投资账面价值的差额确认为投资损益，并应同时结转已计提的长期股权投资减值准备。其会计处理是：企业处置长期股权投资时，应按实际收到的金额，借记"银行存款"等科目，按原已计提的减值准备，借记"长期股权投资减值准备"科目，按该长期股权投资的账面余额，贷记"长期股权投资"科目，按尚未领取的现金股利或利润，贷记"应收股利"科目，按其差额，贷记或借记"投资收益"科目。

同时，还应结转原计入资本公积的相关金额，借记或贷记"资本公积——其他资本公积"科目，贷记或借记"投资收益"科目。

【例 4—40】 承【例 4—36】、【例 4—38】和【例 4—39】，2016 年 1 月 20 日，甲公司出售所持丙公司的股票500 000股，每股出售价为 10 元，款项已收回。甲公司应作如下会计处理：

借：银行存款	5 000 000	
贷：长期股权投资——成本		3 050 000
——损益调整		150 000
——其他权益变动		120 000
投资收益		1 680 000

同时：

借：资本公积——其他资本公积	120 000	
贷：投资收益		120 000

四、长期股权投资减值金额的确定

（一）不同情况下确定的长期股权投资减值金额

企业对子公司、合营企业以及联营企业的长期股权投资在资产负债表日存在可能发生减值的迹象时，其可回收金额低于账面价值的，应当将该长期股权投资的账面价值减记至可回收金额，减记的金额确认为减值损失，计入当期损益，同时计提相应的资产减值准备。企业对被投资单位不具有控制、共同控制或重大影响，且在活跃市场中没有报价、公允价值不能可靠计量的长期股权投资，应当将该长期股权投资在资产负债表日的账面价值，与按照类似金融资产当时市场收益率对未来现金流量折现确定的现值之间的差额，确认为减值损失，计入当期损益。

（二）长期股权投资减值的账务处理

企业计提长期股权投资减值准备，应当设置"长期股权投资减值准备"科目核算。企业按应减记的金额，借记"资产减值损失——计提的长期股权投资减值准备"科目，贷记"长期股权投资减值准备"科目。

长期股权投资减值损失一经确认，在以后会计期间不得转回。

第七节 可供出售金融资产

一、可供出售金融资产的概念

可供出售金融资产，是指初始确认时即被指定为可供出售的非衍生金融资产，以及没有被划分为持有至到期投资、贷款和应收款项、以公允价值计量且其变动计入当期损益的金融资产的金融资产。通常情况下，可供出售金融资产包括企业从二级市场上购入的股票投资、债券投资、基金投资等，但这些金融资产没有被划分为交易性金融资产或持有至到期投资。

二、可供出售金融资产的核算

（一）可供出售金融资产核算的会计科目

为了反映和监督可供出售金融资产的取得、收取现金股利或利息、出售等情况，企业应当设置"可供出售金融资产"、"资本公积——其他资本公积"、"投资收益"等科目进行核算。

“可供出售金融资产”科目核算企业持有的可供出售金融资产的公允价值，该科目借方登记可供出售金融资产的取得成本、资产负债表日其公允价值高于账面余额的差额、企业出售可供出售金融资产转回的减值损失等，贷方登记资产负债表日其公允价值低于账面余额的差额、可供出售金融资产的减值损失、出售可供出售金融资产时结转的成本和公允价值变动，期末余额反映企业持有的可供出售金融资产的公允价值。企业应当按照可供出售金融资产的类别和品种，分别设置“成本”、“利息调整”、“应计利息”、“公允价值变动”等明细科目核算。

可供出售金融资产发生减值的，也可以单独设置“可供出售金融资产减值准备”科目。

（二）可供出售金融资产的取得

企业取得的可供出售金融资产应当按照公允价值计量，取得可供出售金融资产所发生的交易费用应当计入可供出售金融资产的初始入账金额。

企业取得可供出售金融资产支付的价款中包含已宣告但尚未发放的现金股利或已到付息期但尚未领取的债券利息，应当单独确认为应收项目，不构成可供出售金融资产的初始入账金额。

(1)企业取得可供出售金融资产为权益工具的，应当按照该金融资产取得时的公允价值与交易费用之和，借记“可供出售金融资产——成本”科目，按照支付的价款中包含的已宣告但尚未发放的现金股利，借记“应收股利”科目，按照实际支付的金额，贷记“其他货币资金——存出投资款”等科目。

(2)企业取得可供出售金融资产为债券投资的，应当按照该债券的面值，借记“可供出售金融资产——成本”科目，按照支付的价款中包含的已到付息期但尚未领取的利息，借记“应收利息”科目，按照实际支付的金额，贷记“银行存款”等科目，按照其差额，借记或贷记“可供出售金融资产——利息调整”科目。

（三）可供出售金融资产的持有

企业在持有可供出售金融资产的会计期间，所涉及的会计处理主要有三个方面：一是在资产负债表日确认债券利息收入；二是在资产负债表日反映其公允价值变动；三是在资产负债表日计算可供出售金融资产发生的减值损失。

(1)企业在持有可供出售金融资产期间取得的现金股利或债券利息，应当作为投资收益进行会计处理。

①可供出售债券为分期付息、一次还本债券投资的，在资产负债表日，企业应按可供出售债券的面值和票面利率计算确定的应收未收利息，借记“应收利息”科目，按可供出售债券的摊余成本和实际利率计算确定的利息收入，贷记“投资收益”科目，按其差额，借记或贷记“可供出售金融资产——利息调整”科目。

②可供出售债券为一次还本付息债券投资的，企业应于资产负债表日按可供出售债券的面值和票面利率计算确定的应收未收利息，借记“可供出售金融资产——应计利息”科目，按可供出售债券的摊余成本和实际利率计算确定的利息收入，贷记“投资收益”科目，按其差额，借记或贷记“可供出售金融资产——利息调整”科目。

(2)在资产负债表日，可供出售金融资产应当按照公允价值计算，可供出售金融资产公允价值变动应当作为其他综合收益，计入所有者权益，不构成当期利润。

资产负债表日，可供出售金融资产的公允价值高于其账面余额的差额，借记“可供出售金融资产——公允价值变动”科目，贷记“资本公积——其他资本公积”科目；公允价值低于其账面余额的差额，做相反的会计分录。

(3)资产负债表日，确定可供出售金融资产发生减值的，按应减记的金额，借记“资产减值损失”科目，按应从所有者权益中转出原计入资本公积的累计损失金额，贷记“资本公积——其他资本公积”科目，按其差额，贷记“可供出售金融资产减值准备”科目。

对于已确认减值损失的可供出售金融资产，在随后会计期间内公允价值已上升且客观上与确认原减值损失事项有关的，应当在原已确认减值损失范围内按已恢复的金额转回，借记“可供出售金融资产减值准备”科目，贷记“资产减值损失”科目；但可供出售金融资产为股票等权益工具投资的（不含在活跃市场上没有报价、公允价值不能可靠计量的权益工具投资），借记“可供出售金融资产减值准备”科目，贷记“资本公积——其他资本公积”科目。

（四）可供出售金融资产的出售

企业出售可供出售金融资产，应当将取得的价款与账面余额之间的差额作为投资损益进行会计处理，同时将原计入该金融资产的公允价值变动转出，由资本公积转为投资收益。如果对可供出售金融资产计提了减值准备，还应当同时结转减值准备。

企业出售可供出售金融资产，应当按实际收到的金额，借记“其他货币资金——存出投资款”等科目，按该可供出售金融资产账面余额，贷记“可供出售金融资产——成本（公允价值变动、利息调整、应计利息）”科目，按其差额，贷记或借记“投资收益”科目，同时按照应从所有者权益中转出的公允价值累计变动额，借记或贷记“资本公积——其他资本公积”科目，贷记或借记“投资收益”科目。

【例 4—41】 甲公司于 2014 年 1 月 1 日从证券市场上购入 B 公司于 2013 年 1 月 1 日发行的债券作为可供出售金融资产，该债券 5 年期，票面利率为 5%，每年 1 月 5 日支付上年度的利息，到期日为 2018 年 1 月 1 日，到期日一次归还本金和最后一次利息。购入债券时的实际利率为 4%。甲公司购入债券的面值为1 000万元，实际支付价款为1 076.30万元，另支付相关费用 10 万元。假定按年支付利息。2014 年 12 月 31 日，该债券的公允价值为1 020万元。2015 年 12 月 31 日，该债券的预计未来现金流量为1 000万元并将继续下降。2016 年 1 月 20 日，甲公司将该债券全部出售，收到款项 995 万元存入银行。甲公司应编制如下的会计分录：

(1)2014 年 1 月 1 日，取得可供出售金融资产时：

借：可供出售金融资产——成本 1 000

应收利息 50(1 000×5%)

可供出售金融资产——利息调整 36.30

贷：银行存款 1 086.30

(2)2014 年 1 月 5 日，计息时：

借：银行存款 50

贷：应收利息 50

(3)2014 年 12 月 31 日，确认投资收益时：

借：应收利息 50

贷：投资收益 41.45[(1 000+36.30)×4%]

可供出售金融资产——利息调整 8.55

借：资本公积——其他资本公积 7.75[(1 000+36.30)+41.45−50−1 020]

贷：可供出售金融资产减值准备 7.75

(4)2015 年 1 月 5 日，计息时：

借：银行存款 50

贷:应收利息 50

(5)2015 年 12 月 31 日,确认投资收益时:

借:应收利息 50

贷:投资收益 41.11(1 027.75×4%)

可供出售金融资产——利息调整 8.89

借:资产减值损失 18.86

贷:可供出售金融资产减值准备 11.11(1 020—8.89—1 000)

资本公积——其他资本公积 7.75

(6)2016 年 1 月 5 日,计息时:

借:银行存款 50

贷:应收利息 50

(7)2016 年 1 月 20 日,出售可供出售金融资产时:

借:银行存款 995

可供出售金融资产减值准备 18.86(7.75+11.11)

投资收益 5

贷:可供出售金融资产——成本 1 000

——利息调整 18.86(36.3—8.55—8.89)

第八节　固定资产及投资性房地产

一、固定资产概述

(一)固定资产的概念和特征

固定资产是指同时具有下列特征的有形资产:(1)为生产商品、提供劳务、出租或经营管理而持有的;(2)使用寿命超过一个会计年度。

从这一定义可以看出,作为企业的固定资产应具备以下三个特征:

1. 为生产商品、提供劳务、出租或经营管理而持有

企业持有固定资产的目的是为了生产商品、提供劳务、出租或经营管理,即企业持有的固定资产是企业的劳动工具或手段,而不是用于出售的产品。这一特征是固定资产区别于商品等流动资产的重要标志。其中“出租”的固定资产,是指企业以经营租赁方式出租的机器设备类固定资产,不包括以经营租赁方式出租的建筑物,后者属于企业的投资性房地产,不属于固定资产。

2. 使用寿命超过一个会计年度

固定资产的使用寿命,是指企业使用固定资产的预计期间,或者该固定资产所能生产产品或提供劳务的数量。比如自用房屋建筑物的使用寿命表现为企业对该建筑物的预计使用年限。对于某些机器设备或运输设备等固定资产,其使用寿命表现为该固定资产所能生产产品或提供劳务的数量,例如汽车或飞机等,按其预计行驶或飞行里程估计使用寿命。

固定资产使用寿命超过一个会计年度,意味着固定资产属于非流动资产,随着使用和磨损,通过计提折旧方式逐渐减少账面价值。对固定资产计提折旧和减值准备,均属于固定资产

后续计量。

3. 固定资产是有形资产

固定资产具有实物特征，这一特征将固定资产与无形资产区别开来。有些无形资产可能同时符合固定资产的其他特征，如无形资产为生产商品、提供劳务而持有，使用寿命超过一个会计年度，但是由于其没有实物形态，所以不属于固定资产。

（二）固定资产的确认

固定资产在符合定义的前提下，应当同时满足以下两个条件，才能加以确认。

1. 与该固定资产有关的经济利益很可能流入企业

资产最重要的特征是预期会给企业带来经济利益。企业在确认固定资产时，需要判断与该项固定资产有关的经济利益是否很可能流入企业。如果与该项固定资产有关的经济利益很可能流入企业，并同时满足固定资产确认的其他条件，那么，企业应将其确认为固定资产；否则，不应将其确认为固定资产。在实务中，判断与固定资产有关的经济利益是否很可能流入企业，主要判断与该固定资产所有权相关的风险和报酬是否转移到了企业。与固定资产所有权相关的风险，是指由于经营情况变化造成的相关收益的变动，以及由于资产闲置、技术陈旧等原因造成的损失；与固定资产所有权相关的报酬，是指在固定资产使用寿命内使用该资产而获得的收入，以及处置该资产所实现的利得等。

通常取得固定资产的所有权是判断与固定资产所有权相关的风险和报酬是否转移到企业的一个重要标志。但是，所有权是否转移，不是判断与固定资产所有权相关的风险和报酬是否转移到企业的唯一标志。在有些情况下，某项固定资产的所有权虽然不属于企业，但是，企业能够控制与该项固定资产有关的经济利益流入企业，这就意味着与该项固定资产所有权相关的风险和报酬实质上已转移到企业，在这种情况下，企业应将该项固定资产予以确认。例如，融资租入的固定资产，企业虽然不拥有固定资产的所有权，但与固定资产所有权相关的风险和报酬实质上已转移到了企业（承租人），因此，符合固定资产确认的第一个条件。

2. 该固定资产的成本能够可靠地计量

成本能够可靠地计量是资产确认的一项基本条件。企业在确定固定资产成本时必须取得确凿证据，但是，有时需要根据所获得的最新资料，对固定资产的成本进行合理的估计。

（三）固定资产的分类

企业的固定资产种类繁多、规格不一，为加强管理，便于组织会计核算，有必要对其进行科学、合理的分类。

按固定资产的经济用途和使用情况等综合分类，可以把企业的固定资产划分为七大类：

(1)生产经营用固定资产，是指直接服务于企业生产、经营过程的各种固定资产，如生产经营用的房屋、建筑物、机器、设备、器具、工具等。

(2)非生产经营用固定资产，是指不直接服务于生产、经营过程的各种固定资产，如职工宿舍等使用的房屋、设备和其他固定资产等。

(3)租出固定资产，是指在经营租赁方式下出租给外单位使用的固定资产。

(4)不需用固定资产。

(5)未使用固定资产。

(6)土地，是指过去已经估价、单独入账的土地。因征地而支付的补偿费，应计入与土地有关的房屋、建筑物的价值内，不单独作为土地价值入账。企业取得的土地使用权，应作为无形资产管理，不作为固定资产管理。

(7)融资租入固定资产，是指企业以融资租赁方式租入的固定资产，在租赁期内，应视同自有固定资产进行管理。

由于企业的经营性质不同、经营规模各异，对固定资产的分类不可能完全一致。但实际工作中，企业大多采用综合分类的方法作为编制固定资产目录、进行固定资产核算的依据。

(四)固定资产的核算

为了核算固定资产，企业一般需要设置“固定资产”、“累计折旧”、“在建工程”、“工程物资”、“固定资产清理”等科目，核算固定资产取得、计提折旧、处置等情况。

(1)“固定资产”科目核算企业固定资产的原价，该科目借方登记企业增加的固定资产原价，贷方登记企业减少的固定资产原价，期末借方余额，反映企业期末固定资产的账面原价。企业应当设置“固定资产登记簿”和“固定资产卡片”，按固定资产类别、使用部门和每项固定资产进行明细核算。

(2)“累计折旧”科目属于“固定资产”的调整科目，该科目核算企业固定资产的累计折旧，贷方登记企业计提的固定资产折旧，借方登记处置固定资产转出的累计折旧，期末贷方余额，反映企业固定资产的累计折旧额。

(3)“在建工程”科目核算企业基建、更新改造等在建工程发生的支出，该科目借方登记企业各项在建工程的实际支出，贷方登记完工工程转出的成本，期末借方余额，反映企业尚未达到预定可使用状态的在建工程的成本。

(4)“工程物资”科目核算企业为在建工程而准备的各种物资的实际成本，该科目借方登记企业购入工程物资的成本，贷方登记领用工程物资的成本，期末借方余额，反映企业为在建工程准备的各种物资的成本。

(5)“固定资产清理”科目核算企业因出售、报废、毁损、对外投资、非货币性资产交换、债务重组等原因转出的固定资产价值以及在清理过程中发生的费用等，该科目借方登记转出的固定资产价值、清理过程中应支付的相关税费及其他费用，贷方登记固定资产清理完成的处理，期末借方余额，反映企业尚未清理完毕固定资产清理净损失。该科目应按被清理的固定资产项目设置明细账进行明细核算。

此外，企业固定资产、在建工程、工程物资发生减值的，还应当设置“固定资产减值准备”、“在建工程减值准备”、“工程物资减值准备”等科目进行核算。

二、取得固定资产

(一)外购固定资产

企业外购的固定资产，应按实际支付的购买价款、相关税费以及使固定资产达到预定可使用状态前所发生的可归属于该项资产的运输费、装卸费、安装费和专业人员服务费等，作为固定资产的取得成本。

企业购入不需要安装的固定资产，应按实际支付的购买价款、相关税费以及使固定资产达到预定可使用状态前所发生的可归属于该项资产的运输费、装卸费和专业人员服务费等，作为固定资产成本，借记“固定资产”科目，贷记“银行存款”等科目。

若企业为增值税一般纳税人，则企业购进机器设备等固定资产的进项税额不纳入固定资产成本核算，可以在销项税额中抵扣。借记“固定资产”科目，贷记“银行存款”等科目。

购入需要安装的固定资产，应在购入的固定资产取得成本的基础上加上安装调试成本等，作为购入固定资产的成本，先通过“在建工程”科目核算，待安装完毕达到预定可使用状态时，再由“在建工程”科目转入“固定资产”科目。

企业购入固定资产时，按实际支付的购买价款、运输费、装卸费和其他相关税费等，借记“在建工程”科目，贷记“银行存款”等科目；支付安装费用等时，借记“在建工程”科目，贷记“银行存款”等科目；安装完毕达到预定可使用状态时，按其实际成本，借记“固定资产”科目，贷记“在建工程”科目。

企业基于产品价格等因素的考虑，可能以一笔款项购入多项没有单独标价的固定资产。如果这些资产均符合资产定义，并满足固定资产的确认条件，则应将各项资产单独确认为固定资产，并按各项固定资产公允价值的比例对总成本进行分配，分别确定各项固定资产的成本。

【例4－42】 2014年1月1日，甲公司购入一台不需要安装的生产用设备，取得的增值税专用发票上注明的设备价款为10 000元，增值税进项税额为1 700元，款项全部付清。假定不考虑其他相关税费。甲公司的账务处理如下：

借：固定资产——××设备	10 000
应交税费——应交增值税（进项税额）	1 700
贷：银行存款	11 700

【例4－43】 2014年2月1日，甲公司购入一台需要安装的生产用机器设备，取得的增值税专用发票上注明的设备价款为500 000元，增值税进项税额为85 000元，款项已通过银行支付；安装设备时，领用本公司原材料一批，价值30 000元，购进该批原材料时支付的增值税进项税额为5 100元；支付安装工人的工资为4 900元。假定不考虑其他相关税费。甲公司的账务处理如下：

（1）支付设备价款、增值税、运输费合计为585 000元：

借：在建工程——××设备	500 000
应交税费——应交增值税（进项税额）	85 000
贷：银行存款	585 000

（2）领用本公司原材料、支付安装工人工资等费用合计为40 000元：

借：在建工程——××设备	40 000
贷：原材料	30 000
应付职工薪酬	4 900
应交税费——应交增值税（进项税额转出）	5 100

（3）设备安装完毕达到预定可使用状态：

借：固定资产——××设备	540 000
贷：在建工程——××设备	540 000

【例4－44】 甲公司向乙公司一次购进了三台不同型号且具有不同生产能力的设备A、B、C，共支付款项100 000元，增值税额17 000元，包装费750元，全部以银行存款转账支付；假定设备A、B、C均满足固定资产的定义及确认条件，公允价值分别为45 000元、38 500元、16 500元。假定不考虑其他相关税费。甲公司的账务处理如下：

（1）确定应计入固定资产成本的金额，包括购买价款、包装费，即：

100 000＋750＝100 750（元）

（2）确定设备A、B、C的价值分配比例：

A设备应分配的固定资产价值比例为：

$$\frac{45\ 000}{45\ 000+38\ 500+16\ 500}\times 100\%=45\%$$

B设备应分配的固定资产价值比例为：

$$\frac{38\ 500}{45\ 000+38\ 500+16\ 500}\times 100\%=38.5\%$$

C设备应分配的固定资产价值比例为：

$$\frac{16\ 500}{45\ 000+38\ 500+16\ 500}\times 100\%=16.5\%$$

(3)确定设备A、B、C的价值：

A设备应分配的固定资产价值＝100 750×45％＝45 337.50(元)

B设备应分配的固定资产价值＝100 750×38.5％＝38 788.75(元)

C设备应分配的固定资产价值＝100 750－45 337.5－38 788.75＝16 623.75(元)

(4)编制购入固定资产的会计分录：

借：固定资产——A设备	45 337.50	
——B设备	38 788.75	
——C设备	16 623.75	
应交税费——应交增值税(进项税额)	17 000.00	
贷：银行存款		117 750.00

(二)建造固定资产

企业自行建造固定资产，应按建造该项资产达到预定可使用状态前所发生的必要支出，作为固定资产的成本。

自建固定资产应先通过“在建工程”科目核算，工程达到预定可使用状态时，再从“在建工程”科目转入“固定资产”科目。企业自建固定资产，主要有自营和出包两种方式，由于采用的建设方式不同，其会计处理也不同。

1. 自营工程

自营工程是指企业自行组织工程物资采购、自行组织施工人员施工的建筑工程和安装工程。购入工程物资时，借记“工程物资”科目，贷记“银行存款”等科目；领用工程物资时，借记“在建工程”科目，贷记“工程物资”科目；在建工程领用本企业原材料时，借记“在建工程”科目，贷记“原材料”、“应交税费——应交增值税(进项税额转出)”等科目；在建工程领用本企业生产的商品时，借记“在建工程”科目，贷记“库存商品”、“应交税费——应交增值税(销项税额)”等科目。

自营工程发生的其他费用(如分配工程人员工资等)，借记“在建工程”科目，贷记“银行存款”、“应付职工薪酬”等科目；自营工程达到预定可使用状态时，按其成本，借记“固定资产”科目，贷记“在建工程”科目。

【例4—45】 某企业自建厂房一幢，购入为工程准备的各种物资500 000元，支付的增值税额为85 000元，全部用于工程建设。领用本企业生产的水泥一批，实际成本为80 000元，税务部门确定的计税价格为100 000元，增值税税率为17％；工程人员应计工资100 000元，支付的其他费用30 000元。工程完工并达到预定可使用状态。该企业应作如下会计处理：

(1)购入工程物资时：

借：工程物资　　585 000

　　贷：银行存款　　585 000

(2)工程领用工程物资时：

借：在建工程　　585 000

　　贷：工程物资　　585 000

(3)工程领用本企业生产的水泥时：

借：在建工程　　97 000(80 000+100 000×17%)

　　贷：库存商品　　80 000

　　　　应交税费——应交增值税(销项税额)　　17 000

(4)分配工程人员工资时：

借：在建工程　　100 000

　　贷：应付职工薪酬　　100 000

(5)支付工程发生的其他费用时：

借：在建工程　　30 000

　　贷：银行存款　　30 000

(6)工程完工转入固定资产时：

借：固定资产　　812 000(585 000+97 000+100 000+30 000)

　　贷：在建工程　　812 000

2. 出包工程

出包工程是指企业通过招标等方式将工程项目发包给建造承包商，由建造承包商组织施工的建筑工程和安装工程。企业采用出包方式进行的固定资产工程，其工程的具体支出主要由建造承包商核算，在这种方式下，“在建工程”科目主要是企业与建造承包商办理工程价款的结算科目，企业支付给建造承包商的工程价款作为工程成本，通过“在建工程”科目核算。企业按合理估计的发包工程进度和合同规定向建造承包商结算的进度款，借记“在建工程”科目，贷记“银行存款”等科目；工程完成时按合同规定补付的工程款，借记“在建工程”科目，贷记“银行存款”等科目；工程达到预定可使用状态时，按其成本，借记“固定资产”科目，贷记“在建工程”科目。

【例4—46】 某企业将一幢厂房的建造工程出包给丙公司承建，按合理估计的发包工程进度和合同规定向丙公司结算进度款600 000元，工程完工后，收到丙公司有关工程结算单据，补付工程款400 000元，工程完工并达到预定可使用状态。该企业应作如下会计处理：

(1)按合理估计的发包工程进度和合同规定向丙公司结算进度款时：

借：在建工程　　600 000

　　贷：银行存款　　600 000

(2)补付工程款时：

借：在建工程　　400 000

　　贷：银行存款　　400 000

(3)工程完工并达到预定可使用状态时：

借：固定资产　　1 000 000

　　贷：在建工程　　1 000 000

三、固定资产的折旧

(一)固定资产折旧概述

折旧是指在固定资产的使用寿命内,按照确定的方法对应计折旧额进行的系统分摊。应计折旧额,是指应当计提折旧的固定资产的原价扣除其预计净残值后的金额。如果已对固定资产计提减值准备,还应当扣除已计提的固定资产减值准备累计金额。

企业应当在固定资产的使用寿命内,按照确定的方法对应计折旧额进行系统分摊,根据固定资产的性质和使用情况,合理确定固定资产的使用寿命和预计净残值。固定资产的使用寿命、预计净残值一经确定,不得随意变更。

影响折旧的因素主要有以下几个方面:

(1)固定资产原价,指固定资产的成本。

(2)预计净残值,指假定固定资产预计使用寿命已满并处于使用寿命终了时的预期状态,企业目前从该项资产处置中获得的扣除预计处置费用后的金额。

(3)固定资产减值准备,指固定资产已计提的固定资产减值准备累计金额。固定资产计提减值准备后,应当在剩余使用寿命内根据调整后的固定资产账面价值(固定资产账面余额扣减累计折旧和累计减值准备后的金额)和预计净残值重新计算确定折旧率和折旧额。

(4)固定资产的使用寿命,指企业使用固定资产的预计期间,或者该固定资产所能生产产品或提供劳务的数量。企业确定固定资产使用寿命时,应当考虑下列因素:

①该项资产预计生产能力或实物产量;

②该项资产预计有形损耗,指固定资产在使用过程中,由于正常使用和自然力的作用而引起的使用价值和价值的损失,如设备使用中发生磨损、房屋建筑物受到自然侵蚀等;

③该项资产预计无形损耗,指由于科学技术的进步和劳动生产率的提高而带来的固定资产价值上的损失,如因新技术的出现而使现有的资产技术水平相对陈旧、市场需求变化使其所生产的产品过时等;

④法律或者类似规定对该项资产使用的限制。

企业应当对所有的固定资产计提折旧,但是,已提足折旧仍继续使用的固定资产和单独计价入账的土地除外。在确定计提折旧的范围时还应注意以下几点:

第一,固定资产应当按月计提折旧,并根据用途计入相关资产的成本或者当期损益。固定资产应自达到预定可使用状态时开始计提折旧,终止确认时或划分为持有待售非流动资产时停止计提折旧。为了简化核算,当月增加的固定资产,当月不计提折旧,从下月起计提折旧;当月减少的固定资产,当月仍计提折旧,从下月起不计提折旧。

第二,固定资产提足折旧后,不论能否继续使用,均不再计提折旧,提前报废的固定资产也不再补提折旧。所谓提足折旧,是指已经提足该项固定资产的应计折旧额。

第三,已达到预定可使用状态但尚未办理竣工决算的固定资产,应当按照估计价值确定其成本,并计提折旧;待办理竣工决算后再按实际成本调整原来的暂估价值,但不需要调整原已计提的折旧额。

企业至少应当于每年年度终了,对固定资产的使用寿命、预计净残值和折旧方法进行复核。使用寿命预计数与原先估计数有差异的,应当调整固定资产使用寿命。预计净残值预计数与原先估计数有差异的,应当调整预计净残值。与固定资产有关的经济利益预期实现方式有重大改变的,应当改变固定资产折旧方法。固定资产使用寿命、预计净残值和折旧方法的改变应当作为会计估计变更。

(二)固定资产的折旧方法

企业应当根据与固定资产有关的经济利益的预期实现方式，合理选择折旧方法。可选用的折旧方法包括年限平均法、工作量法、双倍余额递减法和年数总和法等。

企业选用不同的固定资产折旧方法，将影响固定资产使用寿命期间内不同时期的折旧费用，因此，固定资产的折旧方法一经确定，不得随意变更。

1. 年限平均法

年限平均法又称直线法，是指将固定资产的应计折旧额均衡地分摊到固定资产预计使用寿命内的一种方法。采用这种方法计算的每期折旧额均相等。计算公式如下：

年折旧率＝(1－预计净残值率)÷预计使用寿命×100％

月折旧率＝年折旧率÷12

月折旧额＝固定资产原价×月折旧率

【例4－47】 甲公司有一幢厂房，原价为1 000 000元，预计可使用20年，预计报废时的净残值率为2％。该厂房的折旧率和折旧额的计算如下：

年折旧率＝(1－2％)÷20×100％＝4.9％

月折旧率＝4.9％÷12＝0.41％

月折旧额＝1 000 000×0.41％＝4 100(元)

【例4－47】采用的是年限平均法计提固定资产折旧，其特点是将固定资产的应计折旧额均衡地分摊到固定资产预计使用寿命内，采用这种方法计算的每期折旧额是相等的。

采用年限平均法计算固定资产折旧虽然比较简便，但它也存在着一些明显的局限性。首先，固定资产在不同使用年限提供的经济效益是不同的。一般来讲，固定资产在其使用前期工作效率相对较高，所带来的经济利益也较多；而在其使用后期工作效率一般呈下降趋势，因而所带来的经济利益也就逐渐减少。年限平均法对此不予考虑，明显是不合理的。其次，固定资产在不同的使用年限发生的维修费用也不一样。固定资产的维修费用将随着其使用时间的延长而不断增加，而年限平均法也没有考虑这一因素。

当固定资产各期负荷程度相同时，各期应分摊相同的折旧费，这时采用年限平均法计算折旧是合理的。但是，如果固定资产各期负荷程度不同，采用年限平均法计算折旧时，则不能反映固定资产的实际使用情况，计提的折旧额与固定资产的损耗程度也不相符。

2. 工作量法

工作量法，是指根据实际工作量计算每期应提折旧额的一种方法。计算公式如下：

单位工作量折旧额＝固定资产原价×(1－预计净残值率)÷预计总工作量

某项固定资产月折旧额＝该项固定资产当月工作量×单位工作量折旧额

【例4－48】 乙公司的一台机器设备原价为80 000元，预计生产产品产量为400 000件，预计净残值率为4％，本月生产产品30 000件；假设乙公司没有对该机器设备计提减值准备。则该台机器设备的本月折旧额计算如下：

单个产品折旧额＝80 000×(1－4％)÷400 000＝0.192(元/件)

本月折旧额＝30 000×0.192＝5 760(元)

3. 双倍余额递减法

双倍余额递减法，是指在不考虑固定资产预计净残值的情况下，根据每期期初固定资产原价减去累计折旧后的金额(即固定资产净值)和双倍的直线法折旧率计算固定资产折旧的一种方法。计算公式如下：

年折旧率＝2÷预计使用寿命(年)×100％

月折旧率＝年折旧率÷12

月折旧额＝固定资产净值×月折旧率

由于每年年初固定资产净值没有扣除预计净残值，因此，在应用这种方法计算折旧额时，必须注意不能使固定资产的净值降低到其预计净残值以下，即采用双倍余额递减法计提折旧的固定资产，通常在其折旧年限到期前两年内，将固定资产净值扣除预计净残值后的余额平均摊销。

【例4—49】 丙公司某项设备原价为120 000元，预计使用寿命为5年，预计净残值率为4％；假设丙公司没有对该机器设备计提减值准备。

丙公司按双倍余额递减法计提折旧，每年折旧额计算如下：

年折旧率＝2÷5×100％＝40％

第一年应提的折旧额＝120 000×40％＝48 000(元)

第二年应提的折旧额＝(120 000－48 000)×40％＝28 800(元)

第三年应提的折旧额＝(120 000－48 000－28 800)×40％＝17 280(元)

从第四年起改按年限平均法(直线法)计提折旧：

第四年和第五年应提的折旧额＝(120 000－48 000－28 800－17 280－120 000×4％)÷2
＝10 560(元)

4. 年数总和法

年数总和法又称年限合计法，是将固定资产的原价减去预计净残值的余额乘以一个以固定资产尚可使用寿命为分子、以预计使用寿命逐年数字之和为分母的逐年递减的分数计算每年的折旧额。计算公式如下：

年折旧率＝尚可使用寿命÷预计使用寿命的年数总和×100％

月折旧率＝年折旧率÷12

月折旧额＝(固定资产原价－预计净残值)×月折旧率

【例4—50】 沿用【例4—49】资料，假如采用年数总和法，计算各年折旧额如表4—6所示。

表4—6 **采用年数总和法计算各年折旧额** 金额单位：元

年　份	尚可使用寿命	原价－预计净残值	年折旧率	每年折旧额	累计折旧
第1年	5	115 200	5/15	38 400	38 400
第2年	4	115 200	4/15	30 720	69 120
第3年	3	115 200	3/15	23 040	92 160
第4年	2	115 200	2/15	15 360	107 520
第5年	1	115 200	1/15	7 680	115 200

双倍余额递减法和年数总和法都属于加速折旧法，其特点是在固定资产使用的早期多提折旧、后期少提折旧，其递减的速度逐年加快，从而相对加快折旧的速度，目的是使固定资产成本在估计使用寿命内加快得到补偿。

（三）固定资产折旧的核算

固定资产应当按月计提折旧，计提的折旧应当记入“累计折旧”科目，并根据用途计入相关资产的成本或者当期损益。企业基本生产车间所使用的固定资产，其计提的折旧应计入制造费用；管理部门所使用的固定资产，其计提的折旧应计入管理费用；销售部门所使用的固定资产，其计提的折旧应计入销售费用；自行建造固定资产过程中使用的固定资产，其计提的折旧应计入在建工程成本；经营租出的固定资产，其计提的折旧应计入其他业务成本；未使用的固定资产，其计提的折旧应计入管理费用。

企业计提固定资产折旧时，借记“制造费用”、“管理费用”、“销售费用”、“在建工程”、“其他业务成本”等科目，贷记“累计折旧”科目。

【例4－51】 丁公司2014年6月份固定资产计提折旧情况如下：车间厂房计提折旧380 000元，机器设备计提折旧450 000元；管理部门房屋建筑物计提折旧650 000元，运输工具计提折旧240 000元；销售部门房屋建筑物计提折旧320 000元，运输工具计提折旧263 000元。当月新购置机器设备一台，价值为540 000元，预计使用寿命为10年，该企业同类设备计提折旧采用年限平均法。

本例中，新购置的机器设备本月不计提折旧。本月计提的折旧费用中，车间使用的固定资产计提的折旧费用计入制造费用，管理部门使用的固定资产计提的折旧费用计入管理费用，销售部门使用的固定资产计提的折旧费用计入销售费用。丁公司应作如下会计处理：

借：制造费用	830 000（380 000＋450 000）	
管理费用	890 000（650 000＋240 000）	
销售费用	583 000（320 000＋263 000）	
贷：累计折旧		2 303 000

四、固定资产的后续支出

固定资产的后续支出是指固定资产在使用过程中发生的更新改造支出、修理费用等。

企业的固定资产投入使用后，由于各个组成部分耐用程度不同或者使用的条件不同，因而往往发生固定资产的局部损坏。为了保持固定资产的正常运转和使用，充分发挥其使用效能，就必须对其进行必要的后续支出。

后续支出的处理原则为：符合固定资产确认条件的，应当计入固定资产成本，同时将被替换部分的账面价值扣除；不符合固定资产确认条件的，应当计入当期损益。

（一）资本化的后续支出

固定资产发生可资本化的后续支出时，企业一般应将该固定资产的原价、已计提的累计折旧和减值准备转销，将固定资产的账面价值转入在建工程，并在此基础上重新确定固定资产原价。因已转入在建工程，故停止计提折旧。在固定资产发生的后续支出完工并达到预定可使用状态时，再从在建工程转为固定资产，并按重新确定的固定资产原价、使用寿命、预计净残值和折旧方法计提折旧。固定资产发生的可资本化的后续支出，通过“在建工程”科目核算。

（二）费用化的后续支出

与固定资产有关的修理费用等后续支出，不符合固定资产确认条件的，应当根据不同情况分别在发生时计入当期管理费用或销售费用。

企业生产车间（部门）和行政管理部门等发生的固定资产修理费用等后续支出计入管理费用，借记“管理费用”等科目，贷记“银行存款”等科目；企业设置专设销售机构的，其发生的与专设销售机构相关的固定资产修理费用等后续支出计入销售费用，借记“销售费用”科目，贷记“银行存款”等科目。

五、固定资产的处置

固定资产满足下列条件之一的，应当予以终止确认：

（一）该固定资产处于处置状态

固定资产处置包括固定资产的出售、转让、报废或毁损、对外投资、非货币性资产交换、债务重组等。处于处置状态的固定资产不再用于生产商品、提供劳务、出租或经营管理，因此不再符合固定资产的定义，应予终止确认。

（二）该固定资产预期通过使用或处置不能产生经济利益

固定资产的确认条件之一是“与该固定资产有关的经济利益很可能流入企业”，如果一项固定资产预期通过使用或处置不能产生经济利益，那么，它就不再符合固定资产的定义和确认条件，应予终止确认。

对于上述事项在进行会计核算时，应按规定程序办理有关手续，结转固定资产的账面价值，计算有关的清理收入、清理费用及残料价值等。

企业出售、转让、报废固定资产或发生固定资产毁损，应当将处置收入扣除账面价值和相关税费后的金额计入当期损益。固定资产处置一般通过“固定资产清理”科目进行核算。

企业因出售、转让、报废或毁损、对外投资、非货币性资产交换、债务重组等处置固定资产，其会计处理一般经过以下几个步骤：

第一，固定资产转入清理。固定资产转入清理时，按固定资产账面价值，借记“固定资产清理”科目，按已计提的累计折旧，借记“累计折旧”科目，按已计提的减值准备，借记“固定资产减值准备”科目，按固定资产账面余额，贷记“固定资产”科目。

第二，发生的清理费用。固定资产清理过程中发生的有关费用以及应支付的相关税费，借记“固定资产清理”科目，贷记“银行存款”、“应交税费”等科目。

第三，出售收入和残料等的处理。企业收回出售固定资产的价款、残料价值和变价收入等，应冲减清理支出。按实际收到的出售价款以及残料变价收入等，借记“银行存款”、“原材料”等科目，贷记“固定资产清理”、“应交税费——应交增值税”等科目。

第四，保险赔偿的处理。企业计算或收到的应由保险公司或过失人赔偿的损失，应冲减清理支出，借记“其他应收款”、“银行存款”等科目，贷记“固定资产清理”科目。

第五，清理净损益的处理。固定资产清理完成后的净损失，属于生产经营期间正常的处理损失，借记“营业外支出——处置非流动资产损失”科目，贷记“固定资产清理”科目；属于生产经营期间由于自然灾害等非正常原因造成的，借记“营业外支出——非常损失”科目，贷记“固定资产清理”科目。固定资产清理完成后的净收益，借记“固定资产清理”科目，贷记“营业外收入”科目。

【例 4—52】 甲公司有一台设备，因使用期满经批准报废。该设备原价为 186 400 元，累计已计提折旧 177 080 元、固定资产减值准备 2 300 元。在清理过程中，以银行存款支付清理费用 4 000 元，收到残料变价收入 5 400 元，应支付相关税费 270 元。有关账务处理如下：

（1）固定资产转入清理：

借：固定资产清理——××设备	7 020
累计折旧	177 080

固定资产减值准备——××设备 2 300

贷:固定资产——××设备 186 400

(2)发生清理费用和相关税费:

借:固定资产清理——××设备 4 270

贷:银行存款 4 000

应交税费 270

(3)收到残料变价收入:

借:银行存款 5 400

贷:固定资产清理——××设备 5 400

(4)结转固定资产净损益:

借:营业外支出——处置非流动资产损失 5 890

贷:固定资产清理——××设备 5 890

六、固定资产减值

固定资产的初始入账价值是历史成本,由于固定资产使用年限较长,市场条件和经营环境的变化、科学技术的进步以及企业经营管理不善等原因,都可能导致固定资产创造未来经济利益的能力大大下降。因此,固定资产的真实价值有可能低于账面价值,在期末必须对固定资产减值损失进行确认。

固定资产在资产负债表日存在可能发生减值的迹象时,其可收回金额低于账面价值的,企业应当将该固定资产的账面价值减记至可收回金额,减记的金额确认为减值损失,计入当期损益,同时计提相应的固定资产减值准备,借记"资产减值损失——计提的固定资产减值准备"科目,贷记"固定资产减值准备"科目。固定资产减值损失一经确认,在以后会计期间不得转回。

【例4—53】 2014年12月31日,甲公司的某生产线存在可能发生减值的迹象。经计算,该机器的可收回金额合计为123 000元,账面价值为140 000元,以前年度未对该生产线计提过减值准备。

由于该生产线的可收回金额为123 000元,账面价值为140 000元,可收回金额低于账面价值,应按两者之间的差额17 000元(140 000—123 000)计提固定资产减值准备。甲公司应作如下会计处理:

借:资产减值损失——计提的固定资产减值准备 17 000

贷:固定资产减值准备 17 000

七、投资性房地产

(一)投资性房地产概述

投资性房地产是指为赚取租金或资本增值,或者两者兼有而持有的房地产,主要包括已出租的建筑物、已出租的土地使用权、持有并准备增值后转让的土地使用权。

投资性房地产应当能够单独计量和出售。投资性房地产的主要形式是出租建筑物、出租土地使用权,这实质上属于一种让渡资产使用权行为。房地产租金就是让渡资产使用权取得的使用费收入,是企业为完成其经营目标所从事的经营性活动以及与之相关的其他活动形成的经济利益总流入。

投资性房地产的另一种形式是持有并准备增值后转让的土地使用权,尽管其增值收益通常与市场供求、经济发展等因素相关，但目的是为了增值后转让以赚取增值收益，也是企业为完成其经营目标所从事的经营性活动以及与之相关的其他活动形成的经济利益总流入。根据税法的规定，企业房地产出租、国有土地使用权增值后转让均属于一种经营活动，其取得的房地产租金收入或国有土地使用权转让收益应当缴纳营业税等。按照国家有关规定认定的闲置土地，不属于持有并准备增值后转让的土地使用权。在我国实务中，持有并准备增值后转让的土地使用权这种情况较少。

（二）投资性房地产的范围

(1)已出租的土地使用权。已出租的土地使用权，是指企业通过出让或转让方式取得的、以经营租赁方式出租的土地使用权。企业计划用于出租但尚未出租的土地使用权，不属于此类。对于以经营租赁方式租入土地使用权再转租给其他单位的，不能确认为投资性房地产。

(2)持有并准备增值后转让的土地使用权。持有并准备增值后转让的土地使用权，是指企业取得的、准备增值后转让的土地使用权。

(3)已出租的建筑物。已出租的建筑物，是指企业拥有产权的、以经营租赁方式出租的建筑物，包括自行建造或开发活动完成后用于出租的建筑物。

此外，下列项目不属于投资性房地产：(1)自用房地产。自用房地产是指为生产商品、提供劳务或者经营管理而持有的房地产。(2)作为存货的房地产。作为存货的房地产通常是指房地产开发企业在正常经营过程中销售的或为销售而正在开发的商品房和土地。

（三）投资性房地产的核算

为了反映和监督投资性房地产的取得、后续计量和处置等情况，企业应当设置“投资性房地产”、“投资性房地产累计折旧(摊销)”、“公允价值变动损益”、“其他业务收入”、“其他业务成本”等科目进行核算。投资性房地产作为企业主营业务的，应当设置“主营业务收入”和“主营业务成本”科目核算相关的损益。

“投资性房地产”科目核算企业采用成本模式计量的投资性房地产成本或采用公允价值模式计量的投资性房地产公允价值。该科目借方登记企业投资性房地产的取得成本、资产负债表日其公允价值高于账面余额的差额等，贷方登记资产负债表日其公允价值低于账面余额的差额、处置投资性房地产时结转的成本和公允价值变动等。企业可以按照投资性房地产类别和项目进行明细核算。

采用公允价值模式计量的投资性房地产，还应分别设置“成本”和“公允价值变动”明细科目。

采用成本模式计量的投资性房地产的累计折旧或累计摊销，可以单独设置“投资性房地产累计折旧(摊销)”科目，比照“累计折旧(摊销)”等科目进行账务处理。

采用成本模式计量的投资性房地产发生减值的，可以单独设置“投资性房地产减值准备”科目，比照“固定资产减值准备”等科目进行账务处理。

“其他业务收入”和“其他业务成本”科目分别核算企业投资性房地产取得的租金收入、处置投资性房地产实现的收入和投资性房地产计提的折旧或进行摊销、处置投资性房地产结转的成本。

1. 投资性房地产的取得

(1)外购的投资性房地产。外购的土地使用权和建筑物，按照取得时的实际成本进行初始计量，借记“投资性房地产”科目，贷记“银行存款”等科目。取得时的实际成本包括购买价款、相关税费和可直接归属于该资产的其他支出。企业购入的房地产，部分用于出租(或资本增值)、部分自用,用于出租(或资本增值)的部分应当予以单独确认的,应按照不同部分的公允价值占公允价值总额的比例将成本在不同部分之间进行分配。

【例 4—54】 2014 年 3 月,甲公司计划购入一栋写字楼用于对外出租。3 月 15 日,甲公司与乙公司签订了经营租赁合同,约定自写字楼购买之日起将这栋写字楼出租给乙公司,为期 5 年。4 月 5 日,甲公司实际购入写字楼,支付价款共计 1 200 万元。甲公司的账务处理如下:

借:投资性房地产——写字楼　　12 000 000

　贷:银行存款　　12 000 000

(2)自行建造的投资性房地产。自行建造的投资性房地产,其成本由建造该项资产达到预定可使用状态前发生的必要支出构成,包括土地开发费、建筑成本、安装成本、应予以资本化的借款费用、支付的其他费用和分摊的间接费用等。建造过程中发生的非正常性损失,直接计入当期损益,不计入建造成本。采用成本模式计量的,应按照确定的成本,借记"投资性房地产"科目,贷记"在建工程"或"开发成本"科目。

2. 投资性房地产的后续计量

(1)采用成本模式进行后续计量的投资性房地产。采用成本模式进行后续计量的投资性房地产,按期(月)计提折旧或摊销,借记"其他业务成本"等科目,贷记"投资性房地产累计折旧(摊销)"科目。取得的租金收入,借记"银行存款"等科目,贷记"其他业务收入"等科目。

【例 4—55】 甲公司的一栋办公楼出租给乙公司使用,已确认为投资性房地产,采用成本模式进行后续计量。假设这栋办公楼的成本为1 800万元,按照直线法计提折旧,使用寿命为20 年,预计净残值为零。按照经营租赁合同约定,乙公司每月支付甲公司租金 8 万元。甲公司的账务处理如下:

(1)计提折旧时:

借:其他业务成本　　75 000(18 000 000÷20÷12)

　贷:投资性房地产累计折旧　　75 000

(2)确认租金时:

借:银行存款(或其他应收款)　　80 000

　贷:其他业务收入　　80 000

(2)采用公允价值模式进行后续计量的投资性房地产。投资性房地产采用公允价值模式进行后续计量的,不计提折旧或摊销,应当以资产负债表日的公允价值计量。资产负债表日,投资性房地产的公允价值高于其账面余额的差额,借记"投资性房地产——公允价值变动"科目,贷记"公允价值变动损益"科目;公允价值低于其账面余额的差额,作相反的会计分录。

【例 4—56】 甲公司为从事房地产经营开发的企业。2014 年 8 月,甲公司与乙公司签订租赁协议,约定将甲公司开发的一栋精装修的写字楼于开发完成的同时开始租赁给乙公司使用,租赁期为 10 年。当年 10 月 1 日,该写字楼开发完成并开始出租,写字楼的造价为 900 万元。2014 年 12 月 31 日,该写字楼的公允价值为 920 万元。假设甲公司采用公允价值计量模式。甲公司的账务处理如下:

(1)2014 年 10 月 1 日,甲公司开发完成写字楼并出租:

借:投资性房地产——成本　　9 000 000

　贷:开发成本　　9 000 000

(2)2014 年 12 月 31 日,以公允价值为基础调整其账面价值,公允价值与原账面价值之间的差额计入当期损益:

借：投资性房地产——公允价值变动　　200 000
　　贷：公允价值变动损益　　200 000

3. 投资性房地产的处置

(1)采用成本模式计量的投资性房地产的处置。处置采用成本模式进行后续计量的投资性房地产时，应当按实际收到的金额，借记“银行存款”等科目，贷记“其他业务收入”科目；按该项投资性房地产的账面价值，借记“其他业务成本”科目，按其账面余额，贷记“投资性房地产”科目，按照已计提的折旧或摊销，借记“投资性房地产累计折旧(摊销)”科目，原已计提减值准备的，借记“投资性房地产减值准备”科目。

【例4—57】 甲公司将其出租的一栋写字楼确认为投资性房地产，采用成本模式计量。租赁期届满后，甲公司将该栋写字楼出售给乙公司，合同价款为3 000万元，乙公司已用银行存款付清。出售时，该栋写字楼的成本为2 800万元，已计提折旧300万元。假设不考虑相关税费。甲公司的账务处理如下：

借：银行存款　　30 000 000
　　贷：其他业务收入　　30 000 000
借：其他业务成本　　25 000 000
　　投资性房地产累计折旧　　3 000 000
　　贷：投资性房地产——写字楼　　28 000 000

(2)采用公允价值模式计量的投资性房地产的处置。处置采用公允价值模式计量的投资性房地产，应当按实际收到的金额，借记“银行存款”等科目，贷记“其他业务收入”科目；按该项投资性房地产的账面余额，借记“其他业务成本”科目，按其成本，贷记“投资性房地产——成本”科目，按其累计公允价值变动，贷记或借记“投资性房地产——公允价值变动”科目。按原计入该项投资性房地产的公允价值变动，借记或贷记“公允价值变动损益”科目，贷记或借记“其他业务收入”科目，如果存在原转换计入资本公积的金额，也一并结转。按该项投资性房地产在转换日计入资本公积的金额，借记“资本公积——其他资本公积”科目，贷记“其他业务收入”科目。

【例4—58】 甲公司为一家房地产开发企业，2014年3月10日，甲公司与乙公司签订了租赁协议，将其开发的一栋写字楼出租给乙公司使用，租赁期开始日为2014年4月15日。2014年4月15日，该写字楼的账面余额为450万元，公允价值为470万元。2014年12月31日，该项投资性房地产的公允价值为480万元。2015年6月租赁期届满，企业收回该项投资性房地产，并以550万元出售，出售款项已收讫。甲公司采用公允价值模式计量，不考虑相关税费。甲公司的账务处理如下：

(1)2014年4月15日，存货转换为投资性房地产：

借：投资性房地产——成本　　4 700 000
　　贷：开发产品　　4 500 000
　　　　资本公积——其他资本公积　　200 000

(2)2014年12月31日，公允价值变动：

借：投资性房地产——公允价值变动　　100 000
　　贷：公允价值变动损益　　100 000

(3)2015年6月，出售投资性房地产：

借：银行存款　　5 500 000

公允价值变动损益 100 000
资本公积——其他资本公积 200 000
其他业务成本 4 500 000
贷:投资性房地产——成本 4 700 000
——公允价值变动 100 000
其他业务收入 5 500 000

第九节 无形资产及其他资产

一、无形资产

(一)无形资产的概念和特征

无形资产是指企业拥有或者控制的、没有实物形态的、可辨认的资产。无形资产具有四个主要特征:

1. 由企业拥有或者控制并能为其带来未来经济利益的资源

通常情况下,企业拥有或者控制的无形资产应当拥有其所有权并且能够为企业带来未来经济利益。但在某些情况下并不需要企业拥有其所有权,如果企业有权获得某项无形资产产生的经济利益,同时又能约束其他人获得这些经济利益,则说明企业控制了该无形资产,或者说控制了该无形资产产生的经济利益,具体表现为企业拥有该无形资产的法定所有权或者使用权并受法律的保护。

2. 无形资产不具有实物形态

无形资产通常表现为某种权利、某项技术或是某种获取超额利润的综合能力。它们不具有实物形态,看不见、摸不着,比如土地使用权、非专利技术等。无形资产为企业带来经济利益的方式与固定资产不同,固定资产是通过实物价值的磨损和转移来为企业带来未来经济利益,而无形资产很大程度上是通过自身所具有的技术等优势为企业带来未来经济利益,不具有实物形态是无形资产区别于其他资产的特征之一。

需要指出的是,某些无形资产的存在有赖于实物载体。比如,计算机软件需要存储在介质中,但这并不改变无形资产本身不具有实物形态的特性。在确定一项包含无形和有形要素的资产是属于固定资产还是属于无形资产时,需要通过判断来加以确定,通常以哪个要素更重要作为判断的依据。例如,计算机控制的机械工具没有特定计算机软件就不能运行时,则说明该软件是构成相关硬件不可缺少的组成部分,该软件应作为固定资产处理;如果计算机软件不是相关硬件不可缺少的组成部分,则该软件应作为无形资产核算。无论是否存在实物载体,只要将一项资产归类为无形资产,则不具有实物形态仍然是无形资产的特征之一。

3. 无形资产具有可辨认性

要作为无形资产进行核算,该资产必须是能够区别于其他资产可单独辨认的,如企业持有的专利权、非专利技术、商标权、土地使用权、特许权等。符合以下条件之一的,则认为其具有可辨认性:

(1)能够从企业中分离或者划分出来,并能单独用于出售或转让等,而不需要同时处置在同一获利活动中的其他资产,则说明无形资产可以辨认。某些情况下无形资产可能需要与有关的合同一起用于出售、转让等，这种情况下也视为可辨认无形资产。

（2）产生于合同性权利或其他法定权利，无论这些权利是否可以从企业或其他权利和义务中转移或者分离。如一方通过与另一方签订特许权合同而获得的特许使用权，通过法律程序申请获得的商标权、专利权等。

如果企业有权获得一项无形资产产生的未来经济利益，并能约束其他方获取这些利益，则表明企业控制了该项无形资产。例如，对于会产生经济利益的技术知识，若其受到版权、贸易协议约束（如果允许）等法定权利或雇员保密法定职责的保护，那么说明该企业控制了相关利益。

4. 无形资产属于非货币性资产

非货币性资产，是指企业持有的货币资金和将以固定或可确定的金额收取的资产以外的其他资产。无形资产由于没有发达的交易市场，一般不容易转化成现金，在持有过程中为企业带来未来经济利益的情况不确定，不属于将以固定或可确定的金额收取的资产，属于非货币性资产。货币性资产主要有现金、银行存款、应收账款、应收票据和短期有价证券等，它们的共同特点是直接表现为固定的货币数额，或在将来收到一定货币数额的权利。应收款项等资产也没有实物形态，其与无形资产的区别在于，无形资产属于非货币性资产，而应收款项等资产则不属于非货币性资产。

（二）无形资产的构成

无形资产通常包括专利权、非专利技术、商标权、著作权、特许权、土地使用权等。

1. 专利权

专利权，是指国家专利主管机关依法授予发明创造专利申请人对其发明创造在法定期限内所享有的专有权利，包括发明专利权、实用新型专利权和外观设计专利权。发明，是指对产品、方法或者其改进所提出的新的技术方案。实用新型，是指对产品的形状、构造或者其结合所提出的适于实用的新的技术方案。外观设计，是指对产品的形状、图案或者其结合以及色彩与形状、图案的结合所作出的富有美感并适用于工业应用的新设计。发明专利权的期限为20年，实用新型专利权和外观设计专利权的期限为10年，均自申请之日起计算。

2. 非专利技术

非专利技术也称专有技术，是指不为外界所知的、在生产经营活动中已采用了的、不享有法律保护的、可以带来经济效益的各种技术和诀窍。非专利技术一般包括工业专有技术、商业贸易专有技术、管理专有技术等。工业专有技术，是指在生产上已经采用、仅限于少数人知道、不享有专利权或发明权的生产、装配、修理、工艺或加工方法的技术知识，可以用蓝图、配方、技术记录、操作方法的说明等具体资料表现出来，也可以通过卖方派出技术人员进行指导，或接受买方人员进行技术实习等手段实现。商业贸易专有技术，是指具有保密性质的市场情报、原材料价格情报以及用户与竞争对象情况的有关知识。管理专有技术，是指生产组织的经营方式、管理方法、培训职工方法等保密知识。非专利技术并不是专利法的保护对象，非专利技术用自我保密的方式来维持其独占性，具有经济性、机密性和动态性等特点。

3. 商标权

商标是用来辨认特定的商品或劳务的标记。商标权，是指专门在某类指定的商品或产品上使用特定的名称或图案的权利。经商标局核准注册的商标为注册商标，包括商品商标、服务商标和集体商标、证明商标；商标注册人享有商标专用权，受法律保护。集体商标，是指以团体、协会或者其他组织名义注册，供该组织成员在商事活动中使用，以表明使用者在该组织中的成员资格的标志。证明商标，是指由对某种商品或者服务具有监督能力的组织所控制，而由该组织以外的单位或者个人用于其商品或者服务，用以证明该商品或者服务的原产地、原料、制造方法、质量或者其他特定品质的标志。注册商标的有效期为10年，自核准注册之日起计算。注册商标有效期满、需要继续使用的，应当在期满前6个月内申请续展注册；在此期间未能提出申请的，可以给予6个月的宽展期。宽展期满仍未提出申请的，注销其注册商标。每次续展注册的有效期为10年。

4. 著作权

著作权又称版权，是指作者对其创作的文学、科学和艺术作品依法享有的某些特殊权利。著作权包括作品署名权、发表权、修改权和保护作品完整权，还包括复制权、发行权、出租权、展览权、表演权、放映权、广播权、信息网络传播权、摄制权、改编权、翻译权、汇编权以及应当由著作权人享有的其他权利。著作权人包括作者和其他依法享有著作权的公民、法人或者其他组织。著作权属于作者，创作作品的公民是作者。由法人或者其他组织主持、代表法人或者其他组织意志创作，并由法人或者其他组织承担责任的作品，法人或者其他组织视为作者。作者的署名权、修改权、保护作品完整权的保护期不受限制。公民的作品，其发表权、复制权、发行权、出租权、展览权、表演权、放映权、广播权、信息网络传播权、摄制权、改编权、翻译权、汇编权以及应当由著作权人享有的其他权利的保护期，为作者终生及其死亡后50年，截止于作者死亡后第50年的12月31日；如果是合作作品，截止于最后死亡的作者死亡后第50年的12月31日。

5. 特许权

特许权又称经营特许权、专营权，是指企业在某一地区经营或销售某种特定商品的权利，或是一家企业接受另一家企业使用其商标、商号、技术秘密等的权利。通常有两种形式：一种是由政府机构授权，准许企业使用或在一定地区享有经营某种业务的特权，如水、电、邮电通信等专营权，烟草专卖权等；另一种是企业间依照签订的合同，有限期或无限期使用另一家企业的某些权利，如连锁店分店使用总店的名称等。特许权业务涉及特许权受让人和转让人两个方面。通常在特许权转让合同中规定了特许权转让的期限、转让人与受让人的权利和义务。转让人一般要向受让人提供商标、商号等使用权，传授专有技术，并负责培训营业人员，提供经营所必需的设备和特殊原料。受让人则需要向转让人支付取得特许权的费用，开业后则按营业收入的一定比例或其他计算方法支付享用特许权费用。此外，还要为转让人保守商业秘密。

6. 土地使用权

土地使用权，是指国家准许某企业在一定期间内对国有土地享有开发、利用、经营的权利。根据我国《土地管理法》的规定，我国土地实行公有制，任何单位和个人不得侵占、买卖或者以其他形式非法转让。企业取得土地使用权的方式大致有行政划拨取得、外购取得(例如以缴纳土地出让金方式取得)及投资者投资取得几种。通常情况下，作为投资性房地产或者作为固定资产的土地，按照投资性房地产或者固定资产核算；以缴纳土地出让金等方式外购的土地使用权、以投资者投入等方式取得的土地使用权，按照无形资产核算。

(三)无形资产的核算

为了核算无形资产的取得、摊销和处置等情况，企业应当设置“无形资产”、“累计摊销”等科目。

“无形资产”科目核算企业持有的无形资产成本，借方登记取得无形资产的成本，贷方登记出售无形资产转出的无形资产账面余额，期末借方余额，反映企业无形资产的成本。该科目应按无形资产项目设置明细账进行明细核算。

“累计摊销”科目属于“无形资产”的调整科目，核算企业对使用寿命有限的无形资产计提的累计摊销，贷方登记企业计提的无形资产摊销，借方登记处置无形资产转出的累计摊销，期末贷方余额，反映企业无形资产的累计摊销额。

此外，企业无形资产发生减值的，还应当设置“无形资产减值准备”科目进行核算。

1. 无形资产的取得

无形资产应当按照成本进行初始计量。企业取得无形资产的主要方式有外购、自行研究开发等。取得的方式不同，其会计处理也有所差别。

(1)外购无形资产。外购无形资产的成本包括购买价款、相关税费以及直接归属于使该项资产达到预定用途所发生的其他支出。

【例 4—59】 甲公司购入一项非专利技术，支付的买价和有关费用合计30 000元，以银行存款支付。甲公司应作如下会计处理：

借：无形资产　　30 000

　贷：银行存款　　30 000

(2)自行研究开发无形资产。企业内部研究开发项目所发生的支出应区分研究阶段支出和开发阶段支出。企业自行开发无形资产发生的研发支出，不满足资本化条件的，借记“研发支出——费用化支出”科目，满足资本化条件的，借记“研发支出——资本化支出”科目，贷记“原材料”、“银行存款”、“应付职工薪酬”等科目。研究开发项目达到预定用途形成无形资产的，应按“研发支出——资本化支出”科目的余额，借记“无形资产”科目，贷记“研发支出——资本化支出”科目。期末，应将“研发支出——费用化支出”科目归集的金额转入“管理费用”科目，借记“管理费用”科目，贷记“研发支出——费用化支出”科目。

【例 4—60】 乙公司自行研究开发一项技术，截至 2014 年 12 月 31 日，发生研发支出合计100 000元，用银行存款支付。经测试该项研发活动完成了研究阶段，从 2015 年 1 月 1 日开始进入开发阶段，2015 年发生开发支出20 000元。2015 年 5 月 31 日，该项研发活动结束，最终开发出一项非专利技术。乙公司应作如下会计处理：

(1)2014 年发生的研发支出：

借：研发支出——费用化支出　　100 000

　贷：银行存款　　100 000

(2)2014 年 12 月 31 日，发生的研发支出全部属于研究阶段的支出：

借：管理费用　　100 000

　贷：研发支出——费用化支出　　100 000

(3)2015 年发生开发支出并满足资本化确认条件：

借：研发支出——资本化支出　　20 000

　贷：银行存款　　20 000

(4)2015 年 5 月 31 日，该技术研发完成并形成无形资产：

借：无形资产　　20 000

　贷：研发支出——资本化支出　　20 000

2. 无形资产的摊销

企业应当于取得无形资产时分析判断其使用寿命。使用寿命有限的无形资产应进行摊销，使用寿命不确定的无形资产不应摊销。使用寿命有限的无形资产，其残值应当视为零。

当月增加的无形资产，当月开始摊销；当月减少的无形资产，当月不再摊销。

无形资产摊销方法包括直线法、生产总量法等。企业选择的无形资产的摊销方法，应当反映与该项无形资产有关的经济利益的预期实现方式。无法可靠确定预期实现方式的，应当采用直线法摊销。

企业应当按月对无形资产进行摊销。无形资产的摊销额一般应当计入当期损益。企业自用的无形资产，其摊销金额计入管理费用；出租的无形资产，其摊销金额计入其他业务成本；某项无形资产包含的经济利益通过所生产的产品或其他资产实现的，其摊销金额应当计入相关资产成本。

【例 4－61】 丙公司购买了一项特许权，成本为 240 000 元，合同规定受益年限为 10 年，丙公司每月应摊销 2 000 元(240 000÷10÷12)。每月摊销时，丙公司应作如下会计处理：

借：管理费用	2 000	
贷：累计摊销		2 000

【例 4－62】 2015 年 1 月 1 日，甲公司将其自行开发完成的非专利技术出租给丁公司，该非专利技术成本为120 000元，双方约定的租赁期限为 10 年，甲公司每月应摊销 1 000 元(120 000÷10÷12)。每月摊销时，甲公司应作如下会计处理：

借：其他业务成本	1 000	
贷：累计摊销		1 000

3. 无形资产的处置

无形资产的处置，主要是指无形资产出售、对外出租、对外捐赠，或者是无法为企业带来未来经济利益时，应予终止确认并转销。

企业处置无形资产，应当将取得的价款扣除该无形资产账面价值以及出售相关税费后的差额计入营业外收入或营业外支出。

出售无形资产时，应按实际收到的金额，借记“银行存款”等科目，按已计提的累计摊销，借记“累计摊销”科目，原已计提减值准备的，借记“无形资产减值准备”科目，按应支付的相关税费，贷记“应交税费”等科目，按其账面余额，贷记“无形资产”科目，按其差额，贷记“营业外收入——非流动资产处置利得”科目或借记“营业外支出——非流动资产处置损失”科目。

【例 4－63】 2014 年 1 月 1 日，乙公司拥有某项专利技术的成本为 100 000 元，已摊销金额为50 000 元，已计提的减值准备为 20 000 元。该公司于 2014 年将该项专利技术对外转让，取得出售收入 40 000 元，应交纳的营业税等相关税费为 2 400 元。乙公司的账务处理为：

借：银行存款	40 000	
累计摊销	50 000	
无形资产减值准备	20 000	
贷：无形资产		100 000
应交税费——应交营业税		2 400
营业外收入——非流动资产处置利得		7 600

出租无形资产时，应按照取得的租金收入，借记“银行存款”等科目，贷记“其他业务收入”等科目；摊销出租无形资产的成本并发生与转让有关的各种费用支出时，借记“其他业务成本”科目，贷记“累计摊销”科目。

【例 4－64】 2014 年 1 月 1 日，丙公司将一项专利技术对外出租给丁公司使用，出租合同规定，丁公司每年支付租金 100 000 元，应交纳的营业税金为 5 000 元，丙公司每年摊销该专利技术 60 000 元。则丙公司的账务处理如下：

(1)取得该项专利技术使用费时：

借：银行存款　　100 000

　　贷：其他业务收入　　100 000

(2)按年对该项专利技术进行摊销并计算应交纳的营业税：

借：其他业务成本　　60 000

　　贷：累计摊销　　60 000

借：营业税金及附加　　5 000

　　贷：应交税费——应交营业税　　5 000

4. 无形资产的减值

无形资产可收回金额低于账面价值的，企业应当将该无形资产的账面价值减记至可收回金额，减记的金额确认为减值损失，计入当期损益，同时计提相应的资产减值准备，按应减记的金额，借记"资产减值损失——计提的无形资产减值准备"科目，贷记"无形资产减值准备"科目。无形资产减值损失一经确认，在以后会计期间不得转回。

【例 4—65】 2014 年 12 月 31 日，甲公司外购某专利技术的账面价值为 80 000 元，剩余摊销年限为 4 年，经减值测试，该专利技术的可收回金额为 70 000 元。则甲公司的账务处理如下：

借：资产减值损失——计提的无形资产减值准备　　10 000

　　贷：无形资产减值准备　　10 000

二、其他资产

其他资产是指除货币资金、交易性金融资产、应收及预付款项、存货、长期股权投资、固定资产、无形资产等以外的资产，主要包括长期性质的待摊费用和其他长期资产，如长期待摊费用等。

长期待摊费用是指企业已经支出，但摊销期限在 1 年以上(不含 1 年)的各项费用，包括开办费、租入固定资产的改良支出以及摊销期在 1 年以上的固定资产大修理支出、股票发行费用等。

企业发生的长期待摊费用，借记"长期待摊费用"科目，贷记"银行存款"、"原材料"等科目。摊销长期待摊费用时，借记"管理费用"、"销售费用"等科目，贷记"长期待摊费用"科目。"长期待摊费用"科目期末借方余额，反映企业尚未摊销完毕的长期待摊费用的摊余价值。

【例 4—66】 甲公司在筹建期间发生开办费 48 000 元，其中应付相关人员的工资 20 000 元，以银行存款支付其他各项开办费 28 000 元。假定以上费用合并一次作分录，分录如下：

借：长期待摊费用——开办费　　48 000

　　贷：应付职工薪酬　　20 000

　　　　银行存款　　28 000

【例 4—67】 承【例 4—66】，甲公司本月正式投入生产经营，一次摊销上述开办费 48 000 元，分录如下：

借：管理费用　　48 000

　　贷：长期待摊费用——开办费　　48 000

本章小结

1. 资产的概念。资产是指企业过去交易或事项形成的、由企业拥有或控制的、预期会给企业带来经济利益的资源。

2. 库存现金的概念。库存现金是指存放于企业财务部门、由出纳人员经管的货币。

3. 库存现金的核算。为了反映企业库存现金的收入、支出和结存情况,企业应当设置“库存现金”科目,该科目借方登记现金的增加数,贷方登记现金的减少数,期末余额在借方,反映企业实际持有的库存现金的金额。

4. 银行存款的概念。银行存款是指企业存放在银行和其他金融机构的货币资金。

5. 银行存款的核算。为了反映企业银行存款的收入、支出和结存情况,企业应当设置“银行存款”科目,该科目借方登记银行存款的增加数,贷方登记银行存款的减少数,期末余额在借方,反映企业实际持有的银行存款金额。

6. 其他货币资金的概念。其他货币资金是指企业除库存现金、银行存款以外的各种货币资金。

7. 其他货币资金的核算。为了反映和监督其他货币资金的收支和结存情况,企业应当设置“其他货币资金”科目,该科目借方登记其他货币资金的增加数,贷方登记其他货币资金的减少数,期末余额在借方,反映企业实际持有的其他货币资金。

8. 交易性金融资产的概念。交易性金融资产是指企业为了近期内出售而持有的金融资产。

9. 交易性金融资产的核算。为了核算交易性金融资产各项业务,企业应当设置“交易性金融资产”、“公允价值变动损益”、“投资收益”等科目。

“交易性金融资产”科目核算企业为交易目的所持有的债券投资、股票投资、基金投资等交易性金融资产的公允价值。该科目的借方登记交易性金融资产的取得成本、资产负债表日其公允价值高于账面余额的差额等;贷方登记资产负债表日其公允价值低于账面余额的差额,以及企业出售交易性金融资产时结转的成本和公允价值变动。

“公允价值变动损益”科目核算企业交易性金融资产等公允价值变动而形成的应计入当期损益的利得或损失。该科目借方登记资产负债表日企业持有的交易性金融资产等的公允价值低于账面余额的差额;贷方登记资产负债表日企业持有的交易性金融资产等的公允价值高于账面余额的差额。

10. 应收票据的概念。应收票据是指企业因销售商品、提供劳务等而收到的商业汇票。

11. 应收票据的核算。为了反映和监督应收票据取得、票款收回等经济业务,企业应当设置“应收票据”科目,该科目借方登记取得的应收票据的面值,贷方登记到期收回票款或到期前向银行贴现的应收票据的票面余额,期末余额在借方,反映企业持有的商业汇票的票面金额。

12. 应收账款的概念。应收账款是指企业因销售商品、提供劳务等经营活动应向购货单位或接受劳务单位收取的款项。

13. 应收账款的核算。为了反映和监督应收账款的增减变动及其结存情况,企业应设置“应收账款”科目,该科目借方登记应收账款的增加数,贷方登记应收账款的收回数及确认的坏账损失。期末余额一般在借方,反映企业尚未收回的应收账款;如果期末余额在贷方,则反映企业预收的账款。

14. 预付账款的概念。预付账款是指企业按照购货合同规定预付给供应单位的款项。

15. 预付账款的核算。为了反映和监督预付账款的增减变动及其结存情况，企业应当设置“预付账款”科目，该科目借方登记预付的款项及补付的款项，贷方登记收到所购物资时根据有关发票账单记入“原材料”等科目的金额及收回多付款项的金额。期末余额在借方，反映企业实际预付的款项；期末余额在贷方，则反映企业尚未预付的款项。

16. 应收款项减值的核算。企业应当设置“坏账准备”科目，核算应收款项的坏账准备计提、转销等情况。企业当期计提的坏账准备应当计入资产减值损失。“坏账准备”科目的贷方登记当期计提的坏账准备金额，借方登记实际发生的坏账损失金额和冲减的坏账准备金额，期末余额一般在贷方，反映企业已计提但尚未转销的坏账准备。

17. 存货的概念。存货是指企业在日常活动中持有以备出售的产成品或商品、处在生产过程中的在产品、在生产过程或提供劳务过程中耗用的材料和物料等。

18. 存货的种类。存货包括各类原材料、在产品、半成品、产成品、商品以及包装物、低值易耗品、委托代销商品等。

19. 发出存货的计价方法。企业在确定发出存货的成本时，可以采用先进先出法、月末一次加权平均法、移动加权平均法和个别计价法等方法。

20. 原材料的概念。原材料是指企业在生产过程中经过加工改变其形态或性质并构成产品主要实体的各种原料、主要材料和外购半成品，以及不构成产品实体但有助于产品形成的辅助材料。

21. 原材料采用实际成本核算。“原材料”科目用于核算库存各种材料的收发与结存情况。在原材料按实际成本核算时，该科目的借方登记入库材料的实际成本，贷方登记发出材料的实际成本，期末余额在借方，反映企业库存材料的实际成本。

“在途物资”科目用于企业采用实际成本（进价）核算材料或商品等物资的日常情况、货款已付但尚未验收入库的各种物资（即在途物资）的采购成本。该科目的借方登记企业购入的在途物资的实际成本，贷方登记验收入库的在途物资的实际成本，期末余额在借方，反映企业在途物资的采购成本。

22. 原材料采用计划成本核算。企业需要增设“材料采购”和“材料成本差异”科目，而不必设置原材料按实际成本核算时反映在途物资的“在途物资”科目。

一是“材料采购”科目。本科目借方登记采购材料的实际成本，贷方登记入库材料的计划成本。借方大于贷方表示超支，从本科目贷方转入“材料成本差异”科目的借方；贷方大于借方表示节约，从本科目借方转入“材料成本差异”科目的贷方；期末为借方余额，反映企业在途材料的采购成本。

二是“材料成本差异”科目。本科目反映企业已入库各种材料的实际成本与计划成本的差异，借方登记超支差异及发出材料应负担的节约差异，贷方登记节约差异及发出材料应负担的超支差异。期末如为借方余额，反映企业库存材料的实际成本大于计划成本的差异（即超支差异）；如为贷方余额，反映企业库存材料的实际成本小于计划成本的差异（即节约差异）。

23. 库存商品的概念。库存商品是指企业已完成全部生产过程并已验收入库、合乎标准规格和技术条件，可以按照合同规定的条件送交订货单位或可以作为商品对外销售的产品，以及外购或委托加工完成并验收入库用于销售的各种商品。

24. 库存商品的核算。为了反映和监督库存商品的增减变动及其结存情况，企业应当设置“库存商品”科目，该科目借方登记验收入库的库存商品成本，贷方登记发出的库存商品成本，期末余额在借方，反映各种库存商品的实际成本或计划成本。

25. 持有至到期投资的概念。持有至到期投资是指到期日固定、回收金额固定或可确定，且企业有明确意图和能力持有至到期的非衍生金融资产。

26. 持有至到期投资的核算。为了反映和监督持有至到期投资的取得、收取利息、出售等情况，企业应当设置“持有至到期投资”科目来核算企业持有至到期投资的摊余成本。该科目借方登记持有至到期投资的取得成本，分次付息、到期还本债券投资在资产负债表日按照票面利率计算确定的应收未收利息等，贷方登记企业出售持有至到期投资时结转的成本等。

27. 长期股权投资的概念。长期股权投资包括企业持有的对其子公司、合营企业及联营企业的权益性投资，以及企业持有的对被投资单位不具有控制、共同控制或重大影响，且在活跃市场中没有报价、公允价值不能可靠计量的权益性投资。

28. 长期股权投资的核算。“长期股权投资”科目核算企业持有的采用成本法和权益法核算的长期股权投资，借方登记长期股权投资取得时的成本以及采用权益法核算时按被投资单位实现的净利润计算的应分享的份额，贷方登记收回长期股权投资的价值或采用权益法核算时当被投资单位宣告分派现金股利或利润时企业按持股比例计算应享有的份额，以及按被投资单位发生的净亏损计算的应分担的份额，期末借方余额，反映企业持有的长期股权投资的价值。

29. 可供出售金融资产的概念。可供出售金融资产，是指初始确认时即被指定为可供出售的非衍生金融资产，以及没有被划分为持有至到期投资、贷款和应收款项、以公允价值计量且其变动计入当期损益的金融资产的金融资产。

30. 可供出售金融资产的核算。“可供出售金融资产”科目核算企业持有的可供出售金融资产的公允价值，该科目借方登记可供出售金融资产的取得成本、资产负债表日其公允价值高于账面余额的差额、企业出售可供出售金融资产转回的减值损失等，贷方登记资产负债表日其公允价值低于账面余额的差额、可供出售金融资产的减值损失、出售可供出售金融资产时结转的成本和公允价值变动，期末余额反映企业持有的可供出售金融资产的公允价值。

31. 固定资产的概念。固定资产是指同时具有下列特征的有形资产：(1)为生产商品、提供劳务、出租或经营管理而持有的；(2)使用寿命超过一个会计年度。

32. 固定资产的核算。为了核算固定资产，企业一般需要设置“固定资产”、“累计折旧”、“在建工程”、“工程物资”、“固定资产清理”等科目，核算固定资产取得、计提折旧、处置等情况。

“固定资产”科目核算企业固定资产的原价，该科目借方登记企业增加的固定资产原价，贷方登记企业减少的固定资产原价，期末借方余额，反映企业期末固定资产的账面原价。

“累计折旧”科目属于“固定资产”的调整科目，该科目核算企业固定资产的累计折旧，贷方登记企业计提的固定资产折旧，借方登记处置固定资产转出的累计折旧，期末贷方余额，反映企业固定资产的累计折旧额。

“在建工程”科目核算企业基建、更新改造等在建工程发生的支出，该科目借方登记企业各项在建工程的实际支出，贷方登记完工工程转出的成本，期末借方余额，反映企业尚未达到预定可使用状态的在建工程的成本。

“工程物资”科目核算企业为在建工程而准备的各种物资的实际成本，该科目借方登记企业购入工程物资的成本，贷方登记领用工程物资的成本，期末借方余额，反映企业为在建工程准备的各种物资的成本。

“固定资产清理”科目核算企业因出售、报废、毁损、对外投资、非货币性资产交换、债务重组等原因转出的固定资产价值以及在清理过程中发生的费用等，该科目借方登记转出的固定资产价值、清理过程中应支付的相关税费及其他费用，贷方登记固定资产清理完成的处理，期末借方余额，反映企业尚未清理完毕固定资产清理净损失。

33. 固定资产折旧。折旧是指在固定资产的使用寿命内，按照确定的方法对应计折旧额进行的系统分摊。

固定资产可选用的折旧方法包括年限平均法、工作量法、双倍余额递减法和年数总和法等。固定资产的折旧方法一经确定，不得随意变更。

34. 投资性房地产的概念。投资性房地产是指为赚取租金或资本增值，或者两者兼有而持有的房地产。

35. 投资性房地产的核算。为了反映和监督投资性房地产的取得、后续计量和处置等情况，企业应当设置“投资性房地产”、“投资性房地产累计折旧(摊销)”、“公允价值变动损益”、“其他业务收入”、“其他业务成本”等科目进行核算。投资性房地产作为企业主营业务的，应当设置“主营业务收入”和“主营业务成本”科目核算相关的损益。

“投资性房地产”科目核算企业采用成本模式计量的投资性房地产成本或采用公允价值模式计量的投资性房地产公允价值。该科目借方登记企业投资性房地产的取得成本、资产负债表日其公允价值高于账面余额的差额等，贷方登记资产负债表日其公允价值低于账面余额的差额、处置投资性房地产时结转的成本和公允价值变动等。

36. 无形资产的概念。无形资产是指企业拥有或者控制的、没有实物形态的、可辨认的资产。

37. 无形资产的核算。为了核算无形资产的取得、摊销和处置等情况，企业应当设置“无形资产”、“累计摊销”等科目。

“无形资产”科目核算企业持有的无形资产成本，借方登记取得无形资产的成本，贷方登记出售无形资产转出的无形资产账面余额，期末借方余额，反映企业无形资产的成本。

“累计摊销”科目属于“无形资产”的调整科目，核算企业对使用寿命有限的无形资产计提的累计摊销，贷方登记企业计提的无形资产摊销，借方登记处置无形资产转出的累计摊销，期末贷方余额，反映企业无形资产的累计摊销额。

38. 其他资产的概念。其他资产是指除货币资金、交易性金融资产、应收及预付款项、存货、长期股权投资、固定资产、无形资产等以外的资产。

第五章　负　债

【学习目标】

(1)了解负债的概念和特征；

(2)了解短期借款、应付账款、应付票据、应付利息、预收账款、应付职工薪酬、应交税费、应付股利、其他应付款、长期借款、应付债券、长期应付款的概念；

(3)掌握短期借款、应付账款、应付票据、应付利息、预收账款、应付职工薪酬、应交税费、应付股利、其他应付款、长期借款、应付债券、长期应付款的核算。

负债是指企业过去的交易或事项形成的、预期导致经济利益流出企业的现时义务。通常具有以下几个特征：

第一，负债是企业过去交易或事项产生的。也就是说，导致负债的交易或事项必须已经发生，例如企业向供应商购买货物会产生应付款(已经付款或是在交货时支付的款项除外)、从银行借入款项则会产生还款的义务等。企业正在筹划的未来交易或事项，如借款计划等，并不会产生负债。

第二，负债是企业承担的现时义务，一般是由具有约束力的合同或因法定要求等而产生的。所谓现时义务，是指企业在现行条件下已承担的义务。未来发生的交易或事项形成的义务不属于现时义务，因此也不属于负债。

第三，负债的发生往往伴随着资产或劳务的取得，或者费用或损失的发生；负债的清偿预期会导致经济利益流出企业，通常需要在未来某一特定时间用资产或劳务来偿付。

负债按流动性分类，可分为流动负债和非流动负债。以“一年或超过一年的一个营业周期”作为流动负债和长期负债的界限标准。流动负债是指企业将在一年或者超过一年的一个营业周期内偿付的债务，具体包括短期借款、应付票据、应付账款、应付利息、预收账款、应付职工薪酬、应交税费、应付股利、其他应付款等。长期负债是指偿付期在一年或者超过一年的一个营业周期以上的债务，包括企业的长期借款、应付债券、长期应付款等。

第一节 短期借款

一、短期借款概述

短期借款是指企业向银行或其他金融机构等借入的期限在一年以内(含一年)的各种借款。短期借款一般是企业为维持正常的生产经营所需的资金而借入的或者为抵偿某项债务而借入的款项。无论借入款项的来源如何,企业均需要向债权人按期偿还借款的本金及利息。

二、短期借款的核算

企业应通过“短期借款”科目核算短期借款的取得及偿还情况,该科目贷方登记取得借款的本金数额,借方登记偿还借款的本金数额,期末余额在贷方,表示尚未偿还的短期借款。该科目可按借款种类、贷款人和币种进行明细核算。企业从银行或其他金融机构取得短期借款时,借记“银行存款”科目,贷记“短期借款”科目。

在实际工作中,银行一般于每季度末收取短期借款利息,为此,企业的短期借款利息一般采用月末预提的方式进行核算。短期借款利息属于筹资费用,应记入“财务费用”科目。企业应当在资产负债表日按照计算确定的短期借款利息费用,借记“财务费用”科目,贷记“应付利息”科目;实际支付利息时,根据已预提的利息,借记“应付利息”科目,根据应计利息,借记“财务费用”科目,根据应付利息总额,贷记“银行存款”科目。

企业短期借款到期偿还本金时,借记“短期借款”科目,贷记“银行存款”科目。

本节主要分析短期借款利息的处理、短期借款取得和偿还的会计处理。

【例5－1】 甲公司于2014年1月1日向银行借入800 000元,期限9个月,年利率4.5%,该借款的利息分月预提,按季支付,本金到期归还。甲公司的有关会计处理如下:

(1)1月1日借入款项时:

借:银行存款　　800 000

　　贷:短期借款　　800 000

(2)1月末预提当月利息时:

借:财务费用　　3 000(800 000×4.5%÷12)

　　贷:应付利息　　3 000

短期借款利息属于企业的筹资费用,应记入“财务费用”科目。

2月末预提当月利息的处理相同。

(3)3月末支付本季度应付利息时:

借:财务费用　　3 000

　　应付利息　　6 000

　　贷:银行存款　　9 000

第二季度、第三季度的会计处理同上。

(4)10月1日偿还借款本金时:

借:短期借款　　800 000

　　贷:银行存款　　800 000

第二节　应付及预收款项

一、应付账款

应付账款是指因购买材料、商品或接受劳务供应等而发生的债务。这是买卖双方在购销活动中由于取得物资与支付货款在时间上不一致而产生的负债。企业的其他应付账款，如应付赔偿款、应付租金、存入保证金等，不属于应付账款的核算内容。应付账款一般应在与所购买物资所有权相关的主要风险和报酬已经转移，或者所购买的劳务已经接受时确认。

企业应通过“应付账款”科目核算应付账款的发生、偿还、转销等情况，该科目贷方登记企业购买材料、商品或接受劳务等而发生的应付账款，借方登记偿还的应付账款，或开出商业汇票抵付应付账款的款项，或已冲销的无法支付的应付账款，期末余额一般在贷方，表示企业尚未支付的应付账款余额。该科目一般应按照债权人设置明细科目进行明细核算。

(一)发生应付账款

企业购入材料、商品或接受劳务所产生的应付账款，应按应付金额入账。购入材料、商品等验收入库，但货款尚未支付，应根据有关凭证借记“原材料”、“库存商品”等科目，按可抵扣的增值税进项税额，借记“应交税费——应交增值税(进项税额)”科目，按应付的价款，贷记“应付账款”科目。

【例5—2】　2014年3月1日，甲公司购入一批材料，货款10 000元，增值税1 700元，对方代垫运杂费200元。材料已运到并验收入库，款项尚未支付。甲公司的有关会计分录如下：

借：原材料　　10 200

　　应交税费——应交增值税(进项税额)　　1 700

　贷：应付账款　　11 900

(二)偿还应付账款

企业偿还应付账款或开出商业汇票抵付应付账款时，借记“应付账款”科目，贷记“银行存款”、“应付票据”等科目。

【例5—3】　承【例5—2】，3月31日，甲公司用银行存款支付上述应付账款。甲公司的有关会计分录如下：

借：应付账款　　11 900

　贷：银行存款　　11 900

(三)转销应付账款

应付账款一般在较短期限内支付，但有时应付账款由于债权单位撤销或其他原因而无法支付，企业应将确实无法支付的应付账款予以转销，按其账面余额计入营业外收入，借记“应付账款”科目，贷记“营业外收入”科目。

【例5—4】　2014年12月31日，丙公司确定一笔应付账款50 000元为无法支付的款项，应予转销。丙公司的有关会计分录如下：

借：应付账款　　50 000

　贷：营业外收入　　50 000

二、应付票据

应付票据是指企业因购买材料、商品或接受劳务供应等而开出、承兑的商业汇票，包括商业承兑汇票和银行承兑汇票。

企业应通过"应付票据"科目核算应付票据的发生、偿付等情况，该科目贷方登记开出、承兑汇票的面值及带息票据的预提利息，借方登记支付票据的金额，期末余额在贷方，表示企业尚未到期的商业汇票的票面金额。

企业应当设置"应付票据备查簿"，详细登记商业汇票的种类、号数和出票日期、到期日、票面金额、交易合同号、收款人姓名或单位名称以及付款日期和金额等资料。应付票据到期结清时，应当在备查簿内予以注销。

我国商业汇票的付款期限不超过6个月，因此，企业应将应付票据作为流动负债管理和核算。同时，由于应付票据的偿付时间较短，一般按照开出、承兑的应付票据的面值入账。

(一)发生应付票据

企业因购买材料、商品或接受劳务供应等而开出、承兑的商业汇票，应当按其票面金额作为应付票据的入账金额，借记"原材料"、"库存商品"、"应交税费——应交增值税(进项税额)"等科目，贷记"应付票据"科目。

【例5—5】 甲公司于2014年2月1日开出一张面值为58 500元、期限5个月的商业汇票，用于采购一批材料。增值税专用发票上注明的材料价款为50 000元，增值税额为8 500元。则甲公司的有关会计分录如下：

借：原材料	50 000	
应交税费——应交增值税(进项税额)	8 500	
贷：应付票据		58 500

(二)偿还应付票据

应付票据到期支付票款时，应按账面余额予以结转，借记"应付票据"科目，贷记"银行存款"科目。

【例5—6】 承【例5—5】，2014年7月1日，甲公司于2月1日开出的商业汇票到期。甲公司通知其开户银行以银行存款支付票款。甲公司的有关会计分录如下：

借：应付票据	58 500	
贷：银行存款		58 500

(三)转销应付票据

应付商业承兑汇票到期，如企业无力支付票款，应将应付票据按票面金额转作应付账款，借记"应付票据"科目，贷记"应付账款"科目。应付银行承兑汇票到期时，如企业无力支付票款，应将应付票据的票面金额转作短期借款，借记"应付票据"科目，贷记"短期借款"科目。

【例5—7】 承【例5—5】，假设上述商业汇票为银行承兑汇票，该汇票到期时甲公司无力支付票款。甲公司的有关会计分录如下：

借：应付票据	58 500	
贷：短期借款		58 500

三、应付利息

应付利息是指企业按照合同约定应支付的利息，包括吸收存款，分期付息、到期还本的长期借款，企业债券等应支付的利息。

企业应通过“应付利息”科目核算应付利息的发生、支付情况，该科目贷方登记按照合同约定计算的应付利息，借方登记实际支付的利息，期末贷方余额，反映企业应付未付的利息。该科目一般应按照债权人设置明细科目进行明细核算。

企业采用合同约定的利率计算确定利息费用时，按应付合同利息金额，借记“在建工程”、“财务费用”、“研发支出”等科目，贷记“应付利息”科目；实际支付利息时，借记“应付利息”科目，贷记“银行存款”等科目。

【例 5—8】 甲公司借入 5 年期到期还本、每年付息的长期借款 1 000 000 元，合同约定利率为 6%。甲公司的有关会计分录如下：

(1)每年计算确定利息费用：

借：财务费用　　60 000

　　贷：应付利息　　60 000

(2)每年实际支付利息：

借：应付利息　　60 000

　　贷：银行存款　　60 000

四、预收账款

预收账款是指企业按照合同规定或交易双方的约定，而向购买单位或接受劳务的单位在未发出商品或提供劳务时预收的款项。与应付账款不同，预收账款所形成的负债不是以货币偿付，而是以货物偿付。

企业应通过“预收账款”科目核算预收账款的取得、偿付等情况，该科目贷方登记发生的预收账款的数额和购货单位补付账款的数额，借方登记企业向购货方发货后冲销的预收账款的数额和退回购货方多付账款的数额。余额一般在贷方，反映企业向购货单位预收款项但尚未向购货方发货的数额；如为借方余额，反映企业尚未转销的款项。该科目应当按照购货单位设置明细科目进行明细核算。

企业向购货单位预收款项时，借记“银行存款”科目，贷记“预收账款”科目；销售实现时，按照实现的收入和应交的增值税销项税额，借记“预收账款”科目，按照实现的营业收入，贷记“主营业务收入”科目，按照增值税专用发票上注明的增值税额，贷记“应交税费——应交增值税(销项税额)”等科目；企业收到购货单位补付的款项时，借记“银行存款”科目，贷记“预收账款”科目；向购货单位退回其多付的款项时，借记“预收账款”科目，贷记“银行存款”科目。

【例 5—9】 甲公司于 2014 年 3 月 1 日与乙公司签订供货合同，向其出售一批商品，货款金额共计 200 000 元，应交纳增值税 34 000 元。根据购货合同规定，乙公司在购货合同签订后应当向甲公司预付货款 160 000 元，剩余货款在交货后付清。2014 年 6 月 1 日，甲公司收到乙公司交来的预付款 160 000 元，并存入银行；6 月 10 日，甲公司将货物发到乙公司并开出增值税发票，乙公司验收合格后付清了剩余货款。甲公司的有关会计处理如下：

(1)6 月 1 日收到乙公司交来的预付款 160 000 元时：

借：银行存款　　160 000

　　贷：预收账款　　160 000

(2)6 月 10 日甲公司发货后收到乙公司剩余货款时：

借：预收账款　　234 000

贷：主营业务收入　　200 000
　　应交税费——应交增值税（销项税额）　　34 000
借：银行存款　　74 000（234 000－160 000）
　　贷：预收账款　　74 000

本例中，假如甲公司只能向乙企业供货100 000元，则甲公司应退回预收账款43 000元，有关会计分录如下：

借：预收账款　　160 000
　　贷：主营业务收入　　100 000
　　　　应交税费——应交增值税（销项税额）　　17 000
　　　　银行存款　　43 000

预收款项业务不多的企业可以将预收款项直接记入“应收账款”的贷方，不单独设置本科目。在使用本科目时，要注意与“应收账款”科目的关系。预收账款与应收账款的共同点是两者都是企业因销售商品、产品或提供劳务等应向购物单位或接受劳务单位收取的款项，不同点是预收账款收款在先、出货或提供劳务在后，而应收账款出货或提供劳务在先、收款在后，预收账款是负债性质，应收账款是债权类资产性质。

第三节　应付职工薪酬

一、应付职工薪酬的内容

应付职工薪酬是企业为获得职工提供的服务而给予各种形式的报酬以及其他相关支出，包括职工工资、奖金、津贴和补贴，职工福利费，医疗、养老、失业、工伤、生育等社会保险费，住房公积金，工会经费，职工教育经费，非货币性福利，因解除与职工的劳动关系给予的补偿，其他与获得职工提供的服务相关的支出。

具体而言，职工薪酬主要包括以下几方面的内容：

（1）职工工资、奖金、津贴和补贴，是指按照国家统计局《关于职工工资总额组成的规定》，构成工资总额的计时工资、计件工资、支付给职工的超额劳动报酬和增收节支的劳动报酬、为了补偿职工特殊或额外的劳动消耗和因其他特殊原因支付给职工的津贴，以及为了保证职工工资水平不受物价影响支付给职工的物价补贴等。企业按规定支付给职工的加班加点工资，以及根据国家法律、法规和政策规定，企业在职工因病、工伤、产假、计划生育假、婚丧假、事假、探亲假、定期休假、停工学习、执行国家或社会义务等特殊情况下，按照计时工资或计件工资标准的一定比例支付的工资，也属于职工工资范畴，在职工休假或缺勤时，不应当从工资总额中扣除。

（2）职工福利费，主要是尚未实行分离办社会职能或主辅分离、辅业改制的企业，内设医务室、职工浴室、理发室、托儿所等集体福利机构人员的工资、医务经费，职工因公负伤赴外地就医路费、职工生活困难补助，以及按照国家规定开支的其他职工福利支出。

（3）医疗保险费、养老保险费、失业保险费、工伤保险费和生育保险费等社会保险费，是指企业按照国家规定的基准和比例计算，向社会保险经办机构缴纳的医疗保险金、基本养老保险金、失业保险金、工伤保险费和生育保险费，以及根据《企业年金试行办法》、《企业年金基金管理试行办法》等相关规定，向有关单位（企业年金基金账户管理人）缴纳的补充养老保险费。此外，以商业保险形式提供给职工的各种保险待遇也属于企业提供的职工薪酬。

(4)住房公积金，是指企业按照国家《住房公积金管理条例》规定的基准和比例计算、向住房公积金管理机构缴存的住房公积金。

(5)工会经费和职工教育经费，是指企业为了改善职工文化生活、提高职工业务素质，用于开展工会活动和职工教育及职业技能培训，根据国家规定的基准和比例，从成本费用中提取的金额。

(6)非货币性福利，是指企业以自己的产品或外购商品发放给职工作为福利，企业提供给职工无偿使用自己拥有的资产或租赁资产供职工无偿使用和为职工无偿提供服务等，比如提供给企业高级管理人员使用的住房等。

(7)因解除与职工的劳动关系给予的补偿，是指由于分离办社会职能，实施主辅分离、辅业改制，重组、改组计划、职工不能胜任等原因，企业在职工劳动合同尚未到期之前解除与职工的劳动关系，或者为鼓励职工自愿接受裁减而提出补偿建议的计划中给予职工的经济补偿，即国际财务报告准则中所指的辞退福利。

(8)其他与获得职工提供的服务相关的支出，是指除上述七种薪酬以外的其他为获得职工提供的服务而给予的薪酬，比如企业提供给职工以权益形式结算的认股权、以现金形式结算但以权益工具公允价值为基础确定的现金股票增值权等。总之，从薪酬的涵盖时间和支付形式来看，职工薪酬包括企业在职工在职期间和离职后给予的所有货币性薪酬和非货币性福利；从薪酬的支付对象来看，职工薪酬包括提供给职工本人和其配偶、子女或其他被赡养人的福利，比如支付给因公伤亡职工的配偶、子女或其他被赡养人的抚恤金。

二、应付职工薪酬的核算

企业应当通过“应付职工薪酬”科目核算应付职工薪酬的提取、结算、使用等情况，该科目贷方登记已分配计入有关成本费用项目的职工薪酬的数额，借方登记实际发放职工薪酬的数额，期末贷方余额，反映企业应付未付的职工薪酬。

“应付职工薪酬”科目应当按照“工资”、“职工福利”、“社会保险费”、“住房公积金”、“工会经费”、“职工教育经费”、“非货币性福利”等应付职工薪酬项目设置明细科目进行明细核算。

应付职工薪酬的核算主要包括确认和发放两个方面。

(一)确认应付职工薪酬

1. 货币性职工薪酬

企业应当在职工为其提供服务的会计期间，根据职工提供服务的受益对象，将应确认的职工薪酬（包括货币性薪酬和非货币性福利）计入相关资产成本或当期损益，同时确认为应付职工薪酬。

(1)工资。生产工人的职工薪酬，借记“生产成本”科目，车间工作人员的职工薪酬，借记“制造费用”科目，管理部门人员的职工薪酬，借记“管理费用”科目，销售人员的职工薪酬，借记“销售费用”科目，应由在建工程、研发支出负担的职工薪酬，借记“在建工程”、“研发支出”科目；贷方均记“应付职工薪酬——工资”科目。

【例5—10】 2014年12月，甲公司应付工资总额490 000元，其中生产人员工资200 000元，车间管理人员工资50 000元，企业行政管理人员工资120 000元，销售人员工资80 000元，在建工程人员工资40 000元。甲公司的有关会计分录如下：

借：生产成本　200 000
　　制造费用　50 000
　　管理费用　120 000
　　销售费用　80 000
　　在建工程　40 000
　贷：应付职工薪酬——工资　490 000

(2)职工福利。职工福利费等职工薪酬，企业应当根据国家规定和实际情况，合理预计当期应付职工薪酬。当期实际发生金额大于预计金额的，应当补提应付职工薪酬；当期实际发生金额小于预计金额的，应当冲回多提的应付职工薪酬。

【例5－11】 承【例5－10】，根据2014年12月实际发生的职工福利费情况，公司预计2015年1月应承担的职工福利费金额为职工工资总额的2%，职工福利的受益对象为上述所有人员。则甲公司2015年1月计提职工福利费的分录如下：

借：生产成本　4 000
　　制造费用　1 000
　　管理费用　2 400
　　销售费用　1 600
　　在建工程　800
　贷：应付职工薪酬——职工福利　9 800

(3)社会保险费及住房公积金。企业应向社会保险经办机构缴纳的医疗保险费、养老保险费、失业保险费、工伤保险费、生育保险费等社会保险费，国家统一规定了计提基础和计提比例，应当按照国家规定的标准计提。

企业以购买商业保险形式提供给职工的各种保险待遇也属于企业提供的职工薪酬。有关上述五大社会保险费的计提比例的相关规定如下：

①《国务院关于建立统一的企业职工基本养老保险制度的决定》(国发〔1997〕26号)规定：企业缴纳基本养老保险费的比例，一般不得超过职工工资总额的20%，具体比例由各省、自治区、直辖市人民政府确定。个人缴纳基本养老保险费的比例是本人工资的8%。

②《失业保险条例》规定：企业缴纳失业保险费的比例是职工工资总额的2%，个人缴纳失业保险费的比例是本人工资的1%。

③《国务院关于建立城镇职工基本医疗保险制度的决定》(国发〔1998〕44号)规定：基本医疗保险费单位缴费率应控制在职工工资总额的6%左右，个人缴费率一般为本人工资的2%。随着经济发展，用人单位和职工缴费率可作相应调整。

④《企业职工生育保险试行办法》(劳部发〔1994〕504号)规定：生育保险费的提取比例由当地人民政府根据费用支出情况适时调整，但最高不得超过职工工资总额的1%，个人不缴纳生育保险费。

⑤《工伤保险条例》(中华人民共和国国务院令第375号)以及《关于工伤保险费率问题的通知》(劳社部发〔2003〕29号)规定：单位缴纳工伤保险费原则上要控制在职工工资总额的1%左右，基准费率的具体标准可定期调整。职工个人不缴纳工伤保险费。

住房公积金是指企业按照国务院《住房公积金管理条例》规定的基准和比例计算，向住房公积金管理机构缴存的、用于解决职工住房问题的费用。《住房公积金管理条例》规定，职工和单位住房公积金的缴存比例均不得低于职工上一年度月平均工资的5%；有条件的城市，可以适当提高缴存比例。

为了反映社会保险费和住房公积金的提取和缴纳情况，企业应在“应付职工薪酬”科目下设置“社会保险费”和“住房公积金”明细科目。

月末，企业应根据用途对企业负担的社会保险费和住房公积金进行分配。分配时，借记“生产成本”、“制造费用”、“管理费用”、“销售费用”、“在建工程”和“研发支出”等科目，贷记“应付职工薪酬——社会保险费(或住房公积金)”科目。

应由职工个人负担的社会保险费和住房公积金，属于职工工资的组成部分，应根据职工工资的一定比例计算，并在职工工资中扣除，借记“应付职工薪酬——工资”科目，贷记“其他应付款”科目。

企业缴纳社会保险费和住房公积金时，由职工负担的部分，借记“其他应付款”科目；由企业负担的部分，借记“应付职工薪酬——社会保险费(或住房公积金)”科目；根据双方缴纳的全部社会保险费和住房公积金，贷记“银行存款”科目。

【例5－12】 承【例5－10】，根据当地政府规定，甲公司分别按照职工工资总额的10%、12%、2%和10.5%计提医疗保险费、养老保险费、失业保险费和住房公积金，职工分别按照工资的2%、8%、1%和8%负担上述费用，缴纳给当地社会保险经办机构和住房公积金管理机构。编制会计分录如下：

(1)公司负担部分：

借：生产成本　　69 000[200 000×(10%＋12%＋2%＋10.5%)]

　　制造费用　　17 250

　　管理费用　　41 400

　　销售费用　　27 600

　　在建工程　　13 800

　　贷：应付职工薪酬——社会保险费　　117 600

　　　　　　　　　　——住房公积金　　51 450

(2)职工负担部分：

借：应付职工薪酬——工资　　93 100[490 000×(2%＋8%＋1%＋8%)]

　　贷：其他应付款　　93 100

(4)工会经费及职工教育经费。工会经费与职工教育经费是指企业为了改善职工文化生活、让职工学习先进技术并提高文化水平和业务素质，用于开展工会活动和职工教育及职业技能培训等相关支出。

按照国家规定，企业应分别按照职工工资总额的2%和1.5%计提工会经费、职工教育经费。从业人员技术要求高、培训任务重、经济效益好的企业，可按照职工工资总额的2.5%计提职工教育经费。并按职工工资的用途进行分配，借记“生产成本”、“制造费用”、“管理费用”、“销售费用”、“在建工程”和“研发支出”等科目，贷记“应付职工薪酬——工会经费(或职工教育经费)”科目。

【例5－13】 承【例5－10】，公司分别按照职工工资总额的2%和1.5%计提工会经费、职工教育经费。编制会计分录如下：

借：生产成本　　7 000[200 000×(2%＋1.5%)]

　　制造费用　　1 750

　　管理费用　　4 200

销售费用 2 800

在建工程 1 400

贷：应付职工薪酬——工会经费 9 800

——职工教育经费 7 350

(5)因解除与职工的劳动关系给予的补偿。由于被辞退职工不能再给企业带来任何经济利益，辞退福利应当计入当期费用而不计入资产成本。企业应根据已确定的解除劳动合同计划或自愿裁减建议，借记“管理费用”科目，贷记“应付职工薪酬——辞退福利”科目。

2. 非货币性职工薪酬

企业以其自产产品作为非货币性福利发放给职工的，应当根据受益对象，按照该产品的公允价值，计入相关资产成本或当期损益，同时确认应付职工薪酬，借记“管理费用”、“生产成本”、“制造费用”等科目，贷记“应付职工薪酬——非货币性福利”科目。

将企业拥有的房屋等资产无偿提供给职工使用的，应当根据受益对象，将该住房每期应计提的折旧计入相关资产成本或当期损益，同时确认应付职工薪酬，借记“管理费用”、“生产成本”、“制造费用”等科目，贷记“应付职工薪酬——非货币性福利”科目，并且同时借记“应付职工薪酬——非货币性福利”科目，贷记“累计折旧”科目。

租赁住房等资产供职工无偿使用的，应当根据受益对象，将每期应付的租金计入相关资产成本或当期损益，并确认应付职工薪酬，借记“管理费用”、“生产成本”、“制造费用”等科目，贷记“应付职工薪酬——非货币性福利”科目。难以认定受益对象的非货币性福利，直接计入当期损益和应付职工薪酬。

【例 5—14】 甲公司共有职工 300 人，其中 250 人为直接参加生产人员，30 人为车间管理人员，20 人为厂部管理人员。2014 年 2 月 1 日，甲公司以其生产的豆浆机作为春节福利发放给职工，每人一台，其成本为每台 300 元，市场售价为每台 500 元。甲公司的账务处理如下：

(1)月末分配福利费用：

借：生产成本 146 250[250×500×(1+17%)]

制造费用 17 550

管理费用 11 700

贷：应付职工薪酬——非货币性福利 175 500

(2)视同销售处理：

借：应付职工薪酬——非货币性福利 175 500

贷：主营业务收入 150 000

应交税费——应交增值税(销项税额) 25 500

借：主营业务成本 90 000

贷：库存商品 90 000

(二)发放职工薪酬

(1)支付职工工资、奖金、津贴和补贴。企业按照有关规定向职工支付工资、奖金、津贴等，借记“应付职工薪酬——工资(或职工福利、工会经费、职工教育经费、社会保险费、住房公积金)”科目，贷记“银行存款”、“库存现金”等科目；企业从应付职工薪酬中扣还的各种款项(代垫的家属医药费、个人所得税等)，借记“应付职工薪酬”科目，贷记“银行存款”、“库存现金”、“其他应收款”、“应交税费——应交个人所得税”等科目。

【例 5—15】 承【例 5—10】、【例 5—11】、【例 5—12】、【例 5—13】，甲公司用银行存款支付

以上福利，并交纳职工个人所得税 73 500 元，则甲公司的会计处理如下：

借：应付职工薪酬——工资　490 000
　　——职工福利　9 800
　　——社会保险费　117 600
　　——住房公积金　51 450
　　——工会经费　9 800
　　——职工教育经费　7 350
　贷：银行存款　686 000

借：应付职工薪酬——工资　73 500
　贷：应交税费——应交个人所得税　73 500

(2)支付职工福利费。企业向职工食堂、职工医院、生活困难职工等支付职工福利费时，借记“应付职工薪酬——职工福利”科目，贷记“库存现金”科目。

【例 5—16】 2014 年 12 月，甲公司支付 100 000 元补贴给食堂，则甲公司的会计处理如下：

借：应付职工薪酬——职工福利　100 000
　贷：库存现金　100 000

(3)支付工会经费、职工教育经费和缴纳社会保险费、住房公积金。企业支付工会经费和职工教育经费用于工会运作和职工培训，或按照国家有关规定缴纳社会保险费或住房公积金时，借记“应付职工薪酬——工会经费(或职工教育经费、社会保险费、住房公积金)”科目，贷记“银行存款”、“库存现金”等科目。

【例 5—17】 乙公司以库存现金交纳参加职工医疗保险的医疗保险费 45 000 元，则乙公司的会计处理如下：

借：应付职工薪酬——社会保险费　45 000
　贷：库存现金　45 000

(4)发放非货币性福利。企业以自产产品作为职工薪酬发放给职工时，应确认为主营业务收入，借记“应付职工薪酬——非货币性福利”科目，贷记“主营业务收入”科目。同时结转相关成本，涉及增值税销项税额的，还应进行相应的处理。

第四节 应交税费

企业根据税法规定应交纳的各种税费包括增值税、消费税、营业税、城市维护建设税、资源税、企业所得税、土地增值税、房产税、车船税、土地使用税、教育费附加、矿产资源补偿费、印花税、耕地占用税等。

企业应通过“应交税费”科目总括反映各种税费的应交、交纳等情况，该科目贷方登记应交纳的各种税费等，借方登记实际交纳的税费。期末余额一般在贷方，反映企业尚未交纳的税费；期末余额如在借方，反映企业多交或尚未抵扣的税费。该科目按应交税费项目设置明细科目进行明细核算。

企业代扣代交的个人所得税等，也通过“应交税费”科目核算，而企业交纳的印花税、耕地占用税等不需要预计应交数的税金，不通过“应交税费”科目核算。

一、应交增值税

增值税是以商品(含应税劳务)在流转过程中产生的增值额作为计税依据而征收的一种流转税。按照我国增值税法的规定,增值税的纳税人是在我国境内销售货物、进口货物,或提供加工、修理修配劳务的企业单位和个人。按照纳税人的经营规模及会计核算的健全程度,增值税纳税人分为一般纳税人和小规模纳税人。一般纳税人应纳增值税额,根据当期销项税额减去当期进项税额计算确定;小规模纳税人应纳增值税额,按照销售额和规定的征收率计算确定。

各国实行的增值税在计算增值额时一般都实行税款抵扣制度,即在计算企业应纳税款时,要扣除商品在以前生产环节已负担的税款,以避免重复征税。依据实行增值税的各个国家允许抵扣已纳税款的扣除项目范围的大小,增值税分为生产型增值税、收入型增值税和消费型增值税三种类型。它们之间的主要区别在于对购入固定资产增值税的处理上。生产型增值税在计算增值额时,对购入的固定资产及其折旧均不予扣除。收入型增值税对购置用于生产、经营的固定资产,允许将已提折旧的价值额予以扣除。消费型增值税允许将用于生产、经营的固定资产价值中已含的税款,在购置当期全部一次扣除。2008 年,我国修订了《中华人民共和国增值税暂行条例》,实现了生产型增值税向消费型增值税的转型。修订后的《中华人民共和国增值税暂行条例》自 2009 年 1 月 1 日起在全国范围内实施。自 2012 年起,我国部分地区实施了营业税改征增值税试点方案,交通运输业和部分现代服务业营业税改征增值税,增值税的征收范围将进一步扩大。

在税收征管上,从世界各国来看,一般都实行凭购物发票进行抵扣。按照《中华人民共和国增值税暂行条例》规定,企业购入货物或接受应税劳务支付的增值税(即进项税额),可从销售货物或提供劳务按规定收取的增值税(即销项税额)中抵扣。准予从销项税额中抵扣的进项税额通常包括:(1)从销售方取得的增值税专用发票上注明的增值税税额;(2)从海关取得的完税凭证上注明的增值税税额。

(一)一般纳税人的账务处理

为了核算企业应交增值税的发生、抵扣、交纳、退税及转出等情况,应在“应交税费”科目下设置“应交增值税”明细科目,并在“应交增值税”明细账内设置“进项税额”、“已交税金”、“销项税额”、“出口退税”、“进项税额转出”等专栏。

企业从国内采购物资或接受应税劳务等,根据增值税专用发票上记载的应计入采购成本或应计入加工、修理修配等物资成本的金额,借记“材料采购”、“在途物资”、“原材料”、“库存商品”或“生产成本”、“制造费用”、“委托加工物资”、“管理费用”等科目,根据专用发票上注明的可抵扣的增值税额,借记“应交税费——应交增值税(进项税额)”科目,按照应付或实际支付的总额,贷记“应付账款”、“应付票据”、“银行存款”等科目。购入货物发生的退货,做相反的会计分录。

企业购入免税农产品,按照买价和规定的扣除率计算进项税额,借记“应交税费——应交增值税(进项税额)”科目,按照买价扣除按规定计算的进项税额后的差额,借记“材料采购”、“原材料”、“库存商品”等科目,按照应付或实际支付的价款,贷记“应付账款”、“银行存款”等科目。购进生产用固定资产所支付的增值税额,应计入增值税进项税额,可以从销项税额中抵扣;购进的货物用于非应税项目,其所支付的增值税额应计入购入货物的成本。

企业购进的货物发生非常损失的(不含自然灾害造成的),以及将购进货物改变用途的(如用于非应税项目、集体福利或个人消费等），其进项税额应通过“应交税费——应交增值税（进项税额转出）”科目转入有关科目，借记“待处理财产损溢”、“在建工程”、“应付职工薪酬”等科目，贷记“应交税费——应交增值税（进项税额转出）”科目。属于转作待处理财产损失的进项税额，应与遭受非常损失的购进货物、在产品或库存商品的成本一并处理。

企业销售货物或者提供应税劳务，按照营业收入和应收取的增值税额，借记“应收账款”、“应收票据”、“银行存款”等科目，按照专用发票上注明的增值税额，贷记“应交税费——应交增值税（销项税额）”科目，按照实现的营业收入，贷记“主营业务收入”、“其他业务收入”等科目。发生的销售退回，做相反的会计分录。企业将自产或委托加工的货物用于非应税项目、集体福利或个人消费，将自产、委托加工或购买的货物作为投资、分配给股东、赠送他人等，应视同销售货物计算交纳增值税，借记“在建工程”、“长期股权投资”、“营业外支出”等科目，贷记“应交税费——应交增值税（销项税额）”科目等。

企业交纳的增值税，借记“应交税费——应交增值税（已交税金）”科目，贷记“银行存款”科目。

【例5—18】 甲公司本月购入原材料40 000元，已验收入库，用银行存款支付，销售产品60 000元，货款已收到，增值税税率17%，则甲公司的会计处理如下：

借：原材料	40 000	
应交税费——应交增值税（进项税额）	6 800	
贷：银行存款		46 800
借：银行存款	70 200	
贷：主营业务收入		60 000
应交税费——应交增值税（销项税额）		10 200

【例5—19】 承【例5—18】，甲公司交纳本月增值税，会计处理如下：

借：应交税费——应交增值税（已交税金）	3 400	
贷：银行存款		3 400

（二）小规模纳税人的账务处理

小规模纳税人应当按照不含税销售额和规定的增值税征收率计算交纳增值税，销售货物或提供应税劳务时只能开具普通发票，不能开具增值税专用发票。小规模纳税人不享有进项税额的抵扣权，其购进货物或接受应税劳务支付的增值税直接计入有关货物或劳务的成本。因此，小规模纳税人只需在“应交税费”科目下设置“应交增值税”明细科目，不需要在“应交增值税”明细科目中设置专栏。“应交税费——应交增值税”科目贷方登记应交纳的增值税，借方登记已交纳的增值税；期末贷方余额为尚未交纳的增值税，借方余额为多交纳的增值税。

小规模纳税人购进货物和接受应税劳务时支付的增值税，直接计入有关货物或劳务的成本，借记“材料采购”、“在途物资”等科目，贷记“应交税费——应交增值税”科目。

企业购入材料不能取得增值税专用发票的，比照小规模纳税人进行处理，发生的增值税计入材料采购成本，也是借记“材料采购”、“在途物资”等科目，贷记“应交税费——应交增值税”科目。

【例5—20】 某小规模纳税企业乙公司本月购入材料一批，取得的专用发票中注明货款20 000元，增值税3 400元，款项以银行存款支付，材料已验收入库。销售产品一批，所开出的普通发票中注明的货款（含税）为21 200元，增值税征收率为6%，款项已存入银行。则乙公司的会计处理如下：

借：原材料　　23 400

　　贷：银行存款　　23 400

借：银行存款　　21 200

　　贷：主营业务收入　　20 000[21 200÷(1+6%)]

　　　　应交税费——应交增值税　　1 200[21 200÷(1+6%)×6%]

【例5-21】 承【例5-20】，乙公司月末以银行存款上交增值税1 200元，会计处理如下：

借：应交税费——应交增值税　　1 200

　　贷：银行存款　　1 200

（三）营业税改征增值税试点企业增值税的账务处理

经国务院批准，自2012年1月1日起，在我国部分地区部分行业开展深化增值税制度改革试点，逐步将营业税改征增值税。试点行业为交通运输业、部分现代服务业等生产性服务业。根据财政部、国家税务总局《营业税改征增值税试点方案》的规定，在现行增值税17%标准税率和13%低税率基础上，新增11%和6%两档低税率。交通运输业、建筑业等适用11%税率，租赁有形动产等适用17%税率，其他部分现代服务业适用6%税率。交通运输业、建筑业、邮电通信业、现代服务业、文化体育业、销售不动产和转让无形资产，原则上适用增值税一般计税方法。金融保险业和生活性服务业，原则上适用增值税简易计税方法。纳税人计税依据原则上为发生应税交易取得的全部收入。对于一些存在大量代收转付或代垫资金的行业，其代收代垫金额可予以合理扣除。服务贸易进口在国内环节征收增值税，出口实行零税率或免税制度。

营业税改征增值税试点有关企业会计处理主要内容如下：

1. 一般纳税人差额征税的会计处理

增值税差额征税是指营业税改征增值税试点地区的纳税人，提供营业税改征增值税应税服务，以取得的全部价款和价外费用扣除支付给规定范围纳税人、规定项目价款后不含税余额交纳增值税。

企业接受应税服务时，按规定允许扣减销售额而减少的销项税额，借记“应交税费——应交增值税（营改增抵减的销项税额）”科目，按实际支付或应付的金额与上述增值税额的差额，借记“主营业务成本”等科目，按实际支付或应付的金额，贷记“银行存款”、“应付账款”等科目。对于期末一次性进行账务处理的企业，期末，按规定当期允许扣减销售额而减少的销项税额，借记“应交税费——应交增值税（营改增抵减的销项税额）”科目，贷记“主营业务成本”等科目。

【例5-22】 丙运输公司为营业税改征增值税试点的增值税一般纳税人，适用的增值税税率为11%，2014年9月提供国内货物运输服务取得价税合计6 660 000元，丙公司会计处理如下：

借：银行存款　　6 660 000

　　贷：主营业务收入　　6 000 000

　　　　应交税费——应交增值税（销项税额）

　　　　　　660 000[6 660 000÷(1+11%)×11%]

2. 小规模纳税人差额征税的会计处理

小规模纳税人提供应税服务，试点期间按照营业税改征增值税有关规定允许从销售额中扣除其支付给非试点纳税人价款的，按规定扣减销售额而减少的应交增值税应直接冲减“应交税费——应交增值税”科目。

企业接受应税服务时，按规定允许扣减销售额而减少的应交增值税，借记“应交税费——应交增值税”科目，按实际支付或应付的金额与上述增值税额的差额，借记“主营业务成本”等科目，按实际支付或应付的金额，贷记“银行存款”、“应付账款”等科目。对于期末一次性进行账务处理的企业，期末，按规定当期允许扣减销售额而减少的应交增值税，借记“应交税费——应交增值税”科目，贷记“主营业务成本”等科目。

二、应交消费税

消费税是指在我国境内生产、委托加工和进口应税消费品的单位和个人，按其流转额交纳的一种税。消费税有从价定率和从量定额两种征收方法。采取从价定率方法征收的消费税，以不含增值税的销售额为税基，按照税法规定的税率计算。企业的销售收入包含增值税的，应将其换算为不含增值税的销售额。采取从量定额方法征收的消费税，根据税法确定的企业应税消费品的数量和单位应税消费品应交纳的消费税计算确定。

企业应在“应交税费”科目下设置“应交消费税”明细科目，核算应交消费税的发生、交纳情况。该科目贷方登记应交纳的消费税，借方登记已交纳的消费税；期末贷方余额为尚未交纳的消费税，借方余额为多交纳的消费税。

企业销售应税消费品应交纳的消费税，应借记“营业税金及附加”科目，贷记“应交税费——应交消费税”科目。

【例5—23】 甲公司本月销售应纳消费税产品售价50 000元，适用税率10%，则甲公司的会计处理如下：

借：营业税金及附加	5 000	
贷：应交税费——应交消费税		5 000

【例5—24】 乙公司在建工程领用自产柴油50 000元，应交纳增值税10 200元，应交纳消费税6 000元，则乙公司的会计处理如下：

借：在建工程	66 200	
贷：库存商品		50 000
应交税费——应交增值税（销项税额）		10 200
——应交消费税		6 000

三、应交营业税

营业税是对在我国境内提供应税劳务、转让无形资产或销售不动产的单位和个人征收的税种。其中，应税劳务是指属于交通运输业、建筑业、金融保险业、邮电通信业、文化体育业、娱乐业、服务业税目征收范围的劳务，不包括加工、修理修配等劳务；转让无形资产是指转让无形资产的所有权或使用权的行为；销售不动产是指有偿转让不动产的所有权、转让不动产的有限产权或永久使用权，以及单位将不动产无偿赠与他人等视同销售不动产的行为。

营业税以营业额作为计税依据。营业额是指纳税人提供应税劳务、转让无形资产和销售不动产而向对方收取的全部价款和价外费用。税率从3%至20%不等。

企业应在“应交税费”科目下设置“应交营业税”明细科目。“应交营业税”明细科目的借方发生额反映企业已交纳的营业税，贷方发生额反映企业应交纳的营业税；期末借方余额反映企业多交纳的营业税，期末贷方余额反映企业尚未交纳的营业税。

企业按照营业额及其适用的税率，计算应交的营业税，借记“营业税金及附加”科目，贷记

“应交税费——应交营业税”科目;企业出售不动产时,计算应交的营业税,借记“固定资产清理”等科目,贷记“应交税费——应交营业税”科目;企业转让无形资产使用权应交的营业税,借记“营业税金及附加”科目,贷记“应交税费——应交营业税”科目;企业转让无形资产所有权应交的营业税,不通过“营业税金及附加”科目,直接计入营业税费。实际交纳营业税时,借记“应交税费——应交营业税”科目,贷记“银行存款”科目。

【例5—25】 甲运输公司本月运营收入为50 000元,适用的营业税税率为3%。则甲公司的会计处理如下:

借:营业税金及附加　　1 500(50 000×3%)

　　贷:应交税费——应交营业税　　1 500

【例5—26】 乙公司出售一项专利权,获得销售收入60 000元,适用的营业税税率为5%。则乙公司的会计处理如下:

借:营业税金及附加　　3 000(60 000×5%)

　　贷:应交税费——应交营业税　　3 000

【例5—27】 丙公司出售一间房屋,出售收入320 000元已存入银行。该房屋的账面原价为400 000元,已提折旧100 000元,未计提减值准备;出售过程中用银行存款支付清理费用5 000元。销售该项固定资产适用的营业税税率为5%。则丙公司的会计处理如下:

(1)该固定资产转入清理时:

借:固定资产清理　　300 000

　　累计折旧　　100 000

　　贷:固定资产　　400 000

(2)收到出售收入时:

借:银行存款　　320 000

　　贷:固定资产清理　　320 000

(3)支付清理费用时:

借:固定资产清理　　5 000

　　贷:银行存款　　5 000

(4)计提应交营业税时:

借:固定资产清理　　16 000(320 000×5%)

　　贷:应交税费——应交营业税　　16 000

(5)结转销售该固定资产的净损失时:

借:营业外支出　　1 000

　　贷:固定资产清理　　1 000

四、其他应交税费

其他应交税费是指除上述应交税费以外的应交税费,包括应交资源税、应交城市维护建设税、应交土地增值税、应交房产税、应交土地使用税、应交车船使用税、应交教育费附加、应交矿产资源补偿费、应交个人所得税等。企业应当在“应交税费”科目下设置相应的明细科目进行核算,贷方登记应交纳的有关税费,借方登记已交纳的有关税费,期末贷方余额,表示尚未交纳的有关税费。

(一)应交资源税

资源税是指对在我国境内开采矿产品或生产盐的单位和个人征收的一种税。资源税按照应税产品的课税数量和规定的单位税额计算。开采或生产应税产品对外销售的,以销售数量为课税数量;开采或生产应税产品自用的,以自用数量为课税数量。

企业对外销售应税产品应交纳的资源税,借记“营业税金及附加”科目,贷记“应交税费——应交资源税”科目;自产自用应税产品应交纳的资源税,借记“生产成本”、“制造费用”等科目,贷记“应交税费——应交资源税”科目。

【例 5－28】 甲公司对外销售某种资源税应税矿产品 1 200 吨,每吨应交资源税 5 元。则甲公司的会计处理如下:

借:营业税金及附加 6 000

贷:应交税费——应交资源税 6 000

【例 5－29】 乙公司将自产的矿产品 300 吨用于产品生产,每吨应交资源税 5 元。则乙公司的会计处理如下:

借:生产成本 1 500

贷:应交税费——应交资源税 1 500

(二)应交城市维护建设税

城市维护建设税是以增值税、消费税、营业税为计税依据征收的一种税。其纳税人为交纳增值税、消费税、营业税的单位和个人,以纳税人实际交纳的增值税、消费税、营业税税额为计税依据,并分别与三项税金同时交纳。税率因纳税人所在地不同,从 1%到 7%不等。公式为:

应纳税额＝(应交增值税＋应交消费税＋应交营业税)×适用税率

企业应交的城市维护建设税,借记“营业税金及附加”等科目,贷记“应交税费——应交城市维护建设税”科目;实际交纳城市维护建设税时,借记“应交税费——应交城市维护建设税”等科目,贷记“银行存款”科目。

【例 5－30】 丙公司根据取得的各项收入形成的应交增值税、消费税和营业税及城市维护建设税税率(7%)计算并结转应交城市维护建设税。

销售产品应交增值税 100 000 元,应交消费税 50 000 元,应交营业税 20 000 元,则丙公司应交城市维护建设税的会计处理如下:

借:营业税金及附加 11 900[(100 000＋50 000＋20 000)×7%]

贷:应交税费——应交城市维护建设税 11 900

(三)应交教育费附加

教育费附加是为了发展教育事业而向企业征收的附加费用。应交教育费附加的计算方法与应交城市维护建设税的计算方法相同。企业按规定计算出应交纳的教育费附加,借记“营业税金及附加”、“固定资产清理”等科目,贷记“应交税费——应交教育费附加”科目;实际交纳教育费附加时,借记“应交税费——应交教育费附加”科目,贷记“银行存款”科目。

【例 5－31】 沿用【例 5－30】资料,计算教育费附加(费率 3%),则丙公司应交教育费附加的会计处理如下:

借:营业税金及附加 5 100

贷:应交税费——应交教育费附加 5 100

(四)应交土地增值税

土地增值税是指在我国境内有偿转让土地使用权及地上建筑物和其他附着物产权的单位

和个人，就其土地增值额征收的一种税。土地增值额是指转让收入减去规定扣除项目金额后的余额。转让收入包括货币收入、实物收入和其他收入。扣除项目主要包括取得土地使用权所支付的金额、开发土地的费用、新建及配套设施的成本、旧房及建筑物的评估价格等。

企业应交的土地增值税视情况记入不同科目：企业转让的土地使用权连同地上建筑物及其附着物一并在“固定资产”等科目核算的，转让时应交的土地增值税，借记“固定资产清理”科目，贷记“应交税费——应交土地增值税”科目；土地使用权在“无形资产”科目核算的，按实际收到的金额，借记“银行存款”科目，按应交的土地增值税，贷记“应交税费——应交土地增值税”科目，同时冲销土地使用权的账面价值，贷记“无形资产”科目，按其差额，借记“营业外支出”科目或贷记“营业外收入”科目。

（五）应交房产税、土地使用税、车船使用税和矿产资源补偿费

房产税是国家在城市、县城、建制镇和工矿区征收的由产权所有人交纳的一种税。房产税依照房产原值一次减除10%～30%后的余额计算交纳。没有房产原值作为依据的，由房产所在地税务机关参考同类房产核定；房产出租的，以房产租金收入为房产税的计税依据。

土地使用税是国家为了合理利用城镇土地、调节土地级差收入、提高土地使用效益、加强土地管理而开征的一种税，以纳税人实际占用的土地面积为计税依据，依照规定税额计算征收。

车船使用税由拥有并且使用车船的单位和个人交纳。车船使用税按照适用税额计算交纳。

矿产资源补偿费是对在我国领域和管辖海域开采矿产资源而征收的费用。矿产资源补偿费按照矿产品销售收入的一定比例计征，由采矿人交纳。

企业应交的房产税、土地使用税、车船使用税、矿产资源补偿费，借记“管理费用”科目，贷记“应交税费——应交房产税（或应交土地使用税、应交车船使用税、应交矿产资源补偿费）”科目。

（六）应交个人所得税

企业按规定计算的代扣代交的职工个人所得税，借记“应付职工薪酬”科目，贷记“应交税费——应交个人所得税”科目；企业交纳个人所得税时，借记“应交税费——应交个人所得税”科目，贷记“银行存款”等科目。

第五节　应付股利及其他应付款

一、应付股利

应付股利是指按协议规定应该支付给投资者的利润。

企业应通过“应付股利”科目核算企业确定或宣告支付但尚未实际支付的现金股利或利润，该科目贷方登记应支付的现金股利或利润，借方登记实际支付的现金股利或利润，期末贷方余额，反映企业应付未付的现金股利或利润。该科目应按照投资者设置明细科目进行明细核算。

企业根据股东大会或类似机构审议批准的利润分配方案，确认应付给投资者的现金股利或利润时，借记“利润分配——应付现金股利或利润”科目，贷记“应付股利”科目；向投资者实际支付现金股利或利润时，借记“应付股利”科目，贷记“银行存款”等科目。

【例5—32】 甲有限责任公司2014年度实现净利润4 000 000元，经过董事会批准，决定

2014 年度分配现金股利 3 000 000 元。股利已经用银行存款支付。甲有限责任公司的有关会计处理如下：

借：利润分配——应付股利　　3 000 000
　　贷：应付股利　　3 000 000
借：应付股利　　3 000 000
　　贷：银行存款　　3 000 000

此外，需要说明的是，企业董事会或类似机构通过的利润分配方案中拟分配的现金股利或利润，不作账务处理，不作应付股利核算，但应在附注中披露。企业分配的股票股利不通过"应付股利"科目核算。

二、其他应付款

其他应付款是指企业除应付票据、应付账款、预收账款、应付职工薪酬、应付利息、应付股利、应交税费、长期应付款等以外的其他各项应付、暂收的款项，如应付租入包装租金、存入保证金等。

企业应通过"其他应付款"科目核算其他应付款的增减变动及其结存情况，该科目贷方登记发生的各种应付、暂收款项，借方登记偿还或转销的各种应付、暂收款项，期末贷方余额，反映企业应付未付的其他应付款项。该科目应按照其他应付款的项目和对方单位或个人设置明细科目进行明细核算。

企业发生其他各种应付、暂收款项时，借记"管理费用"等科目，贷记"其他应付款"科目；支付或退回其他各种应付、暂收款项时，借记"其他应付款"科目，贷记"银行存款"等科目。

【例 5－33】 乙公司从 2014 年 4 月 1 日起，以短期租入管理用办公设备一批，租金按季支付，每月 1 000 元，6 月底，乙公司以银行存款支付应付租金。乙公司的有关会计处理如下：

(1)4 月 30 日计提应付租金时：

借：管理费用　　1 000
　　贷：其他应付款　　1 000

5 月底计提应付租金的会计处理同上。

(2)6 月 30 日支付租金时：

借：其他应付款　　2 000
　　管理费用　　1 000
　　贷：银行存款　　3 000

第六节 长期借款

一、长期借款概述

长期借款是指企业向银行或其他金融机构借入的期限在一年以上(不含一年)或超过一年的一个营业周期以上的各项借款。长期借款一般用于固定资产的购建、改扩建工程、大修理工程、对外投资以及为了保持长期经营能力等方面。与短期借款相比，长期借款除数额大、偿还期限较长外，其借款费用需要根据权责发生制的要求，按期预提计入所购建资产的成本或直接计入当期财务费用。

由于长期借款的使用关系到企业的生产经营规模和效益，企业除了要遵守有关的贷款规定、编制借款计划并要有不同形式的担保外，还应监督借款的使用、按期支付长期借款的利息以及按规定的期限归还借款本金等。因此，长期借款会计处理的基本要求是，反映和监督企业长期借款的借入、借款利息的结算和借款本息的归还情况，促使企业遵守信贷纪律、提高信用等级，同时也要确保长期借款发挥效益。

二、长期借款的核算

企业应通过“长期借款”科目核算长期借款的借入、归还等情况，该科目的贷方登记长期借款本息的增加额，借方登记本息的减少额，期末贷方余额，表示企业尚未偿还的长期借款。该科目可按照贷款单位和贷款种类设置明细账，分别设置“本金”、“应计利息”等进行明细核算。

企业借入长期借款时，应按实际收到的金额，借记“银行存款”科目，贷记“长期借款——本金”科目。

长期借款利息费用应当在资产负债表日按照实际利率法计算确定。长期借款计算确定的利息费用，应当按以下原则计入有关成本、费用：属于筹建期间的，计入管理费用；属于生产经营期间的，计入财务费用。如果长期借款用于购建固定资产的，在固定资产尚未达到预定可使用状态前发生的应当资本化的利息支出，计入在建工程成本；固定资产达到预定可使用状态后发生的利息支出，以及按规定不予资本化的利息支出，计入财务费用。长期借款按合同利率计算确定的应付未付利息，记入“应付利息”科目，借记“在建工程”、“制造费用”、“财务费用”、“研发支出”等科目，贷记“应付利息”科目。

企业归还长期借款的本金时，应按归还的金额，借记“长期借款——本金”科目，贷记“银行存款”科目；按归还的利息，借记“应付利息”科目，贷记“银行存款”科目。

【例 5－34】 甲公司为建造一幢厂房，2014 年 1 月 1 日借入期限为两年的长期借款 1 000 000元，款项已存入银行。借款利率为 9%，每年付息一次，期满后一次还清本金。2014 年初以银行存款支付工程价款共计 600 000 元，2015 年初又以银行存款支付工程费用 400 000 元。该厂房于 2015 年 8 月底完工，交付使用，并办理了竣工决算手续。甲公司编制有关会计分录如下：

(1)2014 年 1 月 1 日取得借款时：

借：银行存款	1 000 000	
贷：长期借款		1 000 000

(2)2014 年初支付工程款时：

借：在建工程	600 000	
贷：银行存款		600 000

(3)2014 年 12 月 31 日计算并支付 2014 年应计利息时：

借：在建工程	54 000(600 000×9%)	
财务费用	36 000	
贷：应付利息		90 000(1 000 000×9%)
借：应付利息	90 000	
贷：银行存款		90 000

(4)2015 年初支付工程款时：

借：在建工程　　400 000

　　贷：银行存款　　400 000

(5)2015 年竣工前：

借：在建工程　　60 000[(1 000 000×9%÷12)×8]

　　贷：应付利息　　60 000

(6)资产完工交付使用时：

借：固定资产　　1 114 000

　　贷：在建工程　　1 114 000

(7)2015 年 9 月资产办理竣工决算后，按月预提借款利息为：

借：财务费用　　7 500 (1 000 000×9%÷12)

　　贷：应付利息　　7 500

2015 年 10 月、11 月、12 月按月预提借款利息的会计分录同(7)。

(8)2015 年 12 月 31 日支付 2015 年应计利息时：

借：应付利息　　90 000

　　贷：银行存款　　90 000

(9)2016 年 1 月 1 日到期还本时：

借：长期借款　　1 000 000

　　贷：银行存款　　1 000 000

第七节　应付债券及长期应付款

一、应付债券

(一)应付债券概述

应付债券是指企业为筹集(长期)资金而发行的债券。债券是企业为筹集长期使用资金而发行的一种书面凭证。企业通过发行债券取得资金是以将来履行归还购买债券者的本金和利息的义务作为保证的。

公司债券发行价格的高低一般取决于债券票面金额、债券票面利率、发行当时的市场利率以及债券期限的长短因素。债券发行有面值发行、溢价发行和折价发行三种情况。企业债券按其面值出售的，称为面值发行。此外，债券还可能按低于或高于其面值的价格出售，即折价发行或溢价发行。折价发行是指债券以低于其面值的价格发行，而溢价发行则是指债券按高于其面值的价格发行。债券溢价或折价不是债券发行企业的收益或损失，而是发行债券企业在债券存续期内对利息费用的一种调整。

(二)应付债券的核算

企业应设置“应付债券”科目核算应付债券发行、计提利息、还本付息等情况，该科目贷方登记应付债券的本金和利息，借方登记归还的债券本金和利息，期末贷方余额，表示企业尚未偿还的长期债券。企业应在该科目下设置“面值”、“利息调整”、“应计利息”等明细科目。

1. 债券的发行

发行债券企业按面值发行债券时，应按实际收到的金额，借记“银行存款”等科目，按债券票面利息，贷记“应付利息——面值”科目；存在差额的，还应借记或贷记“应付债券——利息调整”科目。

【例 5－35】 甲公司于 2014 年 12 月 31 日按面值发行总面值为 10 000 000 元、票面利率为 6%、5 年期的债券，用于企业的日常经营周转。债券利息在每年 12 月 31 日支付。该债券发行时的市场利率等于票面利率。

偿还本金的现值＝10 000 000×(*PVIF*，6%，5)＝10 000 000×0.747 3＝7 473 000(元)

各期利息(年金)的现值＝10 000 000×6%×(*PVIFA*，6%，5)＝600 000×4.212 4
＝2 527 440(元)

债券的现值(发行价格)＝7 473 000＋2 527 440 ≈10 000 000(元)

该债券按面值发行时应编制分录如下：

借：银行存款	10 000 000	
贷：应付债券——面值		10 000 000

【例 5－36】 沿用【例 5－35】资料，假设债券的市场利率为 5%，其他条件不变。则债券的发行价格可计算如下：

偿还本金的现值＝10 000 000×(*PVIF*，5%，5)＝10 000 000×0.783 5＝7 835 000(元)

各期利息(年金)的现值＝10 000 000×6%×(*PVIFA*，5%，5)＝600 000×4.329 5
＝2 597 700(元)

债券的现值(发行价格)＝7 835 000＋2 597 700＝10 432 700(元)

该债券按面值发行时应编制分录如下：

借：银行存款	10 432 700	
贷：应付债券——面值		10 000 000
——利息调整		432 700

【例 5－37】 沿用【例 5－36】资料，假设债券的市场利率为 7%，其他条件不变。则债券的发行价格可计算如下：

偿还本金的现值＝10 000 000×(*PVIF*，7%，5)＝10 000 000×0.713 0＝7 130 000(元)

各期利息(年金)的现值＝10 000 000×6%×(*PVIFA*，7%，5)＝600 000×4.100 2
＝2 460 120(元)

债券的现值(发行价格)＝7 130 000＋2 460 120＝9 590 120(元)

该债券按面值发行时应编制分录如下：

借：银行存款	9 590 120	
应付债券——利息调整	409 880	
贷：应付债券——面值		10 000 000

2. 债券利息调整的摊销

利息调整应在债券存续期间采用实际利率法进行摊销。实际利率法是指按照应付债券的实际利率计算其摊余成本及各期利息费用的方法。实际利率是指将应付债券在债券存续期间的未来现金流量，折现为该债券当前账面价值所使用的利率。

发行长期债券的企业，应按期计提利息。对于按面值发行的债券，在每期采用票面利率计提利息时，应当按照与长期借款相一致的原则计入有关成本费用，借记“在建工程”、“制造费用”、“财务费用”、“研发支出”等科目。其中，对于分期付息、到期一次还本的债券，其按票面利率计算确定的应付未付利息记入“应付利息”科目；对于一次还本付息的债券，其按票面利率计算确定的应付未付利息记入"应付债券——应计利息"科目。

【例5—38】 沿用【例5—36】资料,甲公司溢价发行债券后,采用实际利率法摊销债券溢价。

表5—1 **利息费用一览表** 单位:元

付息日期	支付利息 (1)=面值×6%	利息费用 (2)=期初(4)×5%	摊销的利息调整 (3)=(1)-(2)	应付债券的摊余成本 (4)=期初(4)-(3)
2014.12.31				10 432 700
2015.12.31	600 000	521 635	78 365	10 354 335
2016.12.31	600 000	517 716.75	82 283.25	10 272 051.75
2017.12.31	600 000	513 602.59	86 397.41	10 185 654.34
2018.12.31	600 000	509 282.72	90 717.28	10 094 937.06
2019.12.31	600 000	505 062.94①	94 937.06②	10 000 000

2015年12月31日计算利息费用时:

借:财务费用等 521 635

应付债券——利息调整 78 365

贷:应付利息 600 000

2016年、2017年、2018年确认利息费用的会计处理同2015年。

3.债券的偿还

长期债券到期,企业支付债券本息时,借记"应付债券——面值"、"应付债券——应计利息"、"应付利息"等科目,贷记"银行存款"等科目。

【例5—39】 沿用【例5—38】资料,2019年12月31日归还债券本金及最后一期利息费用时:

借:财务费用 505 062.94

应付债券——面值 10 000 000.00

——利息调整 94 937.06

贷:银行存款 10 600 000.00

二、长期应付款

长期应付款是指企业除长期借款和应付债券以外的其他各种长期应付款项,包括应付融资租入固定资产的租赁费、以分期付款方式购入固定资产发生的应付款项等。

企业应设置"长期应付款"账户核算企业融资租入固定资产和以分期付款方式购入固定资产时应付的款项及偿还情况,该科目贷方反映应付的长期应付款项,借方反映偿还的长期应付款项,期末贷方余额,反映企业应付未付的长期应付款项。该账户可按长期应付款的种类和债权人设置明细科目进行明细核算。

(一)应付融资租赁款

应付融资租赁款是企业融资租入固定资产而发生的应付款,是在租赁开始日承租人应向出租人支付的最低租赁付款额。

融资租入固定资产时,在租赁期开始日,按应计入固定资产成本的金额(租赁开始日租赁

①② 最后一年数值通过倒推得到。

资产公允价值与最低租赁付款额现值两者中较低者，加上初始直接费用），借记“在建工程”或“固定资产”科目，按最低租赁付款额，贷记“长期应付款”科目，按发生的初始直接费用，贷记“银行存款”等科目，按其差额，借记“未确认融资费用”科目。按期支付融资租赁费时，借记“长期应付款——应付融资租赁款”科目，贷记“银行存款”科目。

（二）以分期付款方式购入固定资产发生的应付款

企业分期付款购买固定资产时，固定资产的成本以购买价款的现值为基础确定，以实际支付的价款作为长期应付款的入账价值，两者之间的差额作为未确认融资费用，应当在信用期间内采用实际利率法进行摊销。即按所购固定资产购买价款的现值，借记“固定资产”或“在建工程”科目，按应支付的金额，贷记“长期应付款”科目，按其差额，借记“未确认融资费用”科目。支付购买价款时，借记“长期应付款”科目，贷记“银行存款”科目。

本章小结

1. 负债的概念。负债是指企业过去的交易或事项形成的、预期导致经济利益流出企业的现时义务。

2. 负债的特征。负债是企业过去交易或事项产生的；负债是企业承担的现时义务，一般是由具有约束力的合同或因法定要求等而产生的；负债的发生往往伴随着资产或劳务的取得，或者费用或损失的发生，负债的清偿预期会导致经济利益流出企业，通常需要在未来某一特定时间用资产或劳务来偿付。

3. 短期借款的概念。短期借款是指企业向银行或其他金融机构等借入的期限在一年以内（含一年）的各种借款。

4. 短期借款的核算。企业应通过“短期借款”科目核算短期借款的取得及偿还情况，该科目贷方登记取得借款的本金数额，借方登记偿还借款的本金数额，期末余额在贷方，表示尚未偿还的短期借款。

5. 应付账款的概念。应付账款是指因购买材料、商品或接受劳务供应等而发生的债务。

6. 应付账款的核算。企业应通过“应付账款”科目核算应付账款的发生、偿还、转销等情况，该科目贷方登记企业购买材料、商品或接受劳务等而发生的应付账款，借方登记偿还的应付账款，或开出商业汇票抵付应付账款的款项，或已冲销的无法支付的应付账款，期末余额一般在贷方，表示企业尚未支付的应付账款余额。

7. 应付票据的概念。应付票据是指企业因购买材料、商品或接受劳务供应等而开出、承兑的商业汇票，包括商业承兑汇票和银行承兑汇票。

8. 应付票据的核算。企业应通过“应付票据”科目核算应付票据的发生、偿付等情况，该科目贷方登记开出、承兑汇票的面值及带息票据的预提利息，借方登记支付票据的金额，期末余额在贷方，表示企业尚未到期的商业汇票的票面金额。

9. 应付利息的概念。应付利息是指企业按照合同约定应支付的利息，包括吸收存款，分期付息、到期还本的长期借款，企业债券等应支付的利息。

10. 应付利息的核算。企业应通过“应付利息”科目核算应付利息的发生、支付情况，该科目贷方登记按照合同约定计算的应付利息，借方登记实际支付的利息，期末贷方余额，反映企业应付未付的利息。

11. 预收账款的概念。预收账款是指企业按照合同规定或交易双方的约定，而向购买单位或接受劳务的单位在未发出商品或提供劳务时预收的款项。

12. 预收账款的核算。企业应通过“预收账款”科目核算预收账款的取得、偿付等情况，该科目贷方登记发生的预收账款的数额和购货单位补付账款的数额，借方登记企业向购货方发货后冲销的预收账款的数额和退回购货方多付账款的数额。余额一般在贷方，反映企业向购货单位预收款项但尚未向购货方发货的数额；如为借方余额，反映企业尚未转销的款项。

13. 应付职工薪酬的概念。应付职工薪酬是企业根据有关规定应付给职工的各种薪酬，包括职工工资、奖金、津贴和补贴，职工福利费，医疗、养老、失业、工伤、生育等社会保险费，住房公积金，工会经费，职工教育经费，非货币性福利，因解除与职工的劳动关系给予的补偿，其他与获得职工提供的服务相关的支出。

14. 应付职工薪酬的核算。企业应当通过“应付职工薪酬”科目核算应付职工薪酬的提取、结算、使用等情况，该科目贷方登记已分配计入有关成本费用项目的职工薪酬的数额，借方登记实际发放职工薪酬的数额，期末贷方余额，反映企业应付未付的职工薪酬。

15. 应交税费的内容。企业根据税法规定应交纳的各种税费包括增值税、消费税、营业税、城市维护建设税、资源税、企业所得税、土地增值税、房产税、车船税、土地使用税、教育费附加、矿产资源补偿费、印花税、耕地占用税等。

16. 应交税费的核算。企业应通过“应交税费”科目总括反映各种税费的应交、交纳等情况，该科目贷方登记应交纳的各种税费等，借方登记实际交纳的税费。期末余额一般在贷方，反映企业尚未交纳的税费；期末余额如在借方，反映企业多交或尚未抵扣的税费。

17. 应付股利的概念。应付股利是指企业根据股东大会或类似机构审议批准的利润分配方案确定分配给投资者的现金股利或利润。

18. 应付股利的核算。企业应通过“应付股利”科目核算企业确定或宣告支付但尚未实际支付的现金股利或利润，该科目贷方登记应支付的现金股利或利润，借方登记实际支付的现金股利或利润，期末贷方余额，反映企业应付未付的现金股利或利润。

19. 其他应付款的概念。其他应付款是指企业除应付票据、应付账款、预收账款、应付职工薪酬、应付利息、应付股利、应交税费、长期应付款等以外的其他各项应付、暂收的款项。

20. 其他应付款的核算。企业应通过“其他应付款”科目核算其他应付款的增减变动及其结存情况，该科目贷方登记发生的各种应付、暂收款项，借方登记偿还或转销的各种应付、暂收款项，期末贷方余额，反映企业应付未付的其他应付款项。

21. 长期借款的概念。长期借款是指企业向银行或其他金融机构借入的期限在一年以上(不含一年)或超过一年的一个营业周期以上的各项借款。

22. 长期借款的核算。企业应通过“长期借款”科目核算长期借款的借入、归还等情况，该科目的贷方登记长期借款本息的增加额，借方登记本息的减少额，期末贷方余额，表示企业尚未偿还的长期借款。

23. 应付债券的概念。应付债券是指企业为筹集(长期)资金而发行的债券。

24. 应付债券的分类。债券发行有面值发行、溢价发行和折价发行三种情况。企业债券按其面值出售的，称为面值发行。折价发行是指债券以低于其面值的价格发行，而溢价发行则是指债券按高于其面值的价格发行。

25. 应付债券的核算。企业应设置“应付债券”科目核算应付债券发行、计提利息、还本付息等情况，该科目贷方登记应付债券的本金和利息，借方登记归还的债券本金和利息，期末贷方余额，表示企业尚未偿还的长期债券。

第六章　所有者权益

【学习目标】

(1)了解所有者权益的概念;

(2)了解实收资本、资本公积、利润分配和盈余公积的概念;

(3)掌握实收资本、资本公积、利润分配和盈余公积的核算。

所有者权益是指企业资产扣除负债后由所有者享有的剩余权益。公司的所有者权益又称为股东权益。所有者权益的来源包括所有者投入的资产、直接计入所有者权益的利得和损失、留存收益等,通常由实收资本(或股本)、资本公积(含资本溢价或股本溢价、其他资本公积)、盈余公积和未分配利润构成。其中,盈余公积和未分配利润统称为留存收益。

所有者权益既可反映所有者投入资本的保值增值情况,又体现了保护债权人权益的理念。负债反映的是企业债权人对企业资产的索取权,而且通常债权人对企业资产的索取权要优先于所有者对企业资产的索取权。因此,所有者权益和负债在性质上有本质区别,企业在会计确认、计量和报告中应当严格区分负债和所有者权益,以如实反映企业的财务状况,尤其是企业的偿债能力和产权比率等。

第一节　实收资本

一、实收资本概述

实收资本是指企业投资者按照企业章程或合同、协议的约定,实际投入企业的资本。实收资本的构成比例,即投资者的出资比例或股东的股份比例,通常是确定所有者在企业所有者权益中所占的份额和参与企业财务经营决策的基础,也是企业进行利润分配或股利分配的依据,同时还是企业清算时确定所有者对净资产要求权的依据。

我国《公司法》规定,股东可以用货币出资,也可以用实物、知识产权、土地使用权等可以用货币估价并可以依法转让的非货币财产作价出资;但是,法律、行政法规规定不得作为出资的财产除外。企业应当对作为出资的非货币财产评估作价，核实财产，不得高估或者低估作价。法律、行政法规对评估作价有规定的，从其规定。全体股东的货币出资金额不得低于有限责任公司注册资本的30%。不论以何种方式出资，投资者如在投资过程中违反投资合约或协议约定，不按规定如期缴足出资额，企业可以依法追究投资者的违约责任。

二、实收资本的核算

为了反映和监督投资者投入资本的增减变动情况，企业必须按照国家统一的会计制度的规定进行实收资本的核算，真实地反映所有者投入企业资本的状况，维护所有者各方面在企业的权益。

企业应设置"实收资本"科目核算其增减变动情况，该科目的借方反映实收资本减少数额，贷方反映实收资本增加数额，期末贷方余额，表示实收资本余额。该科目应按投资者设置明细账。

(一)接受现金资产投资

在企业按规定接受投资者额外投入实现增资时，企业应当按照实际收到的款项或其他资产，借记"银行存款"等科目，按增加的实收资本或股本金额，贷记"实收资本"或"股本"科目。具体可分为以下情况分别核算：

1. 股份有限公司以外的企业接受现金资产投资

【例6－1】 甲、乙、丙共同出资设立有限责任公司A，公司注册资本为1 000 000元，甲、乙、丙持股比例分别为50%、30%和20%。2014年1月1日，A公司如期收到各投资者一次性缴足的款项。根据上述资料，A公司应作以下账务处理：

借：银行存款　　1 000 000

　贷：实收资本——甲　　500 000

　　　　　　　——乙　　300 000

　　　　　　　——丙　　200 000

2. 股份有限公司接受现金资产投资

股份有限公司发行股票时，既可以按面值发行股票，也可以溢价发行(我国目前不准许折价发行)。股份有限公司在核定的股本总额及核定的股份总额的范围内发行股票时，应在实际收到现金资产时进行会计处理。

【例6－2】 B公司发行普通股200 000股，每股面值为1元，发行价格为5元。股款1 000 000元已经全部收到，不考虑相关税费。根据上述资料，B公司应作以下账务处理：

借：银行存款　　1 000 000

　贷：股本　　200 000

　　　资本公积——股本溢价　　800 000

(二)接受非现金资产投资

1. 接受投入固定资产

企业接受投资者作价投入的房屋、建筑物、机器设备等固定资产，应按照投资合同或协议约定的价值确定固定资产的价值(但投资合同或协议约定价值不公允的除外)和在注册资本中应享有的份额。

【例6－3】 甲公司于设立时收到投资者作为资本投入的不需要安装的机器设备一台，合同约定该机器设备的价值为100 000元，增值税进项税额为17 000元，合同约定的固定资产价值与公允价值相符，不考虑其他因素，甲公司应编制会计分录如下：

借：固定资产　100 000

　应交税费——应交增值税（进项税额）　17 000

　　贷：实收资本　117 000

2. 接受投入材料物资

企业接受投资者作价投入的材料物资，应按照投资合同或协议约定的价值确定材料物资的价值（但投资合同或协议约定价值不公允的除外）和在注册资本中应享有的份额。

【例6—4】 乙公司于设立时收到投资者作为资本投入的原材料一批，该批原材料投资合同约定价值为100 000元，增值税进项税额为17 000元。投资者已开具了增值税专用发票。假设合同约定的价值与公允价值相符，不考虑其他因素，乙公司应编制会计分录如下：

借：原材料　100 000

　应交税费——应交增值税（进项税额）　17 000

　　贷：实收资本　117 000

3. 接受投入无形资产

企业收到以无形资产方式投入的资本，应按照投资合同或协议约定的价值确定无形资产的价值（但投资合同或协议约定价值不公允的除外）和在注册资本中应享有的份额。

【例6—5】 丙公司于设立时收到投资者作为资本投入的非专利技术一项，该非专利技术投资合同约定价值为40 000元。此项投资符合相关规定，可按合同约定作实收资本入账，合同约定的价值与公允价值相符，不考虑其他因素，丙公司应编制会计分录如下：

借：无形资产——非专利技术　40 000

　　贷：实收资本　40 000

（三）实收资本减少的核算

企业减少实收资本应按法定程序报经批准，股份有限公司采用收购本公司股票方式减资的，按股票面值和注销股数计算的股票面值总额冲减股本，按注销库存股的账面余额与所冲减股本的差额冲减股本溢价，股本溢价不足冲减的，再冲减盈余公积直至未分配利润。如果购回股票支付的价款低于面值总额的，所注销库存股的账面余额与所冲减股本的差额作为增加股本溢价处理。

【例6—6】 丁公司2014年12月31日的股本为100 000 000股，面值为1元，资本公积（股本溢价）30 000 000元，盈余公积40 000 000元。经股东大会批准，丁公司以现金回购本公司股票20 000 000股并注销。假定丁公司按每股2元回购股票，不考虑其他因素，丁公司的会计处理如下：

（1）回购本公司股票时：

借：库存股　40 000 000

　　贷：银行存款　40 000 000

（2）注销本公司股票时：

借：股本　20 000 000

　资本公积——股本溢价　20 000 000

　　贷：库存股　40 000 000

第二节 资本公积

一、资本公积概述

(一)资本公积的来源

资本公积是企业收到投资者超出其在企业注册资本(或股本)中所占份额的投资,以及直接计入所有者权益的利得和损失等。资本公积是与企业收益无关而与资本相关的款项。资本公积包括资本溢价(或股本溢价)、直接计入所有者权益的利得和损失等。

资本溢价(或股本溢价)是企业收到投资者超出其在企业注册资本(或股本)中所占份额的投资。形成资本溢价(或股本溢价)的原因有溢价发行股票、投资者超额缴入资本等。

直接计入所有者权益的利得和损失是指不应计入当期损益的、会导致所有者权益发生增减变动的、与所有者投入资本或者向所有者分配利润无关的利得或者损失。

此外,企业根据国家有关规定实行股权激励的,如果在等待期内取消了授予的权益工具,企业应在进行权益工具加速行权处理时,将剩余等待期内应确认的金额立即计入当期损益,并同时确认资本公积。

资本公积的核算包括资本溢价(或股本溢价)的核算、其他资本公积的核算和资本公积转增资本的核算等内容。

(二)资本公积的内容

(1)资本(或股本)溢价。资本溢价是指投资者缴付企业的出资额大于其在企业注册资本中所拥有份额的数额。股本溢价是指股份有限公司溢价发行股票时实际收到的款项超过股票面值总额的数额。

(2)接受捐赠非现金资产准备。是指企业因接受非现金资产捐赠而增加的资本公积。接受捐赠资产是外部单位或个人赠与企业的资产。

(3)股权投资准备。是指企业对被投资单位的长期股权投资在采用权益法核算时,因被投资单位接受捐赠等原因增加资本公积,从而导致投资企业按其持股比例或投资比例计算而增加的资本公积。

(4)拨款转入。是指企业收到国家专门用于技术改造、技术研究等的拨款,在项目完成后按规定转入资本公积的部分。

(5)外币资本折算差额。是指企业接受外币资本投资因所采用的汇率不同而产生资本折算差额时,在收到外币资本日的市场汇率与投资合同或协议约定的外币折算汇率不一致的情况下,按收到外币资本日的市场汇率折算为资本入账的价值,与按照约定汇率折算为实收资本入账的价值的差额。

(6)关联交易差价。是指上市公司与关联方之间显失公允的关联交易所形成的差价。

(7)直接计入所有者权益的利得和损失。主要是指企业拥有可供出售的金融资产,当其公允价值大于账面价值时形成的利得,应计入资本公积。

(8)其他资本公积。是指除上述各项资本公积以外所形成的资本公积,以及从资本公积各准备项目转入的金额。

(三)资本公积与实收资本(或股本)、留存收益的区别

1. 资本公积与实收资本(或股本)的区别

(1)从来源和性质看。实收资本(或股本)是指投资者按照企业章程或合同、协议的约定，实际投入企业并依法进行注册的资本，它体现了企业所有者对企业的基本产权关系。资本公积是投资者的出资中超出其在注册资本中所占份额的部分，以及直接计入所有者权益的利得和损失，它不直接表明所有者对企业的基本产权关系。

(2)从用途看。实收资本(或股本)的构成比例是确定所有者参与企业财务经营决策的基础，也是企业进行利润分配或股利分配的依据，同时还是企业清算时确定所有者对净资产的要求权的依据。资本公积的用途主要是用来转增资本(或股本)。资本公积不体现各所有者的占有比例，也不能作为所有者参与企业财务经营决策或进行利润分配(或股利分配)的依据。

2. 资本公积与留存收益的区别

资本公积的来源不是企业实现的利润，而主要来自资本溢价(或股本溢价)等。留存收益是企业从历年实现的利润中提取或形成的留存于企业的内部积累，来源于企业生产经营活动实现的利润。

二、资本公积的核算

企业应设置"资本公积"科目核算其增减变动情况，该科目借方反映资本公积减少数额，贷方反映资本公积增加数额，期末贷方余额，表示资本公积余额。为了反映各类不同性质的资本公积的增减变动情况，应按照资本公积的类别分别设置"资本(或股本)溢价"、"接受捐赠非现金资产准备"、"股权投资准备"、"拨款转入"、"外币资本折算差额"、"关联交易差价"、"其他资本公积"等明细科目，进行明细分类核算。

(一)资本溢价(或股本溢价)

1. 资本溢价

除股份有限公司外的其他类型的企业，在企业创立时，投资者认缴的出资额与注册资本一致，一般不会产生资本溢价。但在企业重组或有新的投资者加入时，常常会出现资本溢价。新加入的投资者往往要付出大于原投资者的出资额，才能取得与原投资者相同的出资比例。投资者多缴的部分就形成了资本溢价。

【例 6—7】 甲公司由两位投资者投资 200 000 元设立，每人各出资 100 000 元。一年后，甲公司注册资本增加到 300 000 元，并引入第三位投资者。按照投资协议，新投资者缴入现金 120 000 元，同时享有该公司三分之一的股份。甲公司已收到该现金投资。假定不考虑其他因素，甲公司的会计分录如下：

借：银行存款	120 000	
贷：实收资本		100 000
资本公积——资本溢价		20 000

2. 股本溢价

股份有限公司是以发行股票的方式筹集股本的，股票可按面值发行，也可按溢价发行，我国目前不准折价发行。与其他类型的企业不同，股份有限公司在成立时可能会溢价发行股票，因而在成立之初就可能会产生股本溢价。股本溢价的数额等于股份有限公司发行股票时实际收到的款额超过股票面值总额的部分。

在按面值发行股票的情况下，企业发行股票取得的收入，应全部作为股本处理；在溢价发行股票的情况下，企业发行股票取得的收入，等于股票面值的部分作为股本处理，超出股票面值的溢价收入应作为股本溢价处理。

发行股票相关的手续费、佣金等交易费用，如果是溢价发行股票的，应从溢价中抵扣，冲减资本公积（股本溢价）；无溢价发行股票或溢价金额不足以抵扣的，应将不足抵扣的部分冲减盈余公积和未分配利润。

【例6－8】　乙公司发行普通股2 000 000股，每股面值1元，按每股1.2元的价格发行。支付相关税费70 000元。假如收到的股款已存入银行。乙公司的会计分录如下：

借：银行存款　　2 330 000

　　贷：股本　　2 000 000

　　　　资本公积——股本溢价　　330 000［2 000 000×（1.2－1）－70 000］

（二）其他资本公积

其他资本公积是指除资本溢价（或股本溢价）项目以外所形成的资本公积，其中主要是直接计入所有者权益的利得和损失。本书以因被投资单位所有者权益的其他变动产生的利得或损失为例，介绍相关的其他资本公积的核算。

企业对某被投资单位的长期股权投资采用权益法核算的，在持股比例不变的情况下，对因被投资单位除净损益以外的所有者权益的其他变动，如果是利得，则应按持股比例计算其应享有被投资单位所有者权益的增加数额；如果是损失，则作相反的分录。在处置长期股权投资时，应转销与该笔投资相关的其他资本公积。

【例6－9】　丙有限责任公司于2014年1月1日向丁公司投资8 000 000元，拥有该公司20%的股份，并对该公司有重大影响，因而对丁公司长期股权投资采用权益法核算。2014年12月31日，丁公司除净损益之外的所有者权益增加了1 000 000元。假定除此以外，丁公司的所有者权益没有变化，丙有限责任公司的持股比例没有变化，丁公司资产的账面价值与公允价值一致，不考虑其他因素。丙有限责任公司的会计分录如下：

借：长期股权投资——丁公司　　200 000

　　贷：资本公积——其他资本公积　　200 000

（三）资本公积转增资本

经股东大会或类似机构决议，用资本公积转增资本时，应冲减资本公积，同时按照转增前的实收资本（或股本）的结构或比例，将转增的金额记入“实收资本”（或“股本”）科目下各所有者的明细分类账。

资本公积转增资本时，所留存的资本公积不得少于转增前公司注册资本的25%。

【例6－10】　甲公司已经办妥增资手续，将资本公积100 000元转增资本。甲公司的会计分录如下：

借：资本公积　　100 000

　　贷：实收资本　　100 000

第三节　留存收益

一、留存收益概述

留存收益是公司在经营过程中所创造的，但由于公司经营发展的需要或由于法定的原因等没有分配给所有者而留存在公司的盈利。留存收益是指企业从历年实现的利润中提取或留存于企业的内部积累，它来源于企业的生产经营活动所实现的净利润，包括企业的盈余公积和未分配利润两个部分。

其中，盈余公积是有特定用途的累积盈余，未分配利润是没有指定用途的累积盈余。

二、利润分配

利润分配是指企业根据国家有关规定和企业章程、投资者协议等，对企业当年可供分配的利润所进行的分配。

可供分配的利润＝当年实现的净利润(或净亏损)＋年初未分配利润(－年初未弥补亏损)＋其他转入

利润分配的顺序依次是：(1)提取法定盈余公积；(2)提取任意盈余公积；(3)向投资者分配利润。

未分配利润是经过弥补亏损、提取法定盈余公积、提取任意盈余公积和向投资者分配利润等利润分配之后剩余的利润，它是企业留待以后年度进行分配的历年结存的利润。相对于所有者权益的其他部分来说，企业对于未分配利润的使用有较大的自主权。从数量上讲，未分配利润是期初未分配利润，加上本期实现的净利润，减去提取的各种盈余公积和分出利润后的余额。

企业应设置"利润分配"科目核算企业利润的分配(或亏损的弥补)和历年分配(或弥补)后的未分配利润(或未弥补亏损)，该科目借方反映利润分配减少数额，贷方反映利润分配增加数额，期末贷方余额，表示未分配利润数额。

该科目应分别设置"提取法定盈余公积"、"提取任意盈余公积"、"应付现金股利或利润"、"盈余公积补亏"、"未分配利润"等进行明细核算。企业未分配利润通过"利润分配——未分配利润"明细科目进行核算。年度终了，企业应将全年实现的净利润或发生的净亏损，自"本年利润"科目转入"利润分配——未分配利润"科目。结转后，"利润分配——未分配利润"科目如为贷方余额，表示累积未分配的利润数额；如为借方余额，则表示累积未弥补的亏损数额。

【例6－11】 甲公司年初未分配利润为零，本年实现净利润100 000元，本年提取法定盈余公积10 000元，宣告发放现金股利70 000元。假定不考虑其他因素，甲公司会计处理如下：

(1)结转本年利润时：

借：本年利润	100 000	
贷：利润分配——未分配利润		100 000

(2)提取法定盈余公积时：

借：利润分配——提取法定盈余公积	10 000	
贷：盈余公积		10 000

(3)宣告发放现金股利时：

借：利润分配——应付现金股利	70 000	
贷：应付股利		70 000

(4)年末，将"利润分配——提取法定盈余公积"、"利润分配——应付现金股利"结转到"利润分配——未分配利润"时：

借：利润分配——未分配利润	80 000	
贷：利润分配——提取法定盈余公积		10 000
——应付现金股利		70 000

在进行未分配利润的会计核算时，应注意以下两个问题：

第一,"未分配利润"明细账户余额反映的是企业累积未分配利润或累积未弥补亏损。为了扩大生产规模,平衡各年度的投资回报水平,企业的利润一般不会在年度终了时全部分配完毕,而是将本年度的部分利润留待以后年度进行分配。第二年实现的利润又可能留下一部分不进行分配,就这样一年一年地滚存下来。因此,"未分配利润"明细账户的贷方余额反映的是历年累积的未分配利润。

同样,本年度未弥补亏损留待以后年度弥补,第二年有利润可以弥补,若无利润或又发生了亏损,这个亏损加上第二年亏损继续滚存下去,此时"未分配利润"明细账户的借方余额反映的是历年累积的亏损。

第二,用利润弥补亏损无须编制会计分录。企业发生亏损时,从"本年利润"账户贷方转入"利润分配"账户的借方,结转后,即为未弥补的亏损。第二年实现的利润,自"本年利润"账户转入"利润分配"账户后,自然抵减了上年转来的借方余额,即弥补了亏损,无须作专门的补亏会计分录。

三、盈余公积

盈余公积是指企业按照规定从净利润中提取的各种积累资金。盈余公积与资本公积不同,盈余公积是从净利润中取得的,而资本公积的形成有其特定的来源,与企业的净利润无关。

按照《公司法》有关规定,公司制企业应当按照净利润(减去弥补以前年度亏损,下同)的10%提取法定盈余公积。非公司制企业法定盈余公积的提取比例可超过净利润的10%。法定盈余公积累计额已达注册资本的50%时可以不再提取。值得注意的是,在计算提取法定盈余公积的基数时,不应包括企业年初未分配利润。公司制企业可根据股东大会的决议提取任意盈余公积。非公司制企业经类似权力机构批准,也可提取任意盈余公积。法定盈余公积和任意盈余公积的区别在于其各自计提的依据不同,前者以国家的法律法规为依据,后者由企业的权力机构自行决定。

企业提取的盈余公积经批准可用于弥补亏损、转增资本、发放现金股利或利润等。

为了反映盈余公积的形成及使用情况,企业应设置"盈余公积"科目核算其增减变动情况,该科目借方反映盈余公积减少数额,贷方反映盈余公积增加数额,期末贷方余额,表示盈余公积余额。该科目应按照盈余公积类型分别设置"法定盈余公积"、"任意盈余公积"进行明细核算。

(一)提取盈余公积

企业提取盈余公积时,借记"利润分配——提取法定盈余公积(提取任意盈余公积)"账户,贷记"盈余公积——法定盈余公积(任意盈余公积)"账户。

【例6—12】 甲公司本年实现净利润为9 000 000元,经股东大会批准,按当年净利润的10%提取法定盈余公积。假定不考虑其他因素,甲公司的会计分录如下:

借:利润分配——提取法定盈余公积　　900 000
　　贷:盈余公积——法定盈余公积　　900 000

(二)盈余公积补亏

企业经过决议用盈余公积弥补亏损时,应当借记"盈余公积"账户,贷记"利润分配——盈余公积补亏"账户。

【例6—13】 经股东大会批准,乙公司用以前年度提取的盈余公积弥补当年亏损300 000元。假定不考虑其他因素,乙公司的会计分录如下:

借：盈余公积　　300 000

　　贷：利润分配——盈余公积补亏　　300 000

（三）盈余公积转增资本

企业经过批准用盈余公积转增资本时，应按照实际用于转增的盈余公积金额，借记“盈余公积”账户，贷记“实收资本”（或“股本”）账户。

盈余公积转增资本时，所留存的盈余公积不得少于转增前公司注册资本的25%。

【例6－14】 经股东大会批准，丙股份有限公司将盈余公积60 000 000元转增股本。假定不考虑其他因素，丙公司的会计分录如下：

借：盈余公积　　60 000 000

　　贷：股本　　60 000 000

（四）用盈余公积发放现金股利或利润

企业经过批准用盈余公积发放现金股利或利润时，应按照实际用盈余公积发放现金股利或利润的金额，借记“盈余公积”账户，贷记“应付股利”账户。

【例6－15】 经股东大会批准，丁公司使用盈余公积300 000元分配现金股利。假定不考虑其他因素，丁公司的会计分录如下：

借：盈余公积　　300 000

　　贷：应付股利　　300 000

本章小结

1. 所有者权益的概念。所有者权益是指所有者在企业资产中享有的经济利益，其金额为资产减去负债后的余额。

2. 所有者权益的内容。通常由实收资本（或股本）、资本公积（含资本溢价或股本溢价、其他资本公积）、盈余公积和未分配利润构成。其中，盈余公积和未分配利润统称为留存收益。

3. 实收资本的概念。实收资本是指企业投资者按照企业章程或合同、协议的约定，实际投入企业的资本。实收资本是投资者投入资本形成法定资本的价值。

4. 实收资本的核算。企业应设置“实收资本”科目核算其增减变动情况，该科目的借方反映实收资本减少数额，贷方反映实收资本增加数额，期末贷方余额，表示实收资本余额。

5. 资本公积的概念。资本公积是企业收到投资者超出其在企业注册资本（或股本）中所占份额的投资，以及直接计入所有者权益的利得和损失等。

6. 资本公积的核算。企业应设置“资本公积”科目核算其增减变动情况，该科目借方反映资本公积减少数额，贷方反映资本公积增加数额，期末贷方余额，表示资本公积余额。

7. 留存收益的概念。留存收益是指企业从历年实现的利润中提取或留存于企业的内部积累，它来源于企业的生产经营活动所实现的净利润，包括企业的盈余公积和未分配利润两个部分。

8. 利润分配的概念。利润分配是指企业根据国家有关规定和企业章程、投资者协议等，对企业当年可供分配的利润所进行的分配。

9. 未分配利润的概念。未分配利润是经过弥补亏损、提取法定盈余公积、提取任意盈余公积和向投资者分配利润等利润分配之后剩余的利润，它是企业留待以后年度进行分配的历年结存的利润。

10. 利润分配的核算。企业应设置“利润分配”科目核算其增减变动情况，该科目借方反映利润分配减少数额，贷方反映利润分配增加数额，期末贷方余额，表示未分配利润数额。

11. 盈余公积的概念。盈余公积是指企业按照规定从净利润中提取的各种积累资金。

12. 盈余公积的核算。企业应设置“盈余公积”科目核算其增减变动情况，该科目借方反映盈余公积减少数额，贷方反映盈余公积增加数额，期末贷方余额，表示盈余公积余额。

第七章　收入、费用和利润

【学习目标】

(1)了解收入的概念、特点及分类；

(2)掌握收入的确认条件，以及销售商品收入、提供劳务收入、让渡资产使用权收入的账务处理；

(3)了解费用的概念和特点，掌握费用的内容及核算；

(4)了解利润的概念及构成，掌握营业外收支的计算和账务处理；

(5)掌握所得税费用的计算和账务处理；

(6)掌握本年利润及利润分配的账务处理。

第一节　收　入

一、收入的概念和特征

(一)收入的概念

收入是指企业在日常经营活动中形成的、会导致所有者权益增加的、与所有者投入资本无关的经济利益的总流入。

(二)收入的特征

1. 收入是企业在日常活动中形成的经济利益的总流入

日常经营活动，是指企业为完成其经营目标所从事的经常性活动以及与之相关的活动。工业企业销售产品、商业企业销售商品、咨询公司提供咨询服务、软件开发企业为客户开发软件、安装公司提供安装服务、商业银行对外贷款、租赁公司出租资产等活动，均属于企业为完成其经营目标所从事的经常性活动，由此形成的经济利益的总流入构成收入。工业企业对外出售不需用的原材料、对外转让无形资产使用权、对外进行权益性投资或债权性投资等活动，虽不属于企业的经常性活动，但属于企业为完成其经营目标所从事的与经常性活动相关的活动，由此形成的经济利益的流入也构成收入。

收入形成于企业日常活动的特征使其与产生于非日常活动的利得相区分。企业所从事或发生的某些活动也能为企业带来经济利益,但不属于企业为完成其经营目标所从事的经常性活动,也不属于与经常性活动相关的活动,例如,工业企业处置固定资产、无形资产,因其他企业违约收取罚款等,这些活动形成的经济利益的总流入属于企业的利得而不是收入。利得通常不经过经营过程就能取得,或属于企业不曾期望获得的收益。

2. 收入会导致企业所有者权益的增加

收入形成的经济利益总流入的形式多种多样:既可能表现为资产的增加,如增加银行存款、应收账款;也可能表现为负债的减少,如减少预收账款;还可能表现为两者的组合,如销售实现时,部分冲减预收账款,部分增加银行存款。收入形成的经济利益总流入能增加资产或减少负债或两者兼而有之,根据"资产－负债＝所有者权益"的会计等式,收入一定能增加企业的所有者权益。这里所说的收入能增加所有者权益,仅指收入本身的影响,而收入扣除与之相配比的费用后的净额,既可能增加所有者权益,也可能减少所有者权益。

企业为第三方或客户代收的款项,如企业代国家收取的增值税等,一方面增加企业的资产,另一方面增加企业的负债,但并不增加企业的所有者权益,因此不构成本企业的收入。

3. 收入与所有者投入资本无关

所有者投入资本主要是为谋求享有企业资产的剩余权益,由此形成的经济利益的总流入不构成收入,而应确认为企业所有者权益的组成部分。

二、收入的分类

(一)按收入形成的原因分类

收入按其形成的原因不同,分为销售商品收入、提供劳务收入和让渡资产使用权收入。

(1)销售商品收入。是指企业通过销售商品实现的收入。这里的商品主要是企业为销售而生产的产品,企业销售的其他存货如原材料、包装物等也视同商品。

(2)提供劳务收入。是指企业通过提供劳务实现的收入。比如,企业通过提供旅游、运输、咨询、代理、培训、产品安装等劳务所实现的收入。

(3)让渡资产使用权收入。是指企业通过让渡资产的使用权实现的收入,主要包括利息收入和使用费收入。利息收入主要是指金融企业对外贷款形成的利息收入,以及同业之间发生往来形成的利息收入等。使用费收入主要是指企业转让无形资产的使用权所形成的使用费收入。企业对外出租固定资产收取的租金、进行债权投资收取的利息、进行股权投资取得的现金股利等,也构成让渡资产使用权收入。

(二)按企业经营业务的主次分类

收入按企业经营业务的主次不同,分为主营业务收入和其他业务收入。

(1)主营业务收入。是指企业为完成其经营目标所从事的经常性活动实现的收入。主营业务收入一般占企业总收入的较大比重,对企业的经济效益产生较大影响。不同行业企业的主营业务收入所包含的内容也有所不同,比如,工业企业的主营业务收入主要包括销售商品、自制半成品等或提供工业性劳务等实现的收入,商业企业的主营业务收入主要是销售商品实现的收入。

(2)其他业务收入。是指企业为完成其经营目标所从事的与经常性活动相关的活动实现的收入。其他业务收入属于企业日常活动中次要交易实现的收入,一般占企业总收入的比重较小。不同行业企业的其他业务收入所包含的内容也不同,比如,工业企业的其他业务收入主要包括对外销售材料，对外出租包装物、商品或固定资产，对外转让无形资产使用权，对外进行权益性投资(取得现金股利)或债权性投资(取得利息)，提供非工业性劳务等实现的收入。

三、销售商品收入的确认条件

销售商品收入同时满足下列条件的，才能予以确认。

(1)企业已将商品所有权上的主要风险和报酬转移给购货方。企业已将商品所有权上的主要风险和报酬转移给购货方，是指与商品所有权有关的主要风险和报酬同时转移。与商品所有权有关的风险，是指商品可能发生减值或毁损等形成的损失；与商品所有权有关的报酬，是指商品价值增值或通过使用商品等形成的经济利益。企业已将商品所有权上的主要风险和报酬转移给购货方，构成确认销售商品收入的重要条件。

判断企业是否已将商品所有权上的主要风险和报酬转移给购货方，应当关注交易的实质，并结合所有权凭证的转移进行判断。如果与商品所有权有关的任何损失均不需要销货方承担，与商品所有权有关的任何经济利益也不归销货方所有，就意味着商品所有权上的主要风险和报酬转移给了购货方。

通常情况下，转移商品所有权凭证并交付实物后，商品所有权上的所有风险和报酬随之转移，如大多数商品零售、预收款销售商品等。对于商品零售交易，销货方在售出商品时将商品交付给购货方，同时收到购货方支付的货款，这一交付行为发生后，购货方一般不能退货，售出商品发生的任何损失均不再需要销货方承担，售出商品带来的经济利益也不再归销货方所有，因此可以认为该售出商品所有权上的风险和报酬已转移给了购货方。

(2)企业既没有保留通常与所有权相联系的继续管理权，也没有对已售出的商品实施有效控制。通常情况下，企业售出商品后不再保留与商品所有权相联系的继续管理权，也不再对售出商品实施有效控制，商品所有权上的主要风险和报酬已经转移给购货方，通常应在发出商品时确认收入。如果企业在商品销售后保留了与商品所有权相联系的继续管理权，或能够继续对其实施有效控制，说明商品所有权上的主要风险和报酬没有转移，销售交易不能成立，不应确认收入，如售后租回。

(3)相关的经济利益很可能流入企业。在销售商品的交易中，与交易相关的经济利益主要表现为销售商品的价款。相关的经济利益很可能流入企业，是指销售商品价款收回的可能性大于不能收回的可能性，即销售商品价款收回的可能性超过50%。企业在销售商品时，如估计销售价款不是很可能收回，即使收入确认的其他条件均已满足，也不应当确认收入。

企业在确定销售商品价款收回的可能性时，应当结合以前与买方交往的直接经验、政府有关政策、其他方面取得信息等因素进行分析。企业销售的商品符合合同或协议要求，已将发票账单交付买方，买方承诺付款，通常表明相关的经济利益很可能流入企业。如果企业判断销售商品收入满足确认条件而予以确认，同时确认了一笔应收债权，以后由于购货方资金周转困难无法收回该债权时，不应调整原会计处理，而应对该债权计提坏账准备、确认坏账损失。如果企业根据以前与买方交往的直接经验判断买方信誉较差，或销售时得知买方在另一项交易中发生了巨额亏损、资金周转十分困难，或在出口商品时不能肯定进口企业所在国政府是否允许将款项汇出等，就可能会出现与销售商品相关的经济利益不能流入企业的情况，不应确认收入。

(4)收入的金额能够可靠地计量。收入的金额能够可靠地计量，是指收入的金额能够合理地估计。收入的金额能否合理地估计是确认收入的基本前提，如果收入的金额不能够合理地估计，就无法确认收入。企业在销售商品时，商品销售价格通常已经确定。但是，由于销售商品过程中某些不确定因素的影响，也有可能存在商品销售价格发生变动的情况。在这种情况下，新的商品销售价格未确定前通常不应确认销售商品收入。

(5)相关的已发生或将发生的成本能够可靠地计量。根据收入和费用配比原则，与同一项销售有关的收入和费用应在同一会计期间予以确认，即企业应在确认收入的同时或同一会计期间结转相关的成本。因此，如果成本不能可靠计量，相关的收入就不能确认。

相关的已发生或将发生的成本能够可靠地计量，是指与销售商品有关的已发生或将发生的成本能够合理地估计。通常情况下，与销售商品相关的已发生或将发生的成本能够合理地估计，如库存商品的成本、商品运输费用等。如果库存商品是本企业生产的，其生产成本能够可靠计量；如果是外购的，购买成本能够可靠计量。有时，与销售商品相关的已发生或将发生的成本不能够合理地估计，此时企业不能确认；若已收到价款，应将已收到的价款确认为负债。

四、销售商品收入的账务处理

销售商品收入的账务处理主要涉及一般销售商品业务、已经发出商品但不符合收入确认条件的销售业务、销售折让、销售退回、采用预售款方式销售商品、采用支付手续方式委托代销商品等情况。

(一)一般销售商品业务的处理

在进行销售商品的会计处理时，首先要考虑销售商品收入是否符合收入确认条件。符合收入准则所规定的五项确认条件的，企业应及时确认收入并结转相关销售成本。

【例 7—1】　甲公司销售商品一批，开出的增值税专用发票上注明售价为40 000元，增值税税额为6 800元；商品已经发出，货款未收到，该批商品的成本为20 000元。甲公司的账务处理如下：

借：应收账款	46 800	
贷：主营业务收入		40 000
应交税费——应交增值税(销项税额)		6 800
借：主营业务成本	20 000	
贷：库存商品		20 000

【例 7—2】　乙公司销售商品一批，开出的增值税专用发票上注明售价为30 000元，增值税税额为5 100元；乙公司收到不带息银行承兑汇票一张，票面金额为35 100元，期限为2个月；该批商品已经发出，乙公司以银行存款代垫运杂费2 000元；该批商品成本为18 000元。乙公司的账务处理如下：

借：应收票据	35 100	
应收账款	2 000	
贷：主营业务收入		30 000
应交税费——应交增值税(销项税额)		5 100
银行存款		2 000
借：主营业务成本	18 000	
贷：库存商品		18 000

(二)商业折扣、现金折扣和销售折让的处理

企业销售商品收入的金额通常按照从购货方已收或应收的合同或协议价款确定。在确定

销售商品收入的金额时，应注意区分现金折扣、商业折扣和销售折让及其不同的账务处理方法。总的来讲，确定销售商品收入的金额时，不应考虑预计可能发生的现金折扣、销售折让，即应按总价确认，但应是扣除商业折扣后的净额。现金折扣、商业折扣、销售折让的区别以及相关会计处理方法如下：

1. 商业折扣

商业折扣，是指企业为促进商品销售而在商品标价上给予的价格扣除。企业为了扩大销售、占领市场，对于批发商往往给予商业折扣，采用销量越多、价格越低的促销策略，也就是我们通常所说的"薄利多销"。如购买 5 件，销售价格折扣 10%；购买 10 件，折扣 20%；等等。其特点是折扣是在实现销售时同时发生的。

企业销售商品涉及商业折扣的，应当按照扣除商业折扣后的金额确定销售商品收入的金额。

【例 7—3】 甲公司在 2014 年 7 月 1 日向乙公司销售一批商品，该批商品原价 20 000 元。甲公司为了扩大销售，给乙公司货款 8 折的商业折扣，开出的增值税专用发票上注明的销售价款为 16 000 元，增值税税额为 2 720 元，货已发出，款已收到。甲公司的账务处理如下：

借：银行存款	18 720	
贷：主营业务收入		16 000
应交税费——应交增值税(销项税额)		2 720

2. 现金折扣

现金折扣，是指债权人为鼓励债务人在规定的期限内付款而向债务人提供的债务扣除。现金折扣一般用符号"折扣率/付款期限"表示。例如"2/10，1/20，*n*/30"表示：销货方允许客户最长的付款期限为 30 天，如果客户在 10 天内付款，销货方可按商品售价给予客户 2%的折扣；如果客户在 20 天内付款，销货方可按商品售价给予客户 1%的折扣；如果客户在 21 天至 30 天内付款，将不能享受现金折扣。

现金折扣发生在企业销售商品之后，企业销售商品后现金折扣是否发生以及发生多少要视购买方的付款情况而定，企业在确认销售商品收入时不能确定现金折扣金额。因此，企业销售商品涉及现金折扣的，应当按照扣除现金折扣前的金额确定销售商品收入的金额。现金折扣实际上是企业为了尽快回笼资金而发生的理财费用，应在实际发生时计入当期财务费用。

在计算现金折扣时，还应注意销售方是按不包含增值税的价款提供现金折扣，还是按包含增值税的价款提供现金折扣，两种情况下购买方享有的金额不同。

【例 7—4】 甲公司在 2014 年 7 月 1 日向乙公司销售一批商品，开出的增值税专用发票上注明的销售价款为 20 000 元，增值税税额为 3 400 元。为及早收回货款，甲公司和乙公司约定的现金折扣条件为：2/10，1/20，*n*/30。假定计算现金折扣时不考虑增值税税额。甲公司的账务处理如下：

(1)7 月 1 日销售实现时：

借：应收账款	23 400	
贷：主营业务收入		20 000
应交税费——应交增值税(销项税额)		3 400

(2)如果乙公司在 7 月 9 日，即 10 天内付清货款，可享受 2%的现金折扣：

借：银行存款	23 000	
财务费用	400(20 000×2%)	

贷：应收账款　　23 400

(3)如果乙公司在7月18日，即20天内付清货款，可享受1%的现金折扣：

借：银行存款　　23 200

财务费用　　200(20 000×1%)

贷：应收账款　　23 400

(4)如果乙公司在7月底才付清货款：

借：银行存款　　23 400

贷：应收账款　　23 400

3. 销售折让

销售折让，是指企业因售出商品的质量不合格等原因而在售价上给予的减让。企业将商品销售给买方后，如买方发现商品在质量、规格等方面不符合要求，可能会要求卖方在价格上给予一定的减让。

销售折让如发生在确认销售收入之前，则应在确认销售收入时直接按扣除销售折让后的金额确认；已确认销售收入的售出商品发生销售折让，且不属于资产负债表日后事项的，应在发生时冲减当期销售商品收入，如按规定允许扣减增值税税额的，还应冲减已确认的应交增值税销项税额。

【例7—5】 甲公司向乙公司销售一批商品，开出的增值税专用发票上注明的销售价款为20 000元，增值税税额为3 400元。乙公司在验收过程中发现商品质量不合格，要求在价格上给予5%的折让。假定甲公司已确认销售收入，货款未收到，已取得税务机关开具的红字增值税专用发票。甲公司的账务处理如下：

(1)销售实现时：

借：应收账款　　23 400

贷：主营业务收入　　20 000

应交税费——应交增值税(销项税额)　　3 400

(2)发生销售折让时：

借：主营业务收入　　1 000

应交税费——应交增值税(销项税额)　　170

贷：应收账款　　1 170

(3)实际收到款项时：

借：银行存款　　22 230(23 400—1 170)

贷：应收账款　　22 230

(三)销售材料等存货的处理

企业在日常活动中还可能发生对外销售不需用的原材料、随同商品对外销售单独计价的包装物等业务。企业销售原材料、包装物等存货也视同商品销售，其收入确认和计量原则比照商品销售。企业销售原材料、包装物等存货实现的收入作为其他业务收入处理，结转的相关成本作为其他业务成本处理。

企业销售原材料、包装物等存货实现的收入以及结转的相关成本，通过“其他业务收入”、“其他业务成本”科目核算。

“其他业务收入”科目核算企业除主营业务活动以外的其他经营活动实现的收入，包括销售材料、出租包装物和商品、出租固定资产、出租无形资产等实现的收入。该科目贷方登记企业实现的各项其他业务收入，借方登记期末结转入“本年利润”科目的其他业务收入，结转后该科目应无余额。

“其他业务成本”科目核算企业除主营业务活动以外的其他经营活动所发生的成本，包括销售材料的成本、出租固定资产的折旧额、出租无形资产的摊销额、出租包装物的成本或摊销额。该科目借方登记企业结转或发生的其他业务成本，贷方登记期末结转入“本年利润”科目的其他业务成本，结转后该科目应无余额。

【例7—6】 丙公司销售一批原材料，开出的增值税专用发票上注明的售价为20 000元，增值税税额为3 400元，款项已由银行收妥。该批原材料的实际成本为16 000元。丙公司会计处理如下：

借：银行存款　23 400
　贷：其他业务收入　20 000
　　应交税费——应交增值税（销项税额）　3 400
借：其他业务成本　16 000
　贷：原材料　16 000

五、提供劳务收入的账务处理

企业提供劳务的种类很多，有的劳务一次就能完成，如饮食、理发、照相等；有的劳务需要花费一段较长的时间才能完成，如安装、旅游、培训、远洋运输等。

企业对外提供劳务，如属于企业的主营业务所实现的收入，应作为主营业务收入处理，结转的相关成本应作为主营业务成本处理；如属于主营业务以外的其他经营活动所实现的收入，应作为其他业务收入处理，结转的相关成本应作为其他业务成本处理。企业对外提供劳务发生的支出一般先通过“劳务成本”科目予以归集，待确认为费用时，再由“劳务成本”科目转入“主营业务成本”或“其他业务成本”科目。

【例7—7】 甲公司于2014年5月7日接受一项设备安装任务，该安装任务可一次完成，合同总价款为9 000元，实际发生安装成本为5 000元。假定安装业务属于甲公司的主营业务。甲公司应作如下会计分录：

（1）在安装完成且未收到收入时：

借：应收账款　9 000
　贷：主营业务收入　9 000
借：劳务成本　5 000
　贷：银行存款　5 000

（2）待安装完成确认收到所提供劳务的收入并结转该项劳务总成本时：

借：银行存款　9 000
　贷：应收账款　9 000
借：主营业务成本　5 000
　贷：劳务成本　5 000

六、让渡资产使用权收入的核算

让渡资产使用权收入主要包括：利息收入，主要是指金融企业对外贷款形成的利息收入，以及同业之间发生往来形成的利息收入等；使用费收入，主要是指企业转让无形资产等资产的使用权形成的使用费收入。这里主要介绍转让无形资产等资产的使用权形成的使用费收入。

(一)让渡资产使用权的使用费收入的确认和计量原则

让渡资产使用权收入同时满足下列条件的,才能予以确认:

1. 相关的经济利益很可能流入企业

相关的经济利益很可能流入企业,是指让渡资产使用权收入金额收回的可能性大于不能收回的可能性。企业在确定让渡资产使用权收入金额能否收回时,应当根据对方企业的信誉和生产经营情况、双方就结算方式和期限等达成的合同或协议条款等因素,综合进行判断。如果企业估计让渡资产使用权收入金额收回的可能性不大,就不应确认收入。

2. 收入的金额能够可靠地计量

收入的金额能够可靠地计量,是指让渡资产使用权收入的金额能够合理地估计。如果让渡资产使用权收入的金额不能够合理地估计,则不应确认收入。

(二)让渡资产使用权的使用费收入的账务处理

企业让渡资产使用权的使用费收入,一般作为其他业务收入处理;让渡资产所计提的摊销额等,一般作为其他业务成本处理。

【例7—8】 甲公司向乙公司转让某软件的使用权,一次性收费40 000元,不提供后续服务,款项已经收回,假定不考虑其他因素。甲公司的账务处理如下:

借:银行存款　　40 000

　　贷:其他业务收入　　40 000

【例7—9】 丙公司于2014年1月1日向丁公司转让某专利权的使用权,协议约定转让期为5年,每年年末收取使用费20 000元。2014年该专利权计提的摊销额为12 000元,每月计提金额为1 000元,假定不考虑其他因素。丙公司会计处理如下:

(1)2014年年末确认使用费收入时:

借:银行存款　　20 000

　　贷:其他业务收入　　20 000

(2)2014年每月计提专利权摊销额时:

借:其他业务成本　　1 000

　　贷:累计摊销　　1 000

第二节 费 用

一、费用的概念和特征

(一)费用的概念

费用是指企业在日常活动中发生的、会导致所有者权益减少的、与向所有者分配利润无关的经济利益的总流出。

(二)费用的特征

1. 费用是企业在日常活动中发生的经济利益的总流出

如前所述,日常活动是指企业为完成其经营目标所从事的经常性活动以及与之相关的其他活动。工业企业制造并销售产品、商业企业购买并销售商品、咨询公司提供咨询服务、软件开发企业为客户开发软件、安装公司提供安装服务、租赁公司出租资产等活动中发生的经济利益的总流出构成费用。工业企业对外出售不需用的原材料结转的材料成本等，也构成费用。

费用形成于企业日常活动的特征使其与产生于非日常活动的损失相区分。企业从事或发生的某些活动或事项也能导致经济利益流出企业，但不属于企业的日常活动。例如，企业处置固定资产或无形资产等非流动资产、因违约支付罚款、对外捐赠、因自然灾害等非常原因造成财产毁损等，这些活动或事项形成的经济利益的总流出属于企业的损失而不是费用。

2. 费用会导致企业所有者权益的减少

费用既可能表现为资产的减少，如减少银行存款、库存商品等；也可能表现为负债的增加，如增加应付职工薪酬、应交税费等。根据“资产－负债＝所有者权益”的会计等式，费用一定会导致企业所有者权益的减少。

企业经营管理中的某些支出并不减少企业的所有者权益，也就不构成费用。例如，企业以银行存款偿还一项负债，只是一项资产和一项负债的等额减少，对所有者权益没有影响，因此，不构成企业的费用。

3. 费用与向所有者分配利润无关

向所有者分配利润或股利属于企业利润分配的内容，不构成企业的费用。

二、费用的主要内容及其核算

企业的费用主要包括主营业务成本、其他业务成本、营业税金及附加和期间费用。

(一)主营业务成本

主营业务成本是指企业销售商品、提供劳务等经常性活动所发生的成本。企业一般在确认销售商品、提供劳务等主营业务收入时，或在月末，将已销售商品、已提供劳务的成本结转入主营业务成本。

企业应设置“主营业务成本”账户进行核算，该账户属于损益类，计算应结转的主营业务成本时，借记“主营业务成本”账户，贷记“库存商品”账户。期末应将该账户的余额转入“本年利润”账户，结转后该账户无余额。

有关主营业务成本的核算举例参见【例 7－1】。

(二)其他业务成本

其他业务成本是指企业除主营业务活动以外的其他经营活动所发生的成本。

企业应设置“其他业务成本”账户进行核算，该账户属于损益类，计算应结转的其他业务成本时，借记“其他业务成本”账户，贷记“原材料”、“包装物”等账户。期末应将该账户的余额转入“本年利润”账户，结转后该账户无余额。

有关其他业务成本的核算举例参见【例 7－6】。

(三)营业税金及附加

营业税金及附加是指企业经营活动应负担的相关税费。

企业应设置“营业税金及附加”账户进行核算，该账户属于损益类，计算出应由营业负担的税金及附加时，借记“营业税金及附加”账户，贷记“应交税费”账户。期末应将该账户的余额转入“本年利润”账户，结转后该账户无余额。

有关营业税金及附加的核算举例参见【例 5－23】、【例 5－26】、【例 5－28】。

(四)期间费用

期间费用是指企业日常活动发生的不能计入特定核算对象的成本，而应计入发生当期损益的费用，包括管理费用、销售费用和财务费用。

期间费用是企业日常活动中所发生的经济利益的流出。之所以不计入一定的成本核算对象，主要是因为期间费用是为组织和管理企业整个经营活动所发生的费用，与可以确定一定成本核算对象的材料采购、产成品生产等支出没有直接关系，因而期间费用不计入有关核算对象的成本，而是直接计入当期损益。

1. 管理费用

管理费用是指企业行政管理部门为组织和管理企业生产经营所发生的费用，包括企业在筹建期间内发生的开办费、董事会和行政管理部门在企业的经营管理中发生的或者应由企业统一负担的公司经费，如行政管理部门职工工资及福利费，物料消耗费，固定资产折旧费，无形资产摊销费，低值易耗品摊销费，办公费和差旅费，工会经费，董事会费（包括董事会成员津贴、会议费和差旅费等），聘请中介机构费，咨询费（含顾问费），诉讼费，业务招待费，房产税、车船税、土地使用税、印花税，技术转让费，矿产资源补偿费，研究费用，排污费，以及企业生产车间（部门）和行政管理部门等发生的固定资产修理费等。

企业应通过"管理费用"科目核算管理费用的发生和结转情况。该科目借方登记企业发生的各项管理费用，贷方登记期末转入"本年利润"科目的管理费用，结转后该科目应无余额。该科目应按管理费用的费用项目进行明细核算。

【例7—10】 甲公司本月发生了以下管理费用：用现金支付本月办公费2 000元；用银行存款支付业务招待费8 000元；计算管理人员薪酬为100 000元。甲公司会计处理如下：

借：管理费用——办公费　　2 000
　　贷：库存现金　　2 000
借：管理费用——业务招待费　　8 000
　　贷：银行存款　　8 000
借：管理费用——职工薪酬　　100 000
　　贷：应付职工薪酬　　100 000

期末结转管理费用时：

借：本年利润　　110 000
　　贷：管理费用　　110 000

2. 销售费用

销售费用是指企业在销售商品和材料、提供劳务的过程中发生的各种费用，包括企业在销售商品过程中发生的保险费、包装费、展览费和广告费、商品维修费、预计产品质量保证损失、运输费、装卸费等，以及为销售本企业商品而专设的销售机构（含销售网点、售后服务网点等）的职工薪酬、业务费、折旧费、固定资产修理费等费用。

企业应通过"销售费用"科目核算销售费用的发生和结转情况。该科目借方登记企业所发生的各项销售费用，贷方登记期末转入"本年利润"科目的销售费用，结转后该科目应无余额。该科目应按销售费用的费用项目进行明细核算。

【例7—11】 乙公司为宣传销售新产品发生广告费50 000元，已用银行存款支付。乙公司会计处理如下：

借：销售费用　　50 000
　　贷：银行存款　　50 000

3. 财务费用

财务费用是指企业为筹集生产经营所需资金等而发生的筹资费用，包括利息支出（减利息收入）、汇兑损益以及相关的手续费、企业发生的现金折扣等。

企业应通过“财务费用”科目核算财务费用的发生和结转情况。该科目借方登记已发生的各项财务费用，贷方登记期末转入“本年利润”科目的财务费用，结转后该科目应无余额。该科目应按财务费用的费用项目进行明细核算。

【例 7－12】 丙公司计提本月短期借款利息 3 000 元。丙公司会计处理如下：

借：财务费用　　3 000

　　贷：应付利息　　3 000

第三节　利　润

一、利润的概念及构成

（一）利润的概念

利润是指企业在一定会计期间的经营成果。利润包括收入减去费用后的净额、直接计入当期利润的利得和损失等。未计入当期利润的利得和损失扣除所得税影响后的净额，计入其他综合收益项目。净利润与其他综合收益的合计金额为综合收益总额。利得是由企业非日常活动所形成的、会导致所有者权益增加的、与所有者投入资本无关的经济利益的流入。损失是由企业非日常活动所发生的、会导致所有者权益减少的、与向所有者分配利润无关的经济利益的流出。

（二）利润的构成

利润相关计算公式如下：

1. 营业利润

营业利润＝营业收入－营业成本－营业税金及附加－销售费用－管理费用
－财务费用－资产减值损失＋公允价值变动收益（－公允价值变动损失）
＋投资收益（－投资损失）

其中，营业收入是指企业经营业务所确认的收入总额，包括主营业务收入和其他业务收入。

营业成本是指企业经营业务所发生的实际成本总额，包括主营业务成本和其他业务成本。

资产减值损失是指企业计提各项资产减值准备所形成的损失。

公允价值变动收益（或损失）是指企业交易性金融资产等公允价值变动形成的应计入当期损益的利得（或损失）。

投资收益（或损失）是指企业以各种方式对外投资所取得的收益（或发生的损失）。

2. 利润总额

利润总额＝营业利润＋营业外收入－营业外支出

其中，营业外收入是指企业发生的与其日常活动无直接关系的各项利得。

营业外支出是指企业发生的与其日常活动无直接关系的各项损失。

3. 净利润

净利润＝利润总额－所得税费用

其中，所得税费用是指企业确认的应从当期利润总额中扣除的所得税费用。

二、营业外收入和营业外支出的核算

营业外收支是指企业发生的与日常活动无直接关系的各项收支。营业外收支虽然与企业生产经营活动没有直接的关系，但从企业主体来考虑，同样带来收入或形成企业的支出，也是增加或减少利润的因素，对企业的利润总额及净利润产生较大的影响。

（一）营业外收入

1. 营业外收入核算的内容

营业外收入是指企业发生的与日常活动无直接关系的各项利得。营业外收入不是企业日常经营活动产生的。因此，在会计处理上，应当严格区分营业外收入与营业收入的界限。营业外收入主要包括非流动资产处置利得、非货币性资产交换利得、债务重组利得、盘盈利得、政府补助、捐赠利得等。

（1）非流动资产处置利得，包括固定资产处置利得和无形资产出售利得。固定资产处置利得，指企业出售固定资产所取得价款或报废固定资产的残料价值和变价收入等，扣除固定资产的账面价值、清理费用、处置相关税费后的净收益；无形资产出售利得，指企业出售无形资产所取得价款，扣除无形资产的账面价值、出售相关税费后的净收益。

（2）非货币性资产交换利得，指在非货币性资产交换中换出资产为固定资产、无形资产的，换入资产公允价值大于换出资产账面价值的差额，扣除相关费用后计入营业外收入的金额。

（3）债务重组利得，指重组债务的账面价值超过清偿债务的现金或非现金资产的公允价值、所转股份的公允价值，或者重组后债务账面价值之间的差额。

（4）盘盈利得，指企业对于现金等资产清查盘点中盘盈的资产在报经批准后计入营业外收入的金额。

（5）政府补助，指企业从政府无偿取得货币性资产或非货币性资产形成的利得。

（6）捐赠利得，指企业接受捐赠产生的利得。

2. 营业外收入的会计处理

企业应通过“营业外收入”科目核算营业外收入的取得及结转情况。该科目贷方登记企业确认的各项营业外收入，借方登记期末结转入本年利润的营业外收入，结转后该科目应无余额。该科目应按照营业外收入的项目进行明细核算。

企业确认营业外收入，借记“固定资产清理”、“银行存款”、“待处理财产损溢”、“应付账款”等科目，贷记“营业外收入”科目。期末，应将“营业外收入”科目余额转入“本年利润”科目，借记“营业外收入”科目，贷记“本年利润”科目。

【例 7—13】 甲公司将出售固定资产净收益 8 000 元转作营业外收入。甲公司会计分录如下：

借：固定资产清理	8 000	
贷：营业外收入		8 000

【例 7—14】 乙公司本期营业外收入总额为 120 000 元，期末结转本年利润。乙公司会计分录如下：

借：营业外收入	120 000	
贷：本年利润		120 000

（二）营业外支出

1. 营业外支出核算的内容

营业外支出是指企业发生的与日常活动无直接关系的各项损失。营业外支出主要包括非流动资产处置损失、非货币性资产交换损失、债务重组损失、公益性捐赠支出、非常损失等。

(1)非流动资产处置损失,包括固定资产处置损失和无形资产出售损失。固定资产处置损失,指企业出售固定资产所取得价款或报废固定资产的残料价值和变价收入等,不足抵补固定资产的账面价值、清理费用、处置相关税费后的净损失;无形资产出售损失,指企业出售无形资产所取得价款,不足抵补无形资产的账面价值、出售相关税费后的净损失。

(2)非货币性资产交换损失,指在非货币性资产交换中换出资产为固定资产、无形资产的,换入资产公允价值小于换出资产账面价值的差额,扣除相关费用后计入营业外支出的金额。

(3)债务重组损失,指重组债权的账面余额超过受让资产的公允价值、所转股份的公允价值,或者重组后债权的账面价值之间的差额。

(4)公益性捐赠支出,指企业对外进行公益性捐赠发生的支出。

(5)非常损失,指企业对于因客观因素(如自然灾害等)造成的损失,在扣除保险公司赔偿后计入营业外支出的净损失。

2. 营业外支出的会计处理

企业应通过"营业外支出"科目核算营业外支出的发生及结转情况。该科目借方登记企业发生的各项营业外支出,贷方登记期末结转入本年利润的营业外支出,结转后该科目应无余额。该科目应按照营业外支出的项目进行明细核算。

企业发生营业外支出时,借记"营业外支出"科目,贷记"固定资产清理"、"待处理财产损溢"、"库存现金"、"银行存款"等科目。期末,应将"营业外支出"科目余额转入"本年利润"科目;借记"本年利润"科目,贷记"营业外支出"科目。

【例7-15】 丙公司用银行存款支付税款滞纳金10 000元。丙公司会计分录如下:

借:营业外支出　　10 000

　　贷:银行存款　　10 000

【例7-16】 丁公司本期营业外支出总额为80 000元,期末结转至本年利润。丁公司会计分录如下:

借:本年利润　　80 000

　　贷:营业外支出　　80 000

需要注意的是,营业外收入和营业外支出应当分别核算。在具体核算时,不得以营业外支出直接冲减营业外收入,也不得以营业外收入冲减营业外支出,即企业在会计核算时,应当区别营业外收入和营业外支出进行核算。

三、所得税费用

所得税费用包括当期所得税和递延所得税两个部分。其中,当期所得税是指当期应交所得税。递延所得税包括递延所得税资产和递延所得税负债。递延所得税资产是指以未来期间很可能取得用来抵扣可抵扣暂时性差异的应纳税所得额为限确认的一项资产。递延所得税负债是指根据应税暂时性差异计算的未来期间应付所得税的金额。

(一)应交所得税的计算

应交所得税,是指企业按照税法规定计算确定的针对当期发生的交易和事项,应交纳给税务部门的所得税金额。应纳税所得额是在企业税前会计利润(即利润总额)的基础上调整确定的。计算公式为:

应纳税所得额＝税前会计利润＋纳税调整增加额－纳税调整减少额

纳税调整增加额主要包括税法规定允许扣除项目中，企业已计入当期费用但超过税法规定扣除标准的金额（如超过税法规定标准的工资支出、业务招待费支出），以及企业已计入当期损失但按税法规定不允许扣除项目的金额（如税收滞纳金、罚款、罚金）。

纳税调整减少额主要包括按税法规定允许弥补的亏损和准予免税的项目，如前五年内的未弥补亏损和国债利息收入等。

企业当期所得税的计算公式为：

应交所得税＝应纳税所得额×所得税税率

【例 7－17】 甲公司 2014 年度按《企业会计准则》计算的税前会计利润为19 700 000元，所得税税率为 25%。当年按税法核定的全年计税工资为2 000 000元，甲公司全年实发工资为2 200 000元；经查，甲公司当年营业外支出中有100 000元为税款滞纳罚金。假定甲公司全年无其他纳税调整因素。

本例中，甲公司有两项纳税调整因素：一是已计入当期费用但超过税法规定标准的工资支出；二是已计入当期营业外支出但按税法规定不允许扣除的税款滞纳金。这两个因素均应调整增加应纳税所得额。甲公司当期所得税的计算如下：

纳税调整数＝2 200 000－2 000 000＋100 000＝300 000（元）

应纳税所得额＝19 700 000＋300 000＝20 000 000（元）

当期应交所得税额＝20 000 000×25%＝5 000 000（元）

【例 7－18】 乙公司2014年度按《企业会计准则》计算的税前会计利润为10 000 000元，所得税税率为 25%。当年按税法核定的全年计税工资为2 000 000元，乙公司全年实发工资为1 800 000元。假定乙公司全年无其他纳税调整因素。

企业实际支付的工资总额超过计税工资时，超出的部分不得作为纳税扣除项目，应调整增加应纳税所得额。但企业实际支付的工资总额低于计税工资时，应按实际支付的工资总额作为纳税扣除项目，即企业实际支付的工资总额低于计税工资的部分不调整应纳税所得额。本例中，乙公司实际支付的工资总额低于计税工资，不属于纳税调整因素，乙公司又无其他纳税调整因素，因此乙公司2014年度计算的税前会计利润即为应纳税所得额。乙公司当期所得税的计算如下：

当期应交所得税额＝10 000 000×25%＝2 500 000（元）

【例 7－19】 丙公司2014年全年利润总额（即税前会计利润）为10 200 000元，其中包括本年收到的国库券利息收入200 000元，所得税税率为 25%。假定丙公司本年无其他纳税调整因素。

按照税法的有关规定，企业购买国库券的利息收入免交所得税，即在计算纳税所得时可将其扣除。丙公司当期所得税的计算如下：

应纳税所得额＝10 200 000－200 000＝10 000 000（元）

当期应交所得税额＝10 000 000×25%＝2 500 000（元）

（二）所得税费用的会计处理

企业应根据会计准则的规定，对当期所得税加以调整计算后，确认应从当期利润总额中扣除的所得税费用。

【例 7－20】 承【例 7－18】，乙公司递延所得税负债年初数为400 000元，年末数为500 000元，递延所得税资产年初数为250 000元，年末数为200 000元。乙公司当期所得税为

3 300 000元。乙公司的会计处理如下：

乙公司所得税费用的计算如下：

递延所得税费用＝(500 000－400 000)＋(250 000－200 000)＝150 000(元)

所得税费用＝当期所得税＋递延所得税费用＝3 300 000＋150 000＝3 450 000(元)

乙公司会计分录如下：

借：所得税费用　　3 450 000

　　贷：应交税费——应交所得税　　3 300 000

　　　　递延所得税负债　　100 000

　　　　递延所得税资产　　50 000

四、本年利润的会计处理

企业应设置“本年利润”科目核算企业当期实现的净利润(或发生的净亏损)。

会计期末，企业应将“主营业务收入”、“其他业务收入”、“营业外收入”等科目的余额分别转入“本年利润”科目的贷方，将“主营业务成本”、“其他业务成本”、“营业税金及附加”、“销售费用”、“管理费用”、“财务费用”、“资产减值损失”、“营业外支出”、“所得税费用”等科目的余额分别转入“本年利润”科目的借方。企业还应将“公允价值变动损益”、“投资收益”科目的净收益转入“本年利润”科目的贷方，将“公允价值变动损益”、“投资收益”科目的净损失转入“本年利润”科目的借方。结转后，“本年利润”科目如为贷方余额，表示当年实现的净利润；如为借方余额，表示当年发生的净亏损。

年度终了，企业还应将“本年利润”科目的本年累计余额转入“利润分配——未分配利润”科目。如“本年利润”科目为贷方余额，借记“本年利润”科目，贷记“利润分配——未分配利润”科目；如为借方余额，做相反的会计分录。结转后“本年利润”科目应无余额。

“本年利润”账户的结构如图7－1所示。

本年利润

期末转入的各项支出：	期末转入的各项收益：
(1)主营业务成本	(1)主营业务收入
(2)其他业务成本	(2)其他业务收入
(3)营业税金及附加	(3)投资收益(净收益)
(4)管理费用	(4)公允价值变动损益(收益)
(5)销售费用	(5)营业外收入
(6)财务费用	
(7)资产减值损失	
(8)投资收益(净损失)	
(9)营业外支出	
(10)公允价值变动损益(损失)	
(11)所得税费用	
净亏损	净利润

图7－1 “本年利润”账户的结构

【例7－21】 甲公司2014年有关损益类科目的年末结账前余额如表7－1所示(该企业

采用表结法年末一次结转损益类科目，所得税税率为25%）。

表7—1 **甲公司2014年有关损益类科目的年末结账前余额** 单位：元

科目名称	借或贷	结账前余额
主营业务收入	贷	6 000 000
其他业务收入	贷	700 000
公允价值变动损益	贷	150 000
投资收益	贷	600 000
营业外收入	贷	50 000
主营业务成本	借	4 000 000
其他业务成本	借	400 000
营业税金及附加	借	80 000
销售费用	借	500 000
管理费用	借	770 000
财务费用	借	200 000
资产减值损失	借	100 000
营业外支出	借	250 000

甲公司2014年末结转本年利润的会计分录如下：

(1)将各损益类科目年末余额结转入“本年利润”科目：

①结转各项收入、利得类科目：

借：主营业务收入 6 000 000
　　其他业务收入 700 000
　　公允价值变动损益 150 000
　　投资收益 600 000
　　营业外收入 50 000
　贷：本年利润 7 500 000

②结转各项费用、损失类科目：

借：本年利润 6 300 000
　贷：主营业务成本 4 000 000
　　　其他业务成本 400 000
　　　营业税金及附加 80 000
　　　销售费用 500 000
　　　管理费用 770 000
　　　财务费用 200 000
　　　资产减值损失 100 000
　　　营业外支出 250 000

(2)经过上述结转后，“本年利润”科目的贷方发生额合计7 500 000元减去借方发生额合计6 300 000元即为税前会计利润1 200 000元。假设不存在纳税调整事项，则应交所得税额＝

1 200 000×25％＝300 000(元)。

将所得税费用结转入“本年利润”科目：

借：本年利润　　300 000

　　贷：所得税费用　　300 000

(3)将“本年利润”科目年末余额转入“利润分配——未分配利润”科目：

借：本年利润　　900 000(7 500 000－6 300 000－300 000)

　　贷：利润分配——未分配利润　　900 000

本章小结

1. 收入的定义。收入是指企业在日常活动中形成的、会导致所有者权益增加的、与所有者投入资本无关的经济利益的总流入。

2. 收入的特征。(1)收入是企业在日常经营活动中形成的经济利益的总流入。(2)收入会导致所有者权益增加。(3)收入与所有者投入资本无关。

3. 收入的分类。(1)收入按其形成的原因不同，分为销售商品收入、提供劳务收入和让渡资产使用权收入。(2)收入按企业经营业务的主次不同，分为主营业务收入和其他业务收入。

4. 收入的确认。五个条件：(1)企业已将商品所有权上的主要风险和报酬转移给购货方。(2)企业既没有保留通常与所有权相联系的继续管理权，也没有对已售出的商品实施有效控制。(3)收入的金额能够可靠地计量。(4)相关的已发生或将发生的成本能够可靠地计量。(5)相关的经济利益很可能流入企业。

5. 费用的定义及内容。费用是指企业在日常活动中发生的、会导致所有者权益减少的、与向所有者分配利润无关的经济利益的总流出。企业的费用主要包括主营业务成本、其他业务成本、营业税金及附加和期间费用。

6. 费用的特征。(1)费用是企业在日常活动中发生的经济利益的总流出。(2)费用会导致企业所有者权益的减少。(3)费用与向所有者分配利润无关。

7. 利润的定义。利润是指企业在一定会计期间的经营成果。利润包括收入减去费用后的净额、直接计入当期利润的利得和损失等。

8. 利润的构成。企业的利润有税后利润和税前利润之分。税后利润也称为净利润，它是企业的利润总额扣除应上缴的所得税费用后的金额。而利润总额也就是税前利润。根据我国《企业会计准则》的规定，企业的税前利润即利润总额一般包括营业利润和营业外收支净额。

9. 营业外收支。营业外收支是指企业发生的与日常活动无直接关系的各项收支。营业外收入是指企业发生的与日常活动无直接关系的各项利得。营业外支出是指企业发生的与日常活动无直接关系的各项损失。

10. 所得税费用。所得税费用包括当期所得税和递延所得税两个部分。递延所得税包括递延所得税资产和递延所得税负债。

第八章 会计凭证

【学习目标】

(1)了解会计核算的基本方法;
(2)了解会计凭证的意义和作用;
(3)熟悉会计凭证的种类;
(4)掌握会计凭证的填制要求和填制方法;
(5)掌握会计凭证的审核。

第一节 会计凭证概述

一、会计凭证的含义

会计凭证,简称凭证,是在会计工作中记录经济业务、明确经济责任、具有法律效力并作为登记账簿依据的书面证明。

会计管理工作要求会计核算提供真实的会计资料,强调记录的经济业务必须有根有据。在会计核算中,任何单位所发生的经济业务,在时间、地点、性质、形式、数量、金额、经办单位或人员等方面各有不同。因此,为了保证会计信息的客观性、真实性和可靠性,同时明确经办人员和相关人员的经济责任,任何单位在处理经济业务时都必须如实由执行或完成该项经济业务的相关人员填制或取得会计凭证,以书面形式记录和证明经济业务的发生和完成情况,并在会计凭证上签名或盖章,明确经济责任。例如,购买商品或材料时取得的发票、接受商品入库时填制的入库单、发出材料时填制的领料单等。这些发票、入库单、领料单都是会计凭证。填制或取得会计凭证后,要由有关人员进行审核,经审核无误,并由审核人员签章后,才能作为登记账簿的依据,进行记账、算账和编报会计报表等核算工作。

二、会计凭证的作用

填制和审核会计凭证是整个会计核算工作的起点和基础,也是对经济业务进行日常监督的重要环节，是会计核算的一种重要的专门方法。

会计凭证的填制和审核，对于保证会计核算资料的完整、真实、合法，以及发挥会计在经济管理中的作用和完成会计工作的任务都具有重要意义。归纳起来，有以下三个方面的作用：

(一)记录经济业务，提供记账依据

会计凭证是记录经济活动的原始资料，任何一项经济业务的发生，都必须由业务经办人员按照规定的程序和要求填制或取得会计凭证，以如实记录经济业务的内容、数量和金额，然后经过审核无误后登记入账。会计凭证的填制和审核工作不仅能为分析、检查经济活动提供确切可靠的原始资料，同时也是保证会计账簿资料真实性、正确性的重要条件。

(二)明确经济责任，强化内部控制

会计制度规定，发生任何一项经济业务都必须办理凭证手续，在填制和审核会计凭证的过程中，都会由相关单位和人员在凭证上签名和盖章，这就明确了在办理经济业务中的责任，从而加强经济责任制，促使有关人员在其职责范围内严格按规章办事，一旦出现问题，便于厘清责任，及时采取措施。这样既有利于明确业务往来单位之间的责任，又有利于明确单位内部有关业务经办部门和人员的责任。

(三)监督经济活动，控制经济运行

企业发生的各项经济活动都能通过会计凭证完整地反映出来，通过对会计凭证的审核，不仅可以监督和检查各种经济业务是否真实，是否符合有关的法律、法规、规章和政策或者企业自身的制度、计划、预算等规定，以确保经济业务的合法、合理、合规和有效性，更可以发现企业管理中存在的问题，以便采取有效措施，改善企业经营管理，促使企业各项经济活动符合国家的财经、财务制度，保证企业财产的安全与完整，维护投资者、债权人和有关各方的利益，提升效益。

三、会计凭证的种类

企业的经济业务纷繁复杂，因而决定了实际会计工作中的会计凭证种类繁多、格式多样、作用不一。按照其填制的程序和用途不同，可分为原始凭证和记账凭证。原始凭证是进行会计核算的原始依据；记账凭证以审核无误的原始凭证为依据编制，并据以确定会计分录，是登记会计账簿的依据。原始凭证与记账凭证有着密切的联系，但其作用又有所不同。

第二节　原始凭证

一、原始凭证概述及种类

原始凭证，又称原始单据，是在经济业务发生或完成时，由经办人员直接填制或取得的，用以记录、证明经济业务的发生或完成情况，明确经济责任且具有法律效力的书面凭据，它是进行会计核算的原始资料。按其来源、填制方法、用途及格式不同，原始凭证可作如下分类：

(一)按取得的来源不同分类

原始凭证按其取得的来源不同，可以分为外来原始凭证和自制原始凭证。

1. 外来原始凭证

外来原始凭证，是指在经济业务完成时从其他单位或个人处取得的原始凭证，如购货时由供货单位开出的购货发票、上缴税金的收据、货物的运单、出差时乘坐的车(船、火车)票等。

表 8－1

××省增值税专用发票

发 票 联

开票日期：　　年　月　日　　　　　　　　　　NO. 00450448

购货单位	名称： 纳税人识别号： 地址、电话： 开户行及账号：	密码区					
货物及应税劳务名称	规格型号	单位	数量	单价	金额	税率	税额
计税价格(大写)	拾　万　仟　佰　拾　元　角　分 ¥						
销货单位	名称： 纳税人识别号： 地址、电话： 开户行及账号：	备注					

第二联　发票联　购货方记账凭证

收款人：　　复核：　　开票人：　　销货单位：(公章)

2. 自制原始凭证

自制原始凭证是指由本单位经办业务的部门或人员，在办理某项经济业务时所填制的凭证，如商品或材料入库时填制的入库单、领用材料时填制的领料单、职工借款时填制的借款单、工资单等。

表 8－2

领 料 单

仓库：　　　　年　月　日　　　　领料单编号：

编号	类别	材料名称	规格	单位	数量		实际成本	
					请领	实发	单价	金额
用途					领料部门		发料部门	
					负责人	领料人	核准人	发料人

第三联　记账联

表 8－3

产 品 入 库 单

凭证编号：

交库单位：　　　　年　月　日　　　　收料仓库：

产品编号	产品名称	规格	计量单位	交付数量	检验结果		实收数量	单价	金额
					合格	不合格			

部门负责人：　　　　　　　　　　仓库管理员：

(二)按格式不同分类

原始凭证按其格式不同,可以分为通用凭证和专用凭证。

1. 通用原始凭证

通用凭证是指由有关部门统一印制、在一定范围内使用且有统一格式和使用方法的凭证。这里所指的使用范围因制作部门不同而有所不同,可以是全国,也可以是某省、某市、某地区或某一行业范围内。如税务部门统一规定的发票、铁路运输部门统一制定的货票等,在全国通用;由某省印制的发票、收据等,在该省通用。

2. 专用原始凭证

专用凭证是专门用于某一类经济业务的原始凭证,如高速公路通过费收据、差旅费报销单等。

(三)按用途不同分类

原始凭证按其用途不同,可以分为通知凭证、执行凭证和计算凭证三种。

1. 通知凭证

通知凭证是指要求、指示或命令企业进行某项经济业务的原始凭证,如"罚款通知书"、"付款通知单"、"银行进账单"等。

2. 执行凭证

执行凭证是用来证明某项经济业务发生或已经完成的原始凭证,如"销货发票"、"材料验收单"、"领料单"等。

3. 计算凭证

计算凭证是指根据原始凭证和有关会计核算资料而编制的原始凭证。计算凭证一般是为了便于以后记账和了解各项数据来源及产生的情况而编制的,如"制造费用分配表"、"产品成本计算单"、"工资结算表"等。

(四)按填制手续和方法不同分类

原始凭证按其填制手续和方法不同,可以分为一次凭证、累计凭证和汇总凭证三种。

1. 一次凭证

一次凭证,是指填制手续一次完成、只记录一项经济业务或同时记录若干项同类经济业务的原始凭证。一次凭证只能使用一次,如前面所提到的外来原始凭证一般均属一次凭证,自制原始凭证中大多数也是一次凭证。如"工资结算单"、"发货票"、"收料单"等都属于一次凭证。一次凭证能够清晰地反映经济业务活动情况,使用方便灵活,但数量较多,核算较麻烦。

2. 累计凭证

累计凭证,是指在一张凭证上连续登记不断重复发生在一定时期内的若干项同类经济业务,并把期末累计数作为记账依据的原始凭证。累计凭证所填制的内容仅限于同类经济业务,且是分类登记的,这样做的目的是减少凭证张数和简化填制手续,还能提供一些一次凭证所不能提供的汇总指标。如"限额领料单"、"材料购入归类明细单"等都属于累计凭证。

表 8—4　　　　**限 额 领 料 单**

领料单位：

用途：　　　　年　月　日　　　　仓库：

<table>
<tr><td rowspan="2">材料类别</td><td rowspan="2">材料编号</td><td rowspan="2">材料名称及规格</td><td rowspan="2">计量单位</td><td rowspan="2">单价</td><td rowspan="2">领用限额</td><td colspan="3">全月实领</td></tr>
<tr><td>数量</td><td colspan="2">金额</td></tr>
<tr><td></td><td></td><td></td><td></td><td></td><td></td><td></td><td colspan="2"></td></tr>
<tr><td rowspan="2">日期</td><td colspan="2">请　领</td><td colspan="3">实　发</td><td colspan="3">退　料</td></tr>
<tr><td>数量</td><td>领料单位负责人</td><td>数量</td><td>发料人</td><td>领料人</td><td>数量</td><td>退料人</td><td>收料人</td></tr>
<tr><td></td><td></td><td></td><td></td><td></td><td></td><td></td><td></td><td></td></tr>
<tr><td></td><td></td><td></td><td></td><td></td><td></td><td></td><td></td><td></td></tr>
<tr><td></td><td></td><td></td><td></td><td></td><td></td><td></td><td></td><td></td></tr>
<tr><td></td><td></td><td></td><td></td><td></td><td></td><td></td><td></td><td></td></tr>
<tr><td>合计</td><td></td><td></td><td></td><td></td><td></td><td></td><td></td><td></td></tr>
</table>

供应部门　　　　生产计划部门　　　　仓库

负责人：　　　　负责人：　　　　负责人：

3. 汇总凭证

汇总原始凭证，也叫原始凭证汇总表，是指为了简化核算手续，将许多同类经济业务的原始凭证或会计核算资料定期加以汇总而重新编制的原始凭证。汇总原始凭证既可以提供经营管理所需要的总量指标，又可以大大简化核算手续。如“发出材料汇总表”、“差旅费报销单”、“工资结算汇总表”等都属于汇总凭证。汇总原始凭证不具备法律效力。

表 8—5　　　　**差旅费报销单**

报销部门：　　　　年　月　日　　　　附单据　张

<table>
<tr><td colspan="3">姓　名</td><td>职　务</td><td colspan="2"></td><td colspan="3">出差事由</td></tr>
<tr><td colspan="3">随同人员姓名</td><td colspan="3"></td><td colspan="3">出差地点及历程</td></tr>
<tr><td>起日</td><td>止日</td><td>起讫地点</td><td>项　目</td><td>张数</td><td>金　额</td><td>项　目</td><td>天数</td><td>金　额</td></tr>
<tr><td></td><td></td><td></td><td>火车费</td><td></td><td></td><td>差旅津贴</td><td></td><td></td></tr>
<tr><td></td><td></td><td></td><td>汽车费</td><td></td><td></td><td>住宿费</td><td></td><td></td></tr>
<tr><td></td><td></td><td></td><td>市内交通费</td><td></td><td></td><td></td><td></td><td></td></tr>
<tr><td></td><td></td><td></td><td>过路费</td><td></td><td></td><td></td><td></td><td></td></tr>
<tr><td></td><td></td><td></td><td>飞机费</td><td></td><td></td><td>其他</td><td></td><td></td></tr>
<tr><td colspan="2">合　计</td><td colspan="7">（大写）　万　仟　佰　拾　元　角　分 ￥</td></tr>
</table>

部门审核　　　　财务审核　　　　领导审核

二、原始凭证的基本内容

由于企业所发生的经济业务是错综复杂且多种多样的，因而用于记录经济业务的原始凭证的名称、格式和内容也有所不同。无论是反映哪项经济业务的原始凭证，都必须详细记载有关经济业务的发生、执行和完成情况，以此来明确经办单位和人员的经济责任。所有原始凭证必须具备共同的构成要素和基本内容如下：

(1)原始凭证的名称；

(2)填制原始凭证的日期和凭证编号；

(3)接受原始凭证的单位名称(抬头人)；

(4)经济业务内容，如品名、数量、单价、金额(大小写)；

(5)填制原始凭证的单位名称和填制人姓名；

(6)经办人员的签名或签章。

三、原始凭证的填制要求

原始凭证是进行会计核算的依据，必须认真填制。由于各种凭证的内容和格式都有所不同，同时为了保证原始凭证能够正确、及时、清晰地反映各项经济业务的真实情况，原始凭证要由填制人员按规定要求和方法进行填制。填制原始凭证的具体要求如下：

(一)记录要真实

填写原始凭证，必须符合真实性会计原则的要求。记录真实就是要实事求是地填写经济业务的实际情况，所以原始凭证上填制的日期、经济业务的内容，以及有关的数量、单价、金额都必须是经济业务发生或完成的实际情况，必须真实可靠，不得弄虚作假，不得以匡算数或估计数填入，且不得涂改、挖补。填制完后经办人员须在原始凭证上签字和盖章，以示对凭证的真实性负责。外来的原始凭证还必须加盖填制单位公章方为有效。

(二)内容要完整

原始凭证中每一项需要填写的内容都必须详细进行填写，不可出现缺漏或者省略不填；名称要写全，不可简化；品名和用途要填写明确，不能含糊不清；该填写一式多联的原始凭证，联次不能短少，需要有关部门和人员进行签名和盖章的地方也都必须齐全。

(三)手续要完备

对于单位自制的原始凭证，必须有经办业务的部门和人员的签名和盖章；从外单位或个人处取得的原始凭证，必须有填制单位公章或个人签字和盖章；对外开出的原始凭证，也必须加盖本单位公章或财务专用章。对于无法取得相关证明的原始凭证，如火车票等，应由经办人员在备注中注明其详细情况后方可作为原始凭证。总之，取得的原始凭证必须符合手续完备齐全的要求，以明确经济责任，确保原始凭证的合法性、真实性。

(四)填制要及时

在所有经济业务实际发生或完成时，经办业务的部门和人员都必须及时进行填制或取得原始凭证，做到不拖延、不积压，不事后进行补填，并按规定的程序及时送交会计机构、会计人员进行审核。

(五)编号要连续

对于各种原始凭证都要求顺序连续或进行分类编号，且在填制原始凭证时要按照编号的顺序使用，跳号的凭证要加盖“作废”戳记，且需连同存根一起保管好，不得随意撕毁。

(六)书写要规范

原始凭证上的文字、数字的书写要求清晰、工整、规范，需使用蓝色或黑色墨水笔书写，做到字迹端正、易于辨认。不得使用未经国务院颁布的简化汉字。

填写支票必须使用碳素笔，合计的小写金额前要冠以人民币符号“￥”(用外币计价、结算的凭证，金额前要加注外币符号，如“HK＄”、“US＄”等)，币值符号与金额数字之间不得留有空白。

所有以元为单位的阿拉伯数字，除表示单价等情况外，一律填写到角、分；无角、分的，角位和分位以“00”补位，有角无分的，分位应写“0”，不得用符号“—”代替。阿拉伯数字要一个一个地写，不得连写。汉字大写金额数字，一律用正楷字或行书字书写，如壹、贰、叁、肆、伍、陆、柒、捌、玖、拾、佰、仟、万、亿、元(圆)、角、分、零、整(正)，不得用一、二、三、四、五、六、七、八、九、十等代替。大写金额数字到元或角为止的，在“元”或“角”之后应当写“整”或“正”字；有分的，不写“整”或“正”字。如小写金额为 30040.00，大写金额应写成“三万零肆拾元整”。

四、原始凭证的审核

《中华人民共和国会计法》第十四条规定：会计机构、会计人员必须按照国家统一的会计制度的规定对原始凭证进行审核，对不真实、不合法的原始凭证有权不予接受，并向单位负责人报告；对记载不准确、不完整的原始凭证予以退回，并要求按照国家统一的会计制度的规定更正、补充。为了正确反映和监督各项经济业务，财务部门对取得的原始凭证必须进行严格的审核，确保核算资料的真实性、完整性和合法性。只有经过审核无误的原始凭证，方可作为编制记账凭证和登记账簿的依据。审核原始凭证不仅是确保会计初始信息真实、可靠的一项重要措施，也是发挥会计监督作用的重要手段，还是会计机构、会计人员的重要职责。一般应从以下两个方面进行审核：

(一)审查原始凭证所反映经济业务的合理性、合法性和真实性

以有关政策、法规、制度和计划合同等为依据，并根据原始凭证的填写要求，逐项审查凭证所记录的经济业务是否符合有关规定，有无贪污盗窃、虚报冒领、伪造凭证等违法乱纪现象，有无不讲经济效益、违反计划和标准的要求等。对于不合理、不合法及不真实的原始凭证，财会人员应拒绝受理。如发现伪造或涂改凭证弄虚作假、虚报冒领等不法行为，除拒绝办理外，还应立即报告有关部门，提请严肃处理。

(二)审核原始凭证的填制是否符合规定的要求

首先审查所用凭证的填写格式是否符合标准、填制是否及时、内容是否完备、数字是否真实、计算是否正确、填写是否清楚、是否有经办单位和经办人员签章；其次审查凭证上的数字是否完整，大、小写是否一致；最后审查凭证上数字和文字是否有涂改、污损等不符合规定之处。如果通过审查发现凭证不符合上述要求，那么凭证本身就失去作为记账依据的资格，会计部门应把那些不符合规定的凭证退还给原编制凭证的单位或个人，要求重新补办手续。

第三节　记账凭证

一、记账凭证概述及种类

记账凭证，是由会计人员根据审核无误的原始凭证或原始凭证汇总表进行归类、整理，并确定会计分录而编制的，作为登记账簿的直接依据的会计凭证。

虽然原始凭证能证明经济业务已经发生或完成，但由于各单位的经济业务错综复杂，使得原始凭证的种类繁多、格式不一，不便于在原始凭证上直接反映应记入账户的名称和方向，因此在登账时难免会发生差错。为了做到分类反映经济业务内容，必须有一种能按会计核算方法的要求将其归类、整理、编制的书面载体，这种书面载体能标明经济业务应记入的账户名称

及应借、应贷的金额，作为记账的直接依据，就是记账凭证，这样既可以减少记账差错，也便于对账和查账，大大提高了会计核算的工作效率。

记账凭证可以按不同的标准进行分类。

(一)按用途不同分类

记账凭证按其用途不同，可分为专用记账凭证和通用记账凭证。

1. 专用记账凭证

专用记账凭证是指专门记录某一类经济业务的记账凭证。这种记账凭证按其反映经济业务的内容不同，又可分为收款凭证、付款凭证和转账凭证。

(1)收款凭证。是指用于记录收到现金和银行存款的经济业务的记账凭证。收款凭证是根据现金和银行存款收入业务的有关原始凭证填制的，是登记现金日记账、银行存款日记账以及有关明细账和总账等账簿的依据，一般按现金和银行存款分别编制，如借款收入、销货款收入等。收款凭证的借方科目“库存现金”或“银行存款”通常放在凭证的左上角，表内列示贷方科目，其格式见表8－6。

表8－6 **收款凭证**

借方科目： 年 月 日 收字第 号

摘要	贷方科目		金额										记账
	总账科目	明细科目	千	百	十	万	千	百	十	元	角	分	
合计													

附件 张

会计主管： 记账： 出纳： 复核： 制单：

(2)付款凭证。是指用于记录支付现金和银行存款的经济业务的记账凭证。付款凭证是根据现金和银行存款支付业务的有关原始凭证填制的，是登记现金日记账、银行存款日记账以及有关明细账和总账等账簿的依据，一般按现金和银行存款分别编制，如用库存现金支付办公用品费、以银行存款支付购货款等。与收款凭证相对应，付款凭证的贷方科目“库存现金”或“银行存款”通常放在凭证的左上角，表内列示借方科目，其格式见表8－7。

表8－7 **付款凭证**

贷方科目： 年 月 日 付字第 号

摘要	借方科目		金额										记账
	总账科目	明细科目	千	百	十	万	千	百	十	元	角	分	
合计													

附件 张

会计主管： 记账： 出纳： 复核： 制单：

需要注意的是，在会计实务中，对于现金和银行存款之间的收、付款业务，为了避免记账重复，一般只要填写相应的付款凭证，不再填制收款凭证。

(3)转账凭证。是指用于记录与现金和银行存款业务均无关的记账凭证。转账凭证是根据除库存现金和银行存款支付业务以外的有关转账业务的原始凭证填制的，是登记有关明细账和总账等账簿的依据，如仓库领料(原材料与库存商品)、赊销商品(主营业务收入与应收账款)等。其格式见表8—8。

表8—8　　**转账凭证**

年　月　日　　转字第　号

摘　要	科目名称		借方金额									贷方金额								
	总账科目	明细科目	十	万	千	百	十	元	角	分	√	十	万	千	百	十	元	角	分	√
附件　张	合　计																			

会计主管：　　记账：　　复核：　　制单：

2. 通用记账凭证

通用记账凭证是指不分任何经济业务的类型，统一使用相同格式，以反映各类型经济业务的记账凭证。这时，记账凭证不再区分收款、付款及转账业务，而将所有经济业务统一编号，在同一格式的凭证中进行记录。对于通用记账凭证，其格式与转账凭证基本相同。其格式见表8—9。

表8—9　　**记账凭证**

年　月　日　　第　号

摘　要	科目名称		借方金额								贷方金额								√
	总账科目	明细科目	十	万	千	百	十	元	角	分	十	万	千	百	十	元	角	分	
	合　计																		

附原始凭证　张

会计主管：　　记账：　　出纳：　　审核：　　制单：

收款凭证、付款凭证、转账凭证的划分，分别用以记录是否与现金和银行存款收、付款业务有关，各种凭证印制成不同的颜色，有利于分类管理，但工作量较大，适用于规模较大，收、付款业务较多的单位。对于经济业务较简单，规模较小，收、付款业务较少的单位，还可采用通用记账凭证来记录所有经济业务。

(二)按填制方式不同分类

记账凭证按其填制方式不同,可分为单式记账凭证和复式记账凭证。

1. 单式记账凭证

单式记账凭证是指在一张记账凭证上只填列经济业务所涉及的一个会计科目及其金额的一种记账凭证。其对应科目只作参考,不据以记账。使用单式记账凭证时,一笔经济业务涉及多少个会计科目,就要填制多少张单式记账凭证,其中填列借方科目的称为借项记账凭证,填列贷方科目的称为贷项记账凭证。单式记账凭证的优点是反映内容单一,便于分工记账,便于按会计科目汇总。其缺点是一张凭证不能反映每一笔经济业务的全貌,不便于检验会计分录的正确性。

2. 复式记账凭证

复式记账凭证是指将一笔经济业务所涉及的全部会计科目及其发生额均集中填列在同一张记账凭证中反映的一种记账凭证。它是实际工作中应用最普遍的记账凭证。复式记账凭证全面反映了经济业务的账户对应关系,有利于检查会计分录的正确性,但不便于会计岗位上的分工记账。企业通常采用复式记账凭证,上述专用记账凭证和通用记账凭证均为复式记账凭证。

二、记账凭证的基本内容

记账凭证的主要作用就在于将审核无误的原始凭证中所载有的原始数据,通过复式记账进行分类、整理,编制会计分录,为登记账簿提供直接依据。因此,作为登记账簿的直接依据的记账凭证,虽然其种类不同、格式各异,但一般要具备以下基本内容:

(1)记账凭证的名称,如“收款凭证”、“付款凭证”、“转账凭证”;

(2)填制记账凭证的日期;

(3)记账凭证的编号;

(4)经济业务的内容摘要;

(5)经济业务所涉及的会计科目(包括一级科目、二级或明细科目)及其记账方向;

(6)经济业务的金额;

(7)记账标记;

(8)所附原始凭证张数;

(9)会计主管、记账、审核、出纳、制单等有关人员签章。

三、记账凭证的填制要求与填制方法

(一)记账凭证的填制要求

填制记账凭证是一项重要的会计工作,记账凭证的正确与否,直接关系到会计账簿的真实性和正确性。为了便于登记账簿,保证账簿记录的正确性,填制记账凭证应符合以下要求:

1. 依据真实

除结账和更正错误外,记账凭证应根据审核无误的原始凭证及有关资料填制,记账凭证必须附有原始凭证并如实填写所附原始凭证的张数。记账凭证所附原始凭证张数的计算一般应以原始凭证的自然张数为准。如果记账凭证中附有原始凭证汇总表,则应该把所附的原始凭证和原始凭证汇总表的张数一起计入附件的张数之内。但报销差旅费等零散票券,可以粘贴在一张纸上,作为一张原始凭证。一张原始凭证如果涉及几张记账凭证的,可以将原始凭证附在一张主要的记账凭证后面，在该主要记账凭证摘要栏注明“本凭证附件包括××号记账凭证业务”字样，并在其他记账凭证上注明该主要记账凭证的编号或者附上该原始凭证的复印件，以便复核查阅。如果一张原始凭证所列的支出需要由两个以上的单位共同负担时，应当由保存该原始凭证的单位开给其他应负担单位原始凭证分割单，原始凭证分割单必须具备原始凭证的基本内容，并可作为填制记账凭证的依据，计算在所附原始凭证张数之内。

2. 内容完整

记账凭证应具备的内容都要具备，要按照记账凭证上所列项目逐一填写清楚，有关人员的签名或者盖章要齐全，不可缺漏。如有以自制的原始凭证或者原始凭证汇总表代替记账凭证使用的，也必须具备记账凭证应有的内容。金额栏数字的填写必须规范、准确，与所附原始凭证的金额相符。金额登记方向、数字必须正确，角、分位不留空格。

3. 分类正确

填制记账凭证，要根据经济业务的内容，区别不同类型的原始凭证，正确应用会计科目和记账凭证。记账凭证可以根据每一张原始凭证填制，或者根据若干张同类原始凭证汇总填制，也可以根据原始凭证汇总表填制，但不得将不同内容或类别的原始凭证汇总填制在一张记账凭证上，会计科目要保持正确的对应关系。一般情况下，现金或银行存款的收、付款业务，应使用收款凭证或付款凭证；不涉及现金和银行存款收付的业务，如将现金送存银行，或者从银行提取现金，应以付款业务为主，只填制付款凭证而不填制收款凭证，以避免重复记账。在一笔经济业务中，如果既涉及现金或银行存款收付，又涉及转账业务，则应分别填制收款或付款凭证和转账凭证。例如，单位职工出差归来报销差旅费并交回剩余现金时，就应根据有关原始凭证按实际报销的金额填制一张转账凭证，同时按收回的现金数额填制一张收款凭证。各种记账凭证的使用格式应相对稳定，特别是在同一会计年度内，不宜随意更换，以免引起编号、装订、保管方面的不便与混乱。

4. 日期正确

记账凭证的填制日期一般应是填制记账凭证当天的日期，不能提前或拖后；按权责发生制原则计算收益、分配费用、结转成本或利润等调整分录和结账分录的记账凭证，虽然需要到下月才能填制，但为了便于在当月的账内进行登记，仍应填写当月月末的日期。

5. 连续编号

为了分清会计事项处理的先后顺序，以便记账凭证与会计账簿之间的核对，确保记账凭证完整无缺，填制记账凭证时，应当对记账凭证连续编号。记账凭证编号的方法有多种：一种是将全部记账凭证作为一类统一编号；另一种是分别按现金和银行存款收入业务、现金和银行存款付出业务、转账业务三类进行编号，这样记账凭证的编号应分为收字第×号、付字第×号、转字第×号；还有一种是分别按现金收入、现金支出、银行存款收入、银行存款支出和转账业务五类进行编号，这种情况下，记账凭证的编号应分为现收字第×号、现付字第×号、银收字第×号、银付字第×号和转字第×号，或者将转账业务按照具体内容再分成几类编号。各单位应当根据本单位业务繁简程度、会计人员多寡和分工情况来选择便于记账、查账、内部稽核且简单严密的编号方法。无论采用哪一种编号方法，都应该按月顺序编号，即每月都从1号编起，按自然数1、2、3、4、5……顺序编至月末，不得跳号、重号。一笔经济业务需要填制两张或两张以上记账凭证的，可以采用分数编号法进行编号。例如有一笔经济业务需要填制三张记账凭证，凭证顺序号为6，就可以编成$6\frac{1}{3}$、$6\frac{2}{3}$、$6\frac{3}{3}$，前面的数表示凭证顺序，后面分数的分母表示该号凭证共有 3 张，分子分别表示 3 张凭证中的第 1 张、第 2 张、第 3 张。

6. 简明扼要

记账凭证的摘要栏填写经济业务简要说明，摘要应与原始凭证内容一致，能正确反映经济业务的主要内容，既要防止简而不明，又要防止过于繁琐。应使阅读者通过摘要就能了解该项经济业务的性质、特征，判断出会计分录的正确与否，一般不需要再去翻阅原始凭证或询问有关人员。

7. 分录正确

会计分录是记账凭证中重要的组成部分，在记账凭证中，要正确编制会计分录并保持借贷平衡，就必须根据国家统一的会计制度的规定和经济业务的内容，正确使用会计科目，不得任意简化或改动。应填写会计科目的名称，或者同时填写会计科目的名称和会计科目编号，不应只填编号而不填会计科目名称。应填明总账科目和明细科目，以便于登记总账和明细分类账。会计科目的对应关系要填写清楚，应先借后贷，一般填制一借一贷、一借多贷或者多借一贷的会计分录。但如果某项经济业务本身就需要编制一个多借多贷的会计分录时，也可以填制多借多贷的会计分录，以集中反映该项经济业务的全过程。填入金额数字后，要在记账凭证的合计行内计算填写合计金额。记账凭证中借、贷方的金额必须相等，合计数必须计算正确。

8. 空行注销

填制记账凭证时，应按行次逐行填写，不得跳行或留有空行。记账凭证填完经济业务后，如有空行，应当在金额栏自最后一笔金额数字下的空行至合计数上的空行处划斜线或"～"线注销。

9. 填错更改

填制记账凭证时如果发生错误，应当重新填制。已经登记入账的记账凭证在当年内发生错误的，如果是使用的会计科目或记账凭证方向有错误，可以用红字填制一张与原内容相同的记账凭证，在摘要栏注明"注销某月某日某号凭证"字样，同时再用蓝字重新填制一张正确的记账凭证，在摘要栏注明"更正某月某日某号凭证"字样；如果会计科目和记账方向都没有错误，只是金额错误，可以按正确数字和错误数字之间的差额，另编一张调整的记账凭证，调增金额用蓝数字，调减金额用红数字。发现以前年度的金额有错误时，应当用蓝字填制一张更正的记账凭证。

记账凭证中，文字、数字和货币符号的书写要求与原始凭证相同。实行会计电算化的单位，其机制记账凭证应当符合对记账凭证的基本要求，打印出来的机制凭证上，要加盖制单人员、审核人员、记账人员和会计主管人员的印章或者签字，以明确责任。

（二）记账凭证的填制方法

1. 单式记账凭证的填制

单式记账凭证就是在一张凭证上只填列一个会计科目。一项经济业务的会计分录涉及几个会计科目，就填几张记账凭证。为了保持会计科目间的对应关系，便于核对，在填制一个会计分录时编一个总号，再按凭证张数编几个分号，如第 4 笔经济业务涉及三个会计科目，编号则为 $4\frac{1}{3}$、$4\frac{2}{3}$、$4\frac{3}{3}$。

单式记账凭证中，填列借方账户名称的称为借项记账凭证，填列贷方账户名称的称为贷项记账凭证。为了便于区别，两者常用不同的颜色印制。

2. 复式记账凭证的填制

复式记账凭证就是在一张记账凭证上记载一笔完整的经济业务所涉及的全部会计科目。为了清晰地反映经济业务的来龙去脉，不应将不同的经济业务合并填制。

(1)收款凭证的填制

收款凭证是根据审核无误的现金和银行存款收款业务的原始凭证编制的。

①收款凭证左上角的“借方科目”，按收款的性质填写“库存现金”或者“银行存款”。

②日期填写的是编制本凭证的日期。

③右上角填写编制收款凭证顺序号。

④“摘要”栏简明扼要地填写经济业务的内容梗概。

⑤“贷方科目”栏内填写与“库存现金”或“银行存款”科目相对应的总账科目及所属明细科目。

⑥“金额”栏内填写实际收到的现金或银行存款的数额，各总账科目与所属明细科目的应贷金额，应分别填写在与总账科目或明细科目同一行的“总账科目”或“明细科目”金额栏内；“金额”栏的合计数，只合计“总账科目”金额，表示借方科目“库存现金”或“银行存款”的金额。

⑦“记账”栏供记账人员在根据收款凭证登记有关账簿后做记号用，表示已经记账，防止经济业务事项的重记或漏记。

⑧该凭证右边“附件　张”根据所附原始凭证的张数填写。

⑨凭证最下方有关人员签章处供有关人员在履行了责任后签名或签章，以明确经济责任。

【例 8—1】 收款凭证的填制。

经济业务：2013 年 6 月 15 日，公司收到 A 公司支付前欠货款 50 000 元，存入银行。

会计分录如下：

借：银行存款　　50 000

　　贷：应收账款　　50 000

应填记账凭证如表 8—10 所示。

表 8—10　　**收款凭证**

借方科目：银行存款　　2013 年 6 月 15 日　　收字第 10 号

摘　要	贷方科目		金　额										记账
	总账科目	明细科目	千	百	十	万	千	百	十	元	角	分	
收到前欠货款	应收账款	A 公司				5	0	0	0	0	0	0	
合　计					¥	5	0	0	0	0	0	0	

附件 1 张

会计主管：××　　记账：××　　出纳：××　　复核：××　　制单：××

(2)付款凭证的填制

付款凭证是根据审核无误的现金和银行存款付款业务的原始凭证编制的。

付款凭证的左上角“贷方科目”应填列“库存现金”或者“银行存款”，“借方科目”栏应填写与“库存现金”或“银行存款”科目相对应的总账科目及所属明细科目。其余各部分的填制方法与收款凭证基本相同，不再述及。

【例 8—2】 付款凭证的填制。

经济业务：2013 年 7 月 3 日，公司用现金支付办公用品 800 元。

会计分录如下：

借：管理费用　　　　　　　　　　　　　　800

　　贷：库存现金　　　　　　　　　　　　　　800

应填记账凭证如表 8—11 所示。

表 8—11　　　　　　　　　　**付 款 凭 证**

贷方科目：库存现金　　　　　　2013 年 7 月 3 日　　　　　　付字第 18 号

摘　要	借方科目		金　额										记账
	总账科目	明细科目	千	百	十	万	千	百	十	元	角	分	
支付办公用品	管理费用							8	0	0	0	0	
合　计							¥	8	0	0	0	0	

附件 1 张

会计主管：××　　记账：××　　出纳：××　　复核：××　　制单：××

(3)转账凭证的填制

转账凭证是根据审核无误的不涉及现金和银行存款收付的转账业务的原始凭证编制的。

①转账凭证的“科目名称”栏应按照先借后贷的顺序分别填写应借、应贷的总账科目及所属明细科目。

②借方总账科目及所属明细科目的应记金额，应在与科目同一行的“借方金额”栏内相应栏次填写；贷方总账科目及所属明细科目的应记金额，应在与科目同一行的“贷方金额”栏内相应栏次填写。

③“合计”行只合计借方总账科目金额和贷方总账科目金额，借方总账科目金额合计数与贷方总账科目金额合计数应相等。

【例 8—3】 转款凭证的填制。

经济业务：2013 年 8 月 1 日，公司领用甲材料 4 000 元用于生产 A 产品，会计根据领料单填制转账凭证。

会计分录如下：

借：生产成本——A 产品　　　　　　　　　　4 000

　　贷：原材料——甲材料　　　　　　　　　　　4 000

应填记账凭证如表 8—12 所示。

表 8—12　　　　　　　　　　**转 账 凭 证**

2013 年 8 月 1 日　　　　　　转字第 01 号

摘　要	科目名称		借方金额									贷方金额								
	总账科目	明细科目	十	万	千	百	十	元	角	分	√	十	万	千	百	十	元	角	分	√
生产领料	生产成本	A 产品			4	0	0	0	0	0	√									
	原材料	甲材料												4	0	0	0	0	0	√
附件 1 张	合　计			¥	4	0	0	0	0	0			¥	4	0	0	0	0	0	

会计主管：××　　记账：××　　复核：××　　制单：××

四、记账凭证的审核

记账凭证填制完成以后，都必须经过会计主管人员或其他指定人员的严格审核。为了保证会计信息的真实、可靠，正确登记账簿和监督经济业务，除了在记账凭证的编制过程中，有关人员应认真负责、正确填制、加强自审之外，还要对记账凭证建立综合审核制度。

为了保证会计信息的质量，在记账之前应由有关稽核人员对记账凭证进行严格的审核。其审核的主要内容是：

（一）内容是否真实

审核记账凭证是否有原始凭证为依据、所附原始凭证的内容与记账凭证的内容是否一致、记账凭证汇总表的内容与其所依据的记账凭证的内容是否一致等。

（二）项目是否齐全

审核记账凭证各项目的填写是否齐全，如日期、凭证编号、摘要、会计科目、金额、所附原始凭证张数及有关人员签章等。

（三）科目是否正确

审核记账凭证的应借、应贷科目是否正确，是否有明确的账户对应关系，所使用的会计科目是否符合国家统一的会计制度的规定等。

（四）金额是否正确

审核记账凭证所记录的金额与原始凭证的有关金额是否一致、计算是否正确、记账凭证汇总表的金额与记账凭证的金额合计是否相符等。

（五）书写是否正确

审核记账凭证中的记录是否文字工整、数字清晰，是否按规定进行更正等。

此外，出纳人员在办理收款或付款业务后，应在凭证上加盖“收讫”或“付讫”的戳记，以避免重收或重付。

第四节　会计凭证的传递和保管

一、会计凭证的传递

（一）会计凭证传递的含义

由于各种会计凭证所记载的经济业务不同，涉及的部门和人员不同，办理的业务手续也不同，因此，应当为各种会计凭证规定一个合理的传递程序，即一张会计凭证填制后应交到哪个部门、哪个岗位和由谁办理业务手续等，直到归档保管为止。

会计凭证的传递，是指凭证从取得或填制时起，经过审核、记账、装订到归档保管时止，在单位内部各有关部门和人员之间按规定的时间、路线办理业务手续和进行处理的过程。

（二）会计凭证传递的内容

会计凭证的传递主要包括凭证的传递路线、传递时间和传递手续三个方面的内容。

1. 确定凭证的传递路线

各单位应根据经济业务的特点、机构设置、人员分工情况，以及经营管理上的需要，明确规定会计凭证的联次及其流程。既要使会计凭证经过必要的环节进行审核和处理，又要避免会计凭证在不必要的环节停留，从而保证会计凭证沿着简捷、合理的路线传递，使经济活动有序、协调地运转。如工业企业的“入库单”，首先是由仓库有关人员在材料验收入库时填制，一式若干联。其中，一联仓库留作原始凭证，以登记仓库材料保管的账簿；一联由仓库传递到有关业务部门，如采购部门，使采购部门了解该项采购业务所购进的材料已经入库，以便其掌握库存材料的动向；一联由仓库传递到会计部门，使会计部门从价值方面掌握库存材料，会计部门据此记录材料的增加，进行会计核算。

2. 规定凭证的传递时间

会计凭证的传递时间，是指各种凭证在各经办部门、环节所停留的最长时间。它应考虑各部门和有关人员在正常情况下办理经济业务所需时间来合理确定，恰当地规定凭证在各环节的停留时间和交接时间。明确会计凭证的传递时间，能防止拖延处理和积压凭证，保证会计工作的正常秩序，提高工作效率。一切会计凭证的传递和处理都应在报告期内完成，否则，将会影响会计核算的及时性。如上面所说的“入库单”也可以按其他途径传递，但无论按何种途径传递，都应该保证它经过必要的环节，在每个环节停留必要的时间。

3. 制定会计凭证传递过程中的衔接手续

为了防止凭证在传递过程中出现遗失、毁损或其他意外情况，凭证在传递过程中，应建立凭证的交接签收制度，凭证的收发、交接都按一定的手续和制度办理，以保证会计凭证的安全和完整。

会计凭证的传递是会计工作的一个重要组成部分，各单位应根据自身的具体情况制定出一套合理的会计凭证传递制度，以便更好地发挥会计凭证的作用，使凭证传递的整个过程环环相扣，从而加速经济业务的处理进程，保证会计部门及时地取得和处理会计凭证，提高各项工作的效率，充分发挥会计监督作用。会计凭证的传递路线、传递时间和传递手续，还应根据实际情况的变化及时加以修改，以确保会计凭证传递的科学化、制度化。

会计凭证的传递程序和方法是经济管理的一项重要规章制度，会计部门要会同有关业务部门在调查研究的基础上，共同制定出科学合理的凭证传递程序。各有关部门和人员必须严格遵守、自觉执行，会计主管人员要监督执行情况。

（三）会计凭证传递的意义

正确组织会计凭证的传递，对于提高会计核算资料的及时性、正确组织经济活动、加强经济责任、实行会计监督具有重要意义。

1. 正确组织会计凭证的传递，有利于提高工作效率

正确组织会计凭证的传递，能够及时、真实地反映和监督各项经济业务的发生和完成情况，为经济管理提供可靠的经济信息。例如，材料运到企业后，仓库保管员应在规定的时间内将材料验收入库，填制“收料单”，注明实收数量等情况，并将“收料单”及时送到财会部门及其他有关部门。财会部门接到“收料单”，经审核无误，就应及时编制记账凭证和登记账簿；生产部门得到该批材料已验收入库的凭证后，便可办理有关领料手续，用于产品生产等。如果仓库保管员未按时填写“收料单”，或虽填写“收料单”但没有及时送到有关部门，就会给人以材料尚未入库的假象，影响企业生产正常进行。

2. 正确组织会计凭证的传递，能更好地发挥会计监督作用

正确组织会计凭证的传递，便于有关部门和个人分工协作、相互牵制，加强岗位责任制，更好地发挥会计监督作用。例如，从材料运到企业验收入库需要多少时间，由谁填制“收料单”，何时将“收料单”送到供应部门和财会部门，会计部门收到“收料单”后由谁进行审核，并同供应

部门的发货票进行核对，由谁何时编制记账凭证和登记账簿，由谁负责整理和保管凭证等。这样就把材料收入业务中从验收入库到登记入账的全部工作在本单位内部进行分工合作，共同完成。同时可以考核经办业务的有关部门和人员是否按规定的会计手续办理，从而加强经营管理、提高工作质量。

二、会计凭证的保管

会计凭证的保管是指会计凭证记账后的整理、装订、归档和存查工作。为了便于随时查阅利用，各种会计凭证在办理好各项业务手续并据以记账后，应由会计部门加以整理、归类，并送交档案部门妥善保管，不得丢失或任意撕毁。会计凭证既是记录经济业务、明确经济责任、具有法律效力的证明文件，又是登记账簿的依据，所以，它是重要的经济档案和历史资料。任何企业在完成经济业务手续和记账之后，必须按规定立卷归档，形成会计档案资料，妥善保管，以便日后随时查阅。

会计凭证整理保管的要求有：

(1)每月记账完毕，要将本月各种记账凭证连同所附原始凭证和原始凭证汇总表，分类按顺序号排列，装订成册，并加具封面、封底，注明单位名称、凭证种类、所属年月和起讫日期、起止号码、凭证张数等。为防止任意拆装，应在装订处粘上封签，并由经办人员在封签处加盖骑缝章。

(2)如在一个月内凭证数量过多，可分装若干册，在封面上加注“共×册”字样。如果某些记账凭证所附原始凭证数量过多，也可以单独装订保管。

(3)各种经济合同和重要的涉外文件等凭证，应另编目录，单独登记保管，并在有关原始凭证和记账凭证上注明。

(4)其他单位因有特殊原因需要使用原始凭证时，经本单位领导批准，可以复制，但应在专门的登记簿上进行登记，并由提供人员和收取人员共同签章。

(5)会计凭证装订成册后，应由专人负责分类保管，年终应登记归档。会计凭证的保管期限和销毁手续，应严格执行《会计法》和《会计档案管理办法》的规定，任何人无权自行随意销毁。

(6)会计凭证在归档后，应按年月日顺序排列，以便查阅。对已归档凭证的查阅、调用和复制，都应得到批准，并办理一定的手续。会计凭证在保管中应防止霉烂破损和鼠咬虫蛀，以确保其安全和完整。

本章小结

1. 会计凭证。会计凭证是在会计工作中记录经济业务、明确经济责任、具有法律效力并作为登记账簿依据的书面证明。会计凭证的填制和审核工作不仅能为分析、检查经济活动提供确切可靠的原始资料，提供记账依据，同时还能明确经济责任，既有利于明确业务往来单位之间的责任，又有利于明确单位内部有关业务经办部门和人员的责任。此外，通过对会计凭证的审核可以监督经济活动，以此控制经济运行，提升效益。

2. 会计凭证按照其填制的程序和用途不同，可分为原始凭证和记账凭证。

3. 原始凭证。原始凭证是进行会计核算的原始依据。原始凭证按其取得的来源不同，可以分为外来原始凭证和自制原始凭证；按其格式不同，可以分为通用凭证和专用凭证；按其用途不同,可以分为通知凭证、执行凭证和计算凭证三种;按其填制方法和手续不同,可以分为一次凭证、累计凭证和汇总凭证三种。

无论是反映哪项经济业务的原始凭证,都必须详细记载有关经济业务的发生、执行和完成情况,以此来明确经办单位和人员的经济责任,因此决定了所有原始凭证必须具备共同的构成要素和基本内容。由于各种凭证的内容和格式都有所不同,同时为了保证原始凭证能够正确、及时、清晰地反映各项经济业务的真实情况,原始凭证要由填制人员按规定要求和方法进行填制。同时,还应从原始凭证所反映经济业务的合理性、合法性和真实性以及原始凭证的填制是否符合规定的要求这两方面来对原始凭证进行审核。

4. 记账凭证。记账凭证是由会计人员根据审核无误的原始凭证或原始凭证汇总表进行归类、整理,并确定会计分录而编制的,作为登记账簿的直接依据的会计凭证。记账凭证按用途可分为专用记账凭证和通用记账凭证;按填制方式可分为单式记账凭证和复式记账凭证。作为登记账簿的直接依据的记账凭证,虽然其种类不同、格式各异,但也要具备一定的基本内容。填制记账凭证是一项重要的会计工作,记账凭证的正确与否,直接关系到会计账簿的真实性和正确性。为了便于登记账簿,保证账簿记录的正确性,填制记账凭证应符合规定的要求和方法。为了保证会计信息的质量,在记账之前应由有关稽核人员对记账凭证进行严格的审核。

5. 会计凭证的传递。是指凭证从取得或填制时起,经过审核、记账、装订到归档保管时止,在单位内部各有关部门和人员之间按规定的时间、路线办理业务手续和进行处理的过程。会计凭证的传递主要包括凭证的传递路线、传递时间和传递手续三个方面的内容。正确组织会计凭证的传递,对于提高会计核算资料的及时性、正确组织经济活动、加强经济责任、实行会计监督具有重要意义。

6. 会计凭证的保管。是指会计凭证记账后的整理、装订、归档和存查工作。为了便于随时查阅利用,各种会计凭证在办理好各项业务手续并据以记账后,应由会计部门加以整理、归类,并送交档案部门妥善保管,不得丢失或任意撕毁。任何企业在完成经济业务手续和记账之后,必须按规定立卷归档,形成会计档案资料,妥善保管,以便日后随时查阅。

第九章 会计账簿

【学习目标】

(1)了解账簿的意义和账簿的分类;

(2)掌握序时账簿、分类账簿和备查账簿的设置、登记规则与登记方法;

(3)掌握结账、对账和错账的查找与更正方法。

第一节 会计账簿概述

一、会计账簿的概念

在会计核算工作中,每项经济业务发生以后,首先要取得或填制会计凭证,并加以审核确认,据以在有关的账户中进行登记。由于会计凭证数量繁多、信息分散,缺乏系统性,不便于会计信息的整理与报告,为了全面、系统、连续地核算和监督单位的经济活动及其财务收支情况,应设置会计账簿。

会计账簿,是指由具有一定格式且按一定形式相互联系的账页组成,以经过审核无误的会计凭证为依据,全面、系统、连续地记录各项经济业务的账簿。在外在形式上,会计账簿是若干账页的组合;在内容实质上,会计账簿对各项经济业务进行序时、科学的分类并加以记录和反映,是连接会计凭证与会计报表的中间环节,在会计核算中具有重要意义。

会计账户是按照规定的会计科目在账簿中分别设立的,而账页一旦标明会计科目,这个账页就成为用来记录该会计科目所核算内容的账户,即账页是账户的载体,账簿是若干账页的集合。如果没有账户,也就没有所谓的账簿;如果没有账簿,账户也成了一种抽象的东西,无法存在。但是,账簿只是一种外在形式,账户才是它的真实内容。账簿序时、分类地记载经济业务,是在个别账户中完成的,也可以说,账簿是由若干张账页组成的一个整体,而开设于账页上的账户则是这个整体中的个别部分。因此,账簿和账户的关系,是形式和内容的关系。

二、会计账簿的种类

账簿的种类繁多，不同的账簿，其格式、用途和登记方法都各不相同。为了更好地了解和正确设置账簿，有必要对账簿进行分类。在实际工作中，账簿一般按其用途、账页格式和外形特征等不同标准进行分类。

（一）账簿按用途分类

账簿按其用途不同，可以分为序时账簿、分类账簿和备查账簿三种。

1. 序时账簿

序时账簿又称日记账，是指按照经济业务发生时间的先后顺序，逐日逐笔详细登记经济业务的账簿。序时账簿可以用来核算和监督某一类型经济业务或全部经济业务的发生或完成情况。按其登记的业务范围，又可以分为普通序时账簿和特种序时账簿两种。

（1）普通序时账簿，又称普通日记账或分录簿，是用来记录全部经济业务的发生和完成情况的日记账。它是根据企业发生的每笔经济业务，不论其性质如何，按时间先后顺序编成的会计分录在账簿中进行登记。普通日记账主要适用于采用电子计算机数据处理系统的一些企业，设置普通日记账的企业不是很普遍。

（2）特种序时账簿，又称特种日记账，是指用来专门记录某些需要特别关注、大量发生的经济业务，并起到汇总作用的日记账。它将经济业务按照发生的时间先后顺序，逐日逐笔进行登记，可以反映、监督某一类经济业务的完整情况。这种账簿同时兼有序时和分类两种作用。如记录现金收付业务及其结存情况的现金日记账、记录银行存款收付业务及其结存情况的银行存款日记账，以及专门记录转账业务的转账日记账。

日记账的设置不仅便于及时、详细地反映各项经济业务的发生和完成情况，而且便于提供连续、系统的会计资料，可以用来与有关账簿进行相互核对。目前在我国，大多数企业一般只设现金日记账和银行存款日记账，而不设置转账日记账和普通日记账。

2. 分类账簿

分类账簿是对全部经济业务，按照会计要素的具体类别而设置的分类账户进行登记的账簿，简称分类账。分类账簿提供的核算信息是编制会计报表的主要依据。分类账簿按其账簿反映内容详细程度的不同，分为总分类账和明细分类账。

按照总分类账户分类登记经济业务事项，总括反映全部经济业务和资金状况的是总分类账簿，简称总账；按照明细分类账户分类登记经济业务事项，详细反映某一类账户中某一种经济业务的增减变化及其结果的是明细分类账簿，简称明细账。总分类账提供总括的会计信息，明细分类账提供详细的会计信息，两者相辅相成、互为补充。

在实际工作中，对于一些小型经济单位，业务简单，总分类账户不多，为简化工作，可以把序时账簿和分类账簿结合为一本，既进行序时登记，又进行总分类登记的联合账簿，称为“日记账”。

3. 备查账簿

备查账簿又称辅助登记账簿，简称备查簿，是对那些在日记账和分类账等主要账簿中未能记载或记载不全的事项进行补充登记时使用的账簿。设置和登记这种账簿的目的，是为了对某些经济业务的内容提供有用的参考资料或补充信息。如用来登记那些以经营租赁方式租入、不属于本企业财产、不能记入本企业固定资产账户的机器设备的租入固定资产登记簿，用来登记本企业已经贴现的应收票据的应收票据备查簿，受托加工材料登记簿等。备查账簿使用比较灵活，没有固定格式，各单位可根据生产经营管理需要设置。

与序时账簿和分类账簿相比，备查账簿存在以下两点不同之处：一是在登记依据上不同，备查账簿可以不需要记账凭证，甚至不需要一般意义上的原始凭证；二是在账簿的格式和登记方法上存在不同，备查账簿的主要栏目不需要记录金额，它更注重用文字来表述某项经济业务的发生情况。

（二）账簿按账页格式分类

账簿按其账页的格式不同，可以分为两栏式账簿、三栏式账簿、多栏式账簿、数量金额式账簿和横线登记式账簿五种。

1. 两栏式账簿

两栏式账簿，是指只有“借方”和“贷方”两个基本金额栏目的账簿。普通日记账和转账日记账一般采用两栏式账簿。

2. 三栏式账簿

三栏式账簿，是指其账页的格式主要部分为“借方”、“贷方”和“余额”或者“收入”、“支出”和“余额”三栏的账簿。三栏式账簿又分为设对方科目和不设对方科目两种。区别是在“摘要”栏和“借方科目”栏之间是否有一栏“对方科目”栏。有“对方科目”栏的，称为设对方科目的三栏式账簿；没有“对方科目”栏的，称为不设对方科目的三栏式账簿。它主要适用于各种日记账、总分类账以及资本或债权债务明细账等。

3. 多栏式账簿

多栏式账簿，是指根据经济业务的内容和管理的需要，在账页的“借方”和“贷方”栏内再分别按照明细科目或某明细科目的各明细项目设置若干专栏的账簿，如多栏式日记账、多栏式明细账。这种账簿可以按“借方”和“贷方”分别设专栏，也可以只设“借方”专栏，“贷方”的内容在相应的“借方”专栏内用红字登记，表示冲减，设多少栏，则根据需要确定。收入、费用明细账一般均采用这种格式的账簿。

4. 数量金额式账簿

数量金额式账簿，是指在账页中分设“借方”、“贷方”和“余额”或者“收入”、“发出”和“结存”三大栏，并在每一大栏内分设“数量”、“单价”和“金额”三小栏的账簿。数量金额式账簿能够反映出财产物资的实物数量和价值量，原材料和库存商品、产成品等明细账一般采用数量金额式账簿。

5. 横线登记式账簿

横线登记式账簿，是指账页分为“借方”和“贷方”两个基本栏目，每一个栏目再根据需要分设若干栏次，在账页两方的同一行记录某一经济业务自始至终所有事项的账簿。它主要适用于需要逐笔结算的经济业务的明细账，物资采购、应收账款等明细账一般采用横线登记式账簿。

（三）账簿按外形特征分类

账簿按其外形特征的不同，可以分为订本式账簿、活页式账簿和卡片式账簿三种。

1. 订本式账簿

订本式账簿简称订本账，是指在未启用时就将具有账户基本结构的若干账页按连续编号顺序固定装订成册的账簿。这种账簿账页固定，能够避免账页散失和人为的抽换账页，保证账簿记录的安全性。但由于这种账簿的账页是固定的，就没有随意增减的弹性，因此在使用前必须先估计每一个账户需要使用的账页，预留出足够的空白。如果预留账页过多，会造成不必要的浪费；预留账页过少，则会影响账簿记录的连续性。另外，这种账簿在同一时期内，一本账簿只能由一个人登记，不便于会计人员分工记账。订本式账簿一般适用于总分类账、现金日记账和银行存款日记账。

2. 活页式账簿

活页式账簿简称活页账，是指年度内由若干张分散的账页组成，一般存放于活页式账夹中不固定装订成册的账簿。这种账簿可以根据记账的实际需要，随时增减账页，便于记账分工，而且这种账簿登记较方便，但容易出现账页散失或被人为抽换等问题。所以，使用这种账簿时要注意妥善保管，按顺序逐页编号，年底要将本年度所有活页式账簿的账页加以汇总编号并装订成册，签章保管。活页式账簿主要适用于各种明细分类账。

3. 卡片式账簿

卡片式账簿简称卡片账，是指由若干张具有一定格式的卡片组成，并存放于卡片箱中保管的账簿。这是一种特殊的活页式账簿，卡片不固定在一起，卡片的数量可以随经济业务的多少而随时增减。该账簿使用比较灵活，不用装订成册，保管也比较方便，有利于详细记录各种经济业务的具体内容，可跨年度长期使用，不需要经常更换，但这种账簿也容易散失和随意抽换。因此，在使用时应对账页连续编号，并加盖有关人员图章，卡片式账簿的卡片平时一般应放置在卡片箱内，使用完毕或更换新账后，应将卡片穿孔固定保管，以保证其安全。卡片式账簿适用于固定资产明细账和低值易耗品明细账等实物资产明细账户。

第二节　会计账簿的基本内容、启用和登记规则

一、会计账簿的基本内容

在实际工作中，随着各种经济业务的内容不同，会计账簿的格式不尽相同，不同账簿的格式所包括的具体内容也不尽一致，但各种会计账簿应具备以下基本内容：

(一)封面

主要用来标明账簿的名称，如总分类账、各种明细分类账、银行存款日记账、现金日记账等。

(二)扉页

主要列明科目索引、账簿启用和经管人员一览表，其应填列的内容主要有经管人员、移交人和移交日期、接管人和接管日期。如活页账、卡片账在装订成册后，应填写账簿启用和经管人员一览表、账簿启用登记表，见表9－1。

(三)账页

账页是账簿用来记录经济业务事项的载体，记录经济业务的内容不同，其格式也应有所不同，但每张账页上应载明的主要内容有：

(1)账户的名称(总分类账户、二级账户或明细账户)；

(2)登记账户的日期栏；

(3)记账凭证种类和号数栏；

(4)摘要栏(简要说明所记录经济业务的内容)；

(5)金额栏(记录经济业务引起账户发生额或余额增减变动的数额)；

(6)总页次和分户页次。

表 9—1 **账簿启用和经管人员一览表**

账簿名称：__________ 单位名称：__________

账簿编号：__________ 账簿册数：__________

账簿页数：__________ 启用日期：__________

会计主管：__________ 记账人员：__________

移交日期			移交人		接管日期			接管人		会计主管	
年	月	日	姓名	签章	年	月	日	姓名	签章	姓名	签章

二、会计账簿的启用

会计账簿作为储存数据资料的重要会计档案，要由专人负责登记账簿。为了保证账簿记录的合法性，明确记账责任以便于日后审查，在启用账簿时，应按照《会计基础工作规范》第五十八条和第五十九条的规定，在账簿封面上注明单位名称和账簿名称，并填写账簿扉页上的"启用表"。具体内容包括启用日期、账簿页数、记账人员或会计机构负责人，会计主管人员调动工作时，应当注明交接日期、接办人员或者监交人员姓名，并由交接双方人员签名或盖章，以明确责任。每年年初更换新账时，应将旧账的各账户余额过入新账的余额栏，并在摘要栏中注明"上年结转"字样。启用表的格式见表 9—2。

表 9—2 **账簿启用及交接表**

<table>
<tr><td>机构名称</td><td colspan="9"></td><td colspan="2" rowspan="5">印鉴</td></tr>
<tr><td>账簿名称</td><td colspan="9">（第　册）</td></tr>
<tr><td>账簿编号</td><td colspan="9"></td></tr>
<tr><td>账簿页数</td><td colspan="9">本账簿共计　页</td></tr>
<tr><td>启用日期</td><td colspan="9">公元　年　月　日</td></tr>
<tr><td rowspan="3">经管人员</td><td colspan="3">负责人</td><td colspan="3">主管会计</td><td colspan="3">复核</td><td colspan="2">记账</td></tr>
<tr><td>姓名</td><td colspan="2">印鉴</td><td>姓名</td><td colspan="2">印鉴</td><td>姓名</td><td colspan="2">印鉴</td><td>姓名</td><td>印鉴</td></tr>
<tr><td></td><td colspan="2"></td><td></td><td colspan="2"></td><td></td><td colspan="2"></td><td></td><td></td></tr>
<tr><td rowspan="4">交接记录</td><td colspan="2">经管人员</td><td colspan="4">接管</td><td colspan="5">交出</td></tr>
<tr><td>职务</td><td>姓名</td><td>年</td><td>月</td><td>日</td><td>印鉴</td><td>年</td><td>月</td><td>日</td><td colspan="2">印鉴</td></tr>
<tr><td></td><td></td><td></td><td></td><td></td><td></td><td></td><td></td><td></td><td colspan="2"></td></tr>
<tr><td></td><td></td><td></td><td></td><td></td><td></td><td></td><td></td><td></td><td colspan="2"></td></tr>
<tr><td>备注</td><td colspan="11"></td></tr>
</table>

三、会计账簿的登记规则

会计人员应根据审核无误的会计凭证使用正确的方法来登记账簿。按照国家统一的会计法规、制度的规定和要求，根据企业实际管理要求及经济业务的特点不同，可以设置不同种类和数量的会计账簿，但不管哪一类账簿，都应该遵循一定的规则。在登记账簿时做到内容完整、科目正确、摘要清楚、数字真实、字迹整洁，并且不漏记、错记和积压账目，应符合以下几点基本要求：

(1)准确无误地填写账簿的基本内容。登记会计账簿时，应当将会计凭证日期、编号、业务内容摘要、金额和其他有关资料逐项记入账内，做到数字准确、摘要清楚、登记及时、字迹工整。每一项会计事项，一方面要记入有关的总账，另一方面要记入该总账所属的明细账。账簿记录中的日期，应该填写记账凭证上的日期；以自制原始凭证，如收料单、领料单等作为记账依据的，账簿记录中的日期应按有关自制凭证上的日期填列。

(2)登记完毕后注意注明记账符号。账簿登记完毕，应在记账凭证上签名或盖章，并在记账凭证的“过账”栏内注明账簿页数或画对勾，表示记账完毕，避免重记、漏记。

(3)书写留空。账簿中书写的文字和数字上面要留有适当的空格，不要写满格，一般应占格距的二分之一。这样，一旦发生登记错误时，能比较容易地进行更正，同时也方便查账工作。

(4)在正常情况下使用蓝黑墨水进行记账。登记账簿必须使用蓝黑墨水或碳素墨水并用钢笔书写，不得使用圆珠笔(银行的复写账簿除外)或者铅笔书写，以保持账簿记录的持久性，并能防止涂改。

(5)特殊情况下的记账使用红墨水。以下情况需要使用红色墨水记账：按照红字冲账的记账凭证，需冲销错误记录；在不设借、贷等栏的多栏式账页中，需用红色登记减少数；在三栏式账户的余额栏前，如未印明余额方向的，需在余额栏内登记负数余额；根据国家统一的会计制度规定需要用红字登记的其他会计记录。会计中的红字表示负数，因此，除上述情况外，不得用红色墨水登记账簿。

(6)记账时应按时间顺序连续登记。记账时，应按账户页次逐页逐行登记，不得隔页、跳行。如果发生隔页、跳行现象，应在空页、空行处用红色墨水划对角线注销，或者注明“此页空白”或“此行空白”字样，并由记账人员和会计机构负责人(会计主管人员)签章。

(7)及时对余额进行核算。凡需要结出余额的账户，结出余额后，应当在“借或贷”栏内注明“借”或“贷”字样，以表示余额的方向；对于没有余额的账户，应在“借或贷”栏内写“平”字，并在“余额”栏用“0”表示无余额。现金日记账和银行存款日记账必须逐日结出余额。

(8)每页页末应结出当页发生额合计及余额。每一账页登记完毕时，应当结出本页发生额合计及余额，写在当页最末一行和下一页第一行有关金额栏内，同时在“摘要”栏注明“转次页”或“过次页”，并在该行“摘要”栏注明“承前页”，以保持账簿记录的连续性，便于对账和结账。

(9)对记录错误处应按规定方法更正。如账簿中发生记录错误，不得刮擦、挖补或用退色药水更改字迹，而应采用规定的方法进行更正。

第三节　会计账簿的格式和登记方法

一、日记账的格式和登记方法

日记账是按照企业所发生或完成经济业务的时间先后顺序逐笔、逐日、连续进行登记的账簿。设置账簿的目的就是要在账簿记录中将经济业务按发生的时间顺序清晰地反映出来。按照日记账所核算和监督经济业务的范围,可分为普通日记账和特种日记账两种。

(一)普通日记账

普通日记账又称为分录簿,是指对企业发生的全部经济业务按照时间先后顺序进行登记的账簿。普通日记账通常为两栏式日记账。其格式见表9—3。

表9—3　　两栏式普通日记账　　单位:元

年		凭证		摘要	对方科目	收入	支出
月	日	字	号				

对于规模较小、经济业务不多的企业,使用普通日记账程序简便,也可以满足业务需要,其优点是:(1)便于了解企业在一定时间内发生的所有经济业务的全貌;(2)把每一笔经济业务的应借、应贷账户的名称、金额汇于一处,并有该项业务的摘要可供参考,可以比较容易地发现记账差错;(3)通过全月发生额合计,可以进行试算平衡。

使用普通日记账的缺点是:(1)记账时不便于分工合作;(2)无法了解某一特定账户的发生额及余额的变化情况;(3)过账的工作量大。

如果企业规模较大、业务量较多且较复杂,就不宜设置普通日记账。编制普通日记账时,可根据经济业务直接登记,然后再将普通日记账过入分类账。因此,设普通日记账一般可不再做记账凭证。

(二)特种日记账

特种日记账是专门用来记录某类交易或事项的账簿。按记录内容不同,可分为现金日记账、银行存款日记账、销售日记账、转账日记账等。根据我国会计法规的规定,各会计主体必须设置和登记现金日记账和银行存款日记账。

1. 现金日记账的格式和登记方法

(1)现金日记账的格式

现金日记账是用来记录库存现金每天的收入、支出及结存情况的日记账。它由出纳人员根据现金收款凭证、与现金有关的银行存款付款凭证、现金付款凭证,按经济业务发生时间的先后顺序,逐日逐笔进行登记。并根据“上日余额＋本日收入－本日支出＝本日余额”的公式,逐日结出现金余额,与库存现金实存数核对,以检查每日现金收付是否有误。

现金日记账的格式有三栏式和多栏式两种。

①三栏式日记账。三栏式现金日记账设“借方”、“贷方”和“余额”三个基本的金额栏目,一

般将其分别称为“收入”、“支出”和“结余”三个基本栏目。在“借方”栏与“摘要”栏之间常常插入“对方科目”栏，以便记账时标明现金收入的来源科目和现金支出的用途科目。三栏式现金日记账的格式见表 9—4。

表 9—4 **三栏式现金日记账** 单位：元

年		凭证编号		摘　要	对方科目	借 方	贷 方	余 额
月	日	种类	号数					

②多栏式日记账。多栏式现金日记账是在三栏式的基础上，在“借方”栏和“贷方”栏下按对应科目开设多栏。即在日记账的“借方”(收入)和“贷方”(支出)金额栏下都按对方科目设专栏，也就是按收入的来源和支出的用途设专栏。这种格式在月末结账时，可以结出各收入来源专栏和支出用途专栏的合计数，便于对现金收支的合理性、合法性进行审核分析，便于检查财务收支计划的执行情况。其全月发生额还可以作为登记总账的依据。多栏式现金日记账格式见表 9—5。

表 9—5 **多栏式现金日记账** 单位：元

年		凭证		摘　要	借　方				贷　方				余　额
月	日	字	号		应收账款	应收票据	……	合计	应付账款	……	管理费用	合计	

表 9—5 所示的多栏式现金日记账，如果借、贷两方对应的科目太多会形成账页过长，不便于保管和记账。因此，实际工作中，如果要设多栏式现金日记账，一般常把现金收入业务和支出业务分设“库存现金收入日记账”和“库存现金支出日记账”两本账。库存现金收入日记账按对应的贷方科目设置专栏，另设“支出合计”栏和“结余”栏；库存现金支出日记账则只按支出的对方科目设专栏，不设“收入合计”栏和“结余”栏。

为了保证现金日记账的安全和完整，无论是采用三栏式还是多栏式现金日记账，都必须使用订本账。同时，对于拥有外币现金和银行存款的单位，还需根据不同币种分别设置外币现金日记账和外币银行存款日记账。

(2)现金日记账的登记方法

①日期栏：登记经济业务发生的日期。

②凭证编号栏：登记入账的收、付款凭证的种类和编号，“现金收款凭证”简称为“现收”，“现金付款凭证”简称为“现付”，“银行存款付款凭证”简称为“银付”(指从银行提取备用现金情况)。

③摘要栏：简要说明经济业务的内容。

④对方科目栏：登记“库存现金”科目的对方科目（有的现金日记账无此栏目）。

⑤收入、支出栏：根据现金收、付款凭证登记现金收入数和支出数。

2. 银行存款日记账的格式和登记方法

银行存款日记账是用来记录银行存款每日的收入、支出和结存情况的账簿。它是由出纳人员按经济业务发生时间的先后顺序，根据银行存款收款凭证、银行存款付款凭证和现金付款凭证，逐日逐笔进行登记的序时账簿。银行存款日记账应按企业在银行开立的账户和币种分别设置，每个银行存款账户设置一本银行存款日记账。银行存款日记账的结构一般也采用“收入”、“支出”和“结余”三栏式。

对于将现金存入银行的业务，因习惯上只填制现金付款凭证而不填制银行存款收款凭证，所以此时的银行存款收入数，应根据相关的现金付款凭证登记。另外，由于在办理银行存款收付业务时，都是根据银行结算凭证进行办理，为了便于和银行进行对账，银行存款日记账还应设有“结算凭证种类和号数”栏，用于单独列出每项存款收付所依据的结算凭证种类和号数。

银行存款日记账和现金日记账一样，每日终了时要结出余额，做到日清，以便检查和监督各项收支款项，避免出现透支现象，同时也便于与银行对账单进行核对。

此外，银行存款日记账的格式同现金日记账的格式相似。同时，现金日记账和银行存款日记账都必须使用订本账。

二、分类账的格式和登记方法

分类账簿是区别不同账户分类登记交易或事项的账簿，简称分类账。账户按提供指标详细程度可分为总分类账户和明细分类账户，分类账也因此分为总分类账和明细分类账两种。

（一）总分类账的格式和登记方法

1. 总分类账的格式

总分类账也称为总账，是按照总分类账户分类登记以提供总括会计信息，并为编制会计报表提供资料的账簿。总账中的账页是按总账科目（一级科目）开设的总分类账户。由于总分类账可以全面、系统、综合地反映企业所有的经济活动情况和财务收支情况，可以为编制会计报表提供所需的资料，因此，每一企业都应设置总分类账。

在格式上，总分类账一般采用三栏式的订本式账。即在账页中设置“借方”栏、“贷方”栏和“余额”栏三个基本栏目。其他栏目还包括“日期”栏、“凭证”栏、“摘要”栏，在“余额”栏下设有“借或贷”栏，用来指明余额的方向。总分类账格式见表9－6。

表9－6　　总分类账

会计科目：　　单位：元

年		凭证编号	摘　要	借方金额	贷方金额	余　额	
月	日					借或贷	金额

2. 总分类账的登记方法

总分类账可以根据记账凭证逐笔登记，也可以通过一定的方式分次或按月一次汇总成汇总记账凭证或科目汇总表，然后据以登记，还可以根据多栏式现金、银行存款日记账在月末时进行汇总登记。总分类账登记的依据与方法，取决于企业采用的账务处理程序。总分类账的登记方法一般如下：

(1)日期栏：填写登记总账所依据的记账凭证上的日期。

(2)凭证种类、编号栏：填写登记总账所依据的记账凭证的种类及其编号。

(3)摘要栏：填写登记总账所依据的记账凭证的简要内容。

(4)对应科目栏：填写与所设置总账账户发生对应关系的账户名称(有的总分类账无此栏)。

(5)借方金额栏：填写登记总账所依据的记账凭证上记载的各账户的借方发生额。

(6)贷方金额栏：填写登记总账所依据的记账凭证上记载的各账户的贷方发生额。

(7)借或贷栏：此栏为余额方向栏，如为借方余额填写"借"字；如为贷方余额填写"贷"字；如期末余额为零，则填写"平"字，并在"余额"栏上填写"0"。

每月经济业务全部记账完毕后，应该在月末计算出各总分类账户的本期发生额和期末余额，并在余额方向栏中列明余额方向。

(二)明细分类账的格式和登记方法

1. 明细分类账的格式

明细分类账是根据二级账户或明细账户开设账页，分类、连续地登记经济业务以提供明细核算资料的账簿。根据实际需要，不同类型经济业务的明细分类账，应根据经营管理的需要，根据审核无误的原始凭证和记账凭证，每天进行登记或定期(最多五天)进行登记。但需要注意的是，固定资产、债权、债务等明细账应逐日逐笔登记；库存商品、原材料收发明细账以及收入、费用明细账可以逐笔登记，也可以定期汇总登记。"库存现金"、"银行存款"账户由于已设置了日记账，不必再设明细账，其日记账实质上也是一种明细账。

常用的明细分类账有三栏式明细分类账、多栏式明细分类账、数量金额式明细分类账和平行式明细分类账四种。其外表形式一般采用活页账，有时也可以采用卡片账，以采用活页账为多数。

(1)三栏式明细分类账

三栏式明细分类账的账页同总分类账格式基本相同。它设有"借方"、"贷方"和"余额"三个金额栏，不设数量栏。这种明细账只登记金额，适用于债权、债务类科目的明细核算，如"应收账款"、"应付账款"、"其他应收款"、"其他应付款"、"短期借款"、"长期借款"、"实收资本"以及"待摊费用"、"预提费用"的明细核算。所不同的是，总分类账簿为订本账，而三栏式明细分类账簿多为活页账。

三栏式明细分类账是由会计人员根据审核无误的记账凭证或原始凭证，按经济业务发生的时间先后顺序逐日逐笔进行登记的。具体登记规则与三栏式总账大体相同。三栏式明组分类账格式见表 9－7。

表 9—7　三栏式明细分类账

会计科目：　单位：元

年		凭证编号	摘　要	借方金额	贷方金额	余　额	
月	日					借或贷	金额

(2)多栏式明细分类账

多栏式明细分类账又称分栏式明细账，它是将属于同一个总账科目的各个明细科目合并在一张账页上进行登记，即在这种格式账页的借方或贷方金额栏内按照明细项目设若干专栏，集中反映有关明细项目的核算资料。多栏式明细分类账适用于只记金额、不记数量，而且在管理上需要了解其构成内容的成本类、费用类、收入类和利润类账户的明细核算，如“生产成本”、“制造费用”、“管理费用”、“财务费用”、“主营业务收入”、“营业外收入”、“本年利润”等账户的明细核算。其中，“本年利润”、“利润分配”和“应交税费——应交增值税”等科目所属明细科目则需采用借、贷方均为多栏式的明细账。

多栏式明细分类账是依据审核无误的会计凭证，按业务发生的顺序逐日逐笔登记的账簿。一般分为借方多栏式明细账和贷方多栏式明细账。

对于借方多栏式明细账，只设借方多栏，平时一般都在借方登记费用、成本的发生额，贷方登记的是月末借方发生数的转出数。如果平时有贷方发生额，则用红字登记在借方有关明细项目专栏内，以表示对该项目金额的冲销或转出。

对于贷方多栏式明细账，只设贷方多栏，平时一般都在贷方登记收入的发生额，借方登记的是月末贷方发生数的转出数。如果平时有借方发生额，则用红字登记在贷方有关明细项目专栏内，以表示对该项目金额的冲销或转出。多栏式明细分类账（如管理费用明细分类账）格式见表 9—8。

表 9—8　管理费用明细分类账

年		凭证号	摘　要	借　方							
月	日			工资及福利费	办公费	差旅费	折旧费	修理费	工会经费	……	合计

(3)数量金额式明细分类账

数量金额式明细分类账的账页内设有“数量”、“单价”、“收入（借方）”、“发出（贷方）”和“余额”等栏，以分别登记实物的数量和金额。

数量金额式明细分类账用来登记既需要反映金额，又需要反映实物数量的经济业务，这种账簿适用于财产物资类科目的明细核算，如“原材料”、“库存商品”、“固定资产”等账户的明细核算。

数量金额式明细分类账一般是根据审核无误的原始凭证，按照经济业务发生的时间先后顺序，逐日逐笔进行登记的。数量金额式明细分类账格式见表9—9。

表9—9 **数量金额式明细分类账**

科目名称： 品名： 规格：

第 页

年		凭证号	摘要	收入			发出			结余		
月	日			数量	单价	金额	数量	单价	金额	数量	单价	金额

(4)平行式明细分类账

平行式明细分类账也称横线登记式明细分类账。它的账页结构特点是，将前后密切相关的经济业务在同一横行内进行详细登记，以检查每笔经济业务的完成及变动情况。该种账页一般用于“物资采购”、“一次性备用金业务”等明细分类账。

平行式明细分类账的借方一般在购料付款或借出备用金时按会计凭证的编号顺序逐日逐笔登记，其贷方则不要求按会计凭证编号逐日逐笔登记，而是在材料验收入库或者备用金使用后报销和收回时，在与借方记录的同一行内进行登记。同一行内借方、贷方均有记录时，表示该项经济业务已处理完毕，若一行内只有借方记录而无贷方记录的，表示该项经济业务尚未结束。平行式明细分类账(如物资采购明细分类账)格式见表9—10。

表9—10 **物资采购明细分类账**

年		凭证		摘要	借方			贷方	余额
月	日	种类	号码		买方	采购费用	合计		

2. 明细分类账的登记方法

不同类型经济业务的明细分类账可根据管理需要，依据记账凭证、原始凭证或汇总原始凭证逐日逐笔或定期汇总登记。固定资产、债权、债务等明细账应逐日逐笔登记；库存商品、原材料、产成品收发明细账以及收入、费用明细账可以逐笔登记，也可以定期汇总登记。

(三)总分类账和明细分类账的平行登记

平行登记是指对所发生的每项经济业务事项都要以会计凭证为依据，一方面记入有关总分类账户，另一方面记入有关总分类账户所属明细分类账户的方法。

总分类账户与明细分类账户平行登记要求做到：所依据会计凭证相同、借贷方向相同、所属会计期间相同、计入总分类账户的金额与计入其所属明细分类账户的合计金额相等。

第四节　对　账

对账，就是核对账目。它是指在会计核算中，为了保证账簿提供的会计资料正确、真实、可靠，而进行的有关账项的核对工作。它主要是账项的逐笔核对，可以按照编制总分类账户发生额和余额对照表、明细分类账户发生额和余额明细表来比较进行。对账一般在月末、季末、年末进行，即在记账之后、结账之前进行对账。通过对账，可以使会计核算资料之间的记录保持一致和正确无误。

对账一般分为日常核对和定期核对。日常核对，一般是指会计人员在日常的核算工作中对记账凭证、原始凭证和账簿记录的审核与修正；定期核对，是指月末、季末、年末结账前，对账簿记录、凭证的审核与修正。

对账工作一般包括三个方面的内容，即账证核对、账账核对和账实核对。

一、账证核对

账证核对，是指各种账簿记录与有关的记账凭证及其所附的原始凭证进行核对，以保证账簿与凭证相符。在账证核对时，应将原始凭证、记账凭证与账簿记录中的各项经济业务进行核对。一般来讲，总分类账的记录应与有关记账凭证、汇总记账凭证或会计科目汇总表核对相符，明细分类账的记录除了要与有关记账凭证核对相符外，有的还要与有关原始凭证的记录核对相符。这种核对，除了在日常编制记账凭证和记账过程中进行外，在会计期末，如果发现账账不相符时，也需重新进行账证核对，以确保账证相符。

二、账账核对

账账核对，是将各种账簿之间的有关数字进行核对，以保证账簿与账簿之间记录相符。其具体核对内容主要包括：

(1)各总分类账的本期借方发生额合计数与贷方发生额合计数核对相符，借方期末余额合计数与贷方期末余额合计数应核对相符。

(2)各总分类账的借、贷方发生额、期末余额与其下属明细分类账借、贷方发生额、期末余额的合计数核对相符。

(3)现金日记账和银行存款日记账余额与总分类账的现金和银行存款账户的余额核对相符。

(4)会计部门有关财产物资的明细分类账余额，应该同财产物资保管或使用部门的登记簿上明细记录的余额核对相符。

账账核对的方法，主要是通过编制总分类账发生额、余额试算平衡表及明细分类账发生额、余额明细表等进行核对。

三、账实核对

账实核对，是指各种财产物资、债权债务的账面余额与实存数额之间的相互核对，以保证账簿与实际情况相符。其具体核对内容包括：

(1)现金日记账账面余额与库存现金实有数额相符，并且保证日清月结。

(2)银行存款日记账账面余额与银行对账单的余额相核对，每月至少要核对一次。若不符，需制作银行存款余额调节表进行平衡，查明未达账项及其原因，以保证资金安全、完整。

(3)各种财产物资明细分类账账面余额定期与财产物资实存数额核对相符。

(4)各种应收、应付明细分类账账面余额与有关债权、债务单位或个人的账目核对相符。

第五节 错账更正方法

会计人员应严格按照财政部颁布的《会计基础工作规范》等相关规定登记账簿，减少差错。但是，由于种种原因，账簿记录发生错误在所难免，错账的形式也多种多样。发生记账错误时，应根据记账差错的具体情况不同，按规定方法立即更正。

常用的错账更正方法有划线更正法、红字更正法、补充登记法三种。现分述如下：

一、划线更正法

划线更正法是指在原有的错误记录上划红线，表示注销，然后在被注销的错误记录上方写上正确记录的一种方法。划线更正法适用于结账时发现记账凭证正确但账簿记录有误，即纯属记账时文字或数字的笔误情况。

更正的方法是：先在错误的文字或数字上划一条红色横线，表示注销，但必须使原有字迹清晰可辨，以备查考；然后将正确的文字或数字用蓝字或黑字写在被注销的文字或数字的上方，并由记账人员在更正处盖章，以明确责任。应注意，对于文字差错，可只划去错误的字，不必将与错字相关联的其他文字划去；但对于数字差错，应将错误的数额全部划线，重新书写正确的数字，不得只更正错误数额中的个别数字。

【例 9—1】 过账时把主营业务收入误记为主营业务成本，在对账时发现，更正如表 9—11 所示。

表 9—11 划线更正法示例(文字)

2013 年		凭证编号		摘 要	对方科目	借 方	贷 方	余 额
月	日	种类	号数					
9	1			期初余额				58 000
	1	银收	1	销售产品 收到货款	收入 主营业务成本	15 000		43 000
		⋮		⋮	⋮			⋮
				本日合计		65 200	66 300	56 900

【例 9—2】 过账时把一笔经济业务的发生额 15 000 元误记为 13 000 元，在对账时发现，更正如表 9—12 所示。

表 9—12　　划线更正法示例(数字)

2013 年		凭证编号		摘　要	对方科目	借　方	贷　方	余　额
月	日	种类	号数					
9	1			期初余额				58 000
	1	银收	1	销售产品收到货款	主营业务收入	15 000 ~~13 000~~		43 000
		⋮		⋮	⋮			⋮
				本日合计		65 200	66 300	56 900

二、红字更正法

红字更正法又称红字冲销法，它是用红字冲销原有记录以更正或调整记账错误的一种方法。红字更正法适用于登账后发现记账凭证应借、应贷会计科目用错，导致登账错误，或者登账后发现记账凭证应借、应贷会计科目无误，但金额大于正确金额，导致登账错误的情况。

更正的方法是：记账后，发现记账凭证中的会计科目、方向或金额错误时，先用红字填写一张与原错误记账凭证内容完全相同的记账凭证，在摘要中注明“注销某年某月某日某号凭证错账”，并用红字登记入账，以冲销原有错账；然后再用蓝字填制一张正确的记账凭证，在摘要中注明“订正某年某月某日某号凭证错账”，用蓝字登记入账。

【例 9—3】 某企业外购材料的实际成本计 5 000 元，填制记账凭证时，应借记“材料采购”科目，但误写为“原材料”科目，并已登记入账。原错误分录为：

借：原材料　　5 000

　　贷：银行存款　　5 000

发现这种错误后，应先用红字填制一张与原错误记账凭证一样的记账凭证，用以冲销原错误分录(带方框数字表示红字，下同)，其分录为：

借：原材料　　[5 000]

　　贷：银行存款　　[5 000]

然后填制一张正确的记账凭证，其分录如下：

借：材料采购　　5 000

　　贷：银行存款　　5 000

过账如图 9—1 所示。

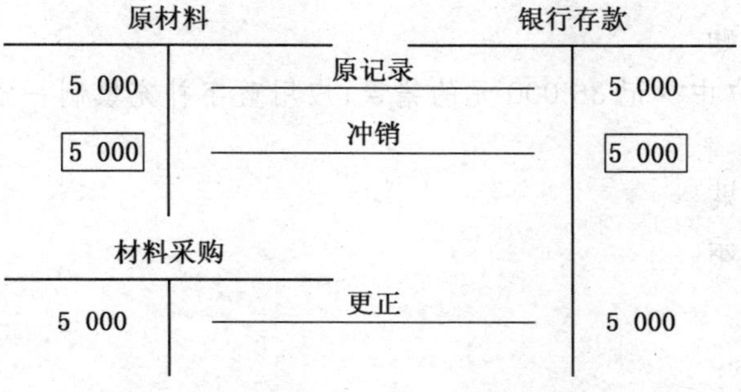

图 9—1　过账

记账后，如果发现记账凭证和账簿金额有误，而会计科目、记账方向没有错误，且所记金额大于应记金额时，将多记的金额用红字填制一张与原错误记账凭证的应借、应贷科目和记账方向相同的记账凭证，并在摘要栏注明“冲销某年某月某日某号多记金额”，冲销多记的金额，登记入账即可。

【例9—4】 某企业外购材料的计划成本计6 000元，验收入库，填制记账凭证时，将金额误记为60 000元，并已登记入账。原错误分录为：

借：原材料　　60 000

　　贷：材料采购　　60 000

为了更正有关账户中多记54 000元的错误，应用红字填制一张记账凭证，其分录为：

借：原材料　　54 000

　　贷：材料采购　　54 000

过账如图9—2所示。

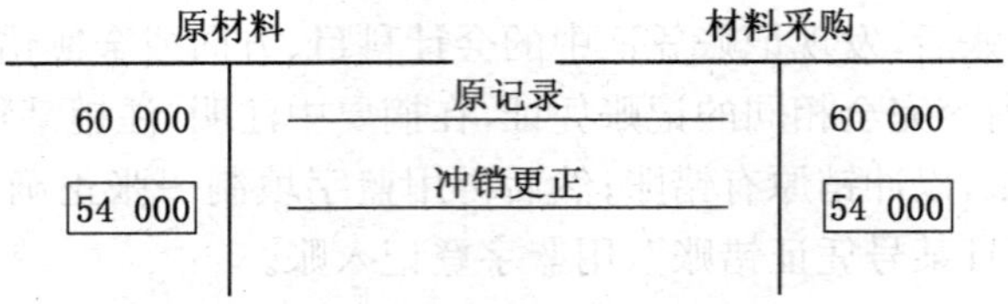

图9—2　过账

三、补充登记法

补充登记法又称蓝字更正法，是指将原记账凭证和账簿中少记的金额用蓝字再填制一张记账凭证，由此来调整账簿记录的一种方法。这种方法适用于记账后发现记账凭证上会计科目并无错误，只是记账凭证和账簿中的所记金额小于应记金额的情况。

更正的方法是：只将正确数字与错误数字之间的差额，即少记的金额用蓝字填制一张记账凭证，并在摘要栏内注明“补充某年某月某日某号记账凭证少记的金额”字样，据以登记入账，以补充少记的金额。

【例9—5】 某企业外购材料的实际成本计40 000元，验收入库，填制记账凭证时，将金额误记为4 000元，并已登记入账。原错误分录为：

借：原材料　　4 000

　　贷：材料采购　　4 000

为了更正有关账户中少记36 000元的错误，应用蓝字补充填制一张记账凭证，其分录为：

借：原材料　　36 000

　　贷：材料采购　　36 000

过账如图9—3所示。

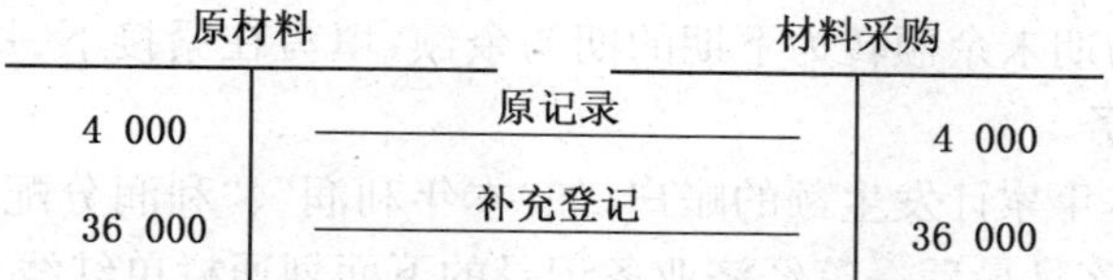

图 9—3　过账

第六节　结　账

为了总结某一个会计期间的经济活动情况，考核经营成果，据以编制会计报表，必须定期进行结账和对账。

结账，即了结账目，是指在会计期间终了时对账簿记录所进行的结算工作，是按照规定把一定时期(月度、季度、年度)内所发生的经济业务登记入账，结算出本期发生额和期末余额，或将余额结转下期，分清上、下期会计记录，以便编制财务报表，下期继续核算。

一、结账的程序

(1)结账前，首先要确保在本会计期间内所发生的经济业务已全部取得凭证、登记入账，并保证其正确性。既不能提前结账，也不能将本期发生的业务延至下期登账。

(2)按照权责发生制的要求，在会计期末进行账项调整，并在此基础上，进行其他有关转账业务的账务处理。如累计折旧的提取、待摊费用的分摊、预提费用的预提，费用账户、成本账户应该按规定结转，收入账户、支出账户应该结转到“本年利润”账户，财产物资清查盘点发现的盘盈、盘亏也应按有关规定登记入账。

(3)计算、登记本期发生额和期末余额。在本期全部经济业务登记入账的基础上，应当结算现金日记账、银行存款日记账、总分类账和各明细分类账各账户的本期发生额和期末余额，并结转下期。

二、结账的方法

结账按其结算时期不同，主要有月结、季结和年结三种。

(一)月度结账

月度终了，要进行月结。月结就是计算出各账户的本月发生额和月末余额。这是每个单位每月终了时都要进行的工作，月度结账具有普遍性。

不同的账户有着不同的特点，在月度结账时应分别采用不同的方法：

(1)对不需要按月结计本期发生额的账户，如结算类、资本类、财产物资类账户明细账，每次记账以后，都要结出余额，每月最后一笔余额即为期末余额。结账时，只要在最后一笔经济业务记录行下通栏划单红线，表示“本月到此为止”，将本期与下期的记录区分开。

(2)对需要按月结计发生额的账户，如现金、银行存款日记账等，每月终了进行结账时，在本月记录的最末一行数字的下面划一道单红线，在红线下面一行的摘要栏内写上“本期发生额及期末余额”，然后再在“本期发生额及期末余额”的下面划一道通栏单红线，表示本期账簿记录已经结束，将本期的期末余额转为下期的期初余额，填写在紧接下一行的金额栏中，然后继续登记下月的经济业务。

(3)对需要结计本年累计发生额的账户，如“本年利润”、“利润分配”总账及所属明细账账户，每月结账时，先在该月最后一笔经济业务记录的下面划通栏单红线，进行月结，然后再移下一行，在摘要栏内填写“本年累计”字样，结出自年初始至本月末止的累计发生额和月末余额，并在本年累计数的下面通栏划单红线，区别于下月发生额。

(4)总账平时只需结出月末余额，即只需要在最后一笔经济业务记录之下通栏划单红线，不需要再结计一次余额。

(5)对于期末无余额的账户，加计借方发生额、贷方发生额，在其下面划通栏双红线，表示该账户月底已经结平，下个月在双红线之下连续登记。

(6)某些账户如果本月没有发生额，则无须进行月结。

月度终了，损益类收支科目余额都必须转入“本年利润”科目进行月结。需要月结的科目包括“主营业务收入”、“其他业务收入”、“投资收益”、“营业外收入”、“主营业务成本”、“其他业务成本”、“营业税金及附加”、“销售费用”、“管理费用”、“财务费用”、“营业外支出”、“所得税费用”、“以前年度损益调整”等。月结分录具体形式如下：

①收入类科目结转“本年利润”：

借：主营业务收入

贷：本年利润

②成本、费用类科目结转“本年利润”：

借：本年利润

贷：主营业务成本

其他收入类，成本、费用类科目的月结转账，如上例以此类推。

(二)季度结账

季度终了，在账簿中进行季结。季结就是计算账户本季度借、贷方发生额。

在本季季末最后一月月结数字的红线下面一行，除结计本月合计数外，将本季度3个月的借、贷方月结数加总，再加计累计数用蓝字填入，并在摘要栏内加盖“本月合计”、“本季合计”和“本季累计”戳记；同时，在累计数下面划一条红线，如账户期末无余额，则划通栏双线。

(三)年度结账

年度终了，在账簿中要进行年结，并且封账。年结要在12月的月结和第四季度的季结后进行；年结时在季结的下一行登记。

年度结账时，要将各账户结平，并将各账户的余额结转到下年度新开的账户中去，然后将年末余额转入下年新账内。余额结转下年，不需要编制记账凭证，将其余额变为零，只需要在摘要栏内加盖“本月合计”、“本季合计”和“本年累计”戳记，然后在“结转下年”行下划两条通栏红线，以示“封账”。在下一年新账的第一页第一行的摘要栏内写上“上年结转”字样，然后在余额栏内写上余额。

例如，某公司“应收账款”账户的月度结账和年度结账见表9－13(表内虚线表示红线)。

表 9—13　　　　**月度结账和年度结账示例**

账户名称:应收账款——顺达公司　　　　　　　　　　　　　　　　第　页

2010 年		凭证号(略)	摘　要	借方金额	贷方金额	余　额	
月	日					借或贷	金额
10	1		期初余额			平	0
	10			40 000	5 000	借	35 000
	20			20 000		借	55 000
			本月发生额及余额	60 000	5 000	借	55 000
11	15				15 000	借	40 000
	20			5 000		借	45 000
	25				25 000	借	20 000
			本月发生额及余额	5 000	40 000	借	20000
12	5			10 000		借	30 000
	15				25 000	借	5 000
	25			15 000		借	20 000
			本月发生额及余额	25 000	25 000	借	20 000
			本年发生额及余额	90 000	70 000	借	20 000
			结转下年			借	20 000

第七节　会计账簿的更换与保管

一、会计账簿的更换

账簿的更换，是指在会计年度终了时，将上年度的账簿更换为次年度的新账簿。为了保持会计账簿资料的连续性，在每一会计年度结束、新的会计年度开始时，都必须启用新账，并把上年度各种账簿的账户进行年结、封账并归档保管。

会计年度终了时，总账和日记账、大多数明细账应当更换新账。年初，将旧账簿中各账户的余额直接记入新账簿中有关账户新账页的第一行“余额”栏内。同时，在“摘要”栏内加盖“上年结转”戳记，将旧账页最后一行数字下的空格，划一条斜红线注销，并在旧账页最后一行“摘要”栏内加盖“结转下年”戳记。

对于在年度内业务发生量较少、账簿变动不大的部分明细账，如固定资产明细账和固定资产卡片账，也可以连续使用，不必每年更换。但要在“摘要”栏内加盖“结转下年”戳记，以划分新、旧年度之间的金额。各种备查账簿也可以连续使用。

二、会计账簿的保管

会计账簿是会计工作的重要历史资料，也是重要的经济档案，必须按规定妥善保管，不得丢失和任意销毁。账簿的保管，应该明确责任，保证账簿的安全和会计资料的完整，防止交接手续不清和可能发生的舞弊行为。

会计账簿日常保管应该由各自分管的记账人员专门负责，未经批准，不许非经管人员翻阅、查看、摘抄和复制。会计账簿一般情况下不得外借，其他部门或有关人员需要查询本单位账簿时，须经单位负责人或会计主管人员批准方可进行。

年末结账后，应该将该账簿的页数、记账人员姓名、启用日期、交接日期等列表附在账簿的扉页上，并加上封面，统一编号后，由有关方面签字盖章，与各种订本账一并归档。各种账簿应按年度分类归档，账簿的封面颜色在同一年度内力求统一，不同的会计年度采用不同的封面颜色；账簿内部应编好目录，建立索引，以便于查找。

会计账簿的保管期限：总账、明细账、日记账和各种辅助账（备查簿）的保管期限一般是15年，现金日记账和银行存款日记账的保管期限一般是25年以上，固定资产明细账必须要保管到该固定资产报废清理后5年。

一般情况下，上一年的会计凭证、会计账簿、会计报表、会计文献可留在财会部门，便于随时查阅使用。隔年的会计档案，应转交单位档案部门立档保管。

账簿保管期满后，由档案保管部门提出销毁意见，会同财务部门共同鉴定，编造销毁名册，列明需销毁档案的名称、卷号、册数、起止年度、档案编号、应保管期限、已保管期限、销毁时间等内容，由单位负责人签署意见。销毁会计账簿时，应当由档案保管部门、财务部门和有关部门共同派员监销。监销人员在销毁会计账簿前，应当按照会计账簿销毁清册所列出的内容清点核对所要销毁的会计账簿；销毁后，应当在会计账簿销毁清册上签名盖章，并将监销情况报告本单位负责人。

本章小结

1. 会计账簿。会计账簿是指由具有一定格式且按一定形式相互联系的账页组成，以经过审核无误的会计凭证为依据，全面、系统、连续地记录各项经济业务的账簿。会计账户是按照规定的会计科目在账簿中分别设立的，而账页一旦标明会计科目，这个账页就成为用来记录该会计科目所核算内容的账户，即账页是账户的载体，账簿是若干账页的集合。如果没有账户，也就没有所谓的账簿；如果没有账簿，账户也成了一种抽象的东西，无法存在。但是，账簿只是一种外在形式，账户才是它的真实内容。因此，账簿和账户的关系，是形式和内容的关系。

2. 账簿有不同的分类方法。账簿按用途可分为序时账簿、分类账簿和备查账簿。序时账簿又分为普通序时账簿和特种序时账簿；分类账簿又分为总分类账簿和明细分类账簿。账簿按账页格式可分为两栏式账簿、三栏式账簿、多栏式账簿、数量金额式账簿和横线登记式账簿。账簿按外表形式可分为订本式账簿、活页式账簿和卡片式账簿。

3. 不同账簿的格式所包括的具体内容也不尽一致，但各种会计账簿应具备的基本内容包括封面、扉页、账页。会计人员应根据审核无误的会计凭证使用正确的方法来登记账簿。按照国家统一的会计法规、制度的规定和要求，根据企业实际管理要求及经济业务的特点不同，可以设置不同种类和数量的会计账簿，但不管哪一类账簿，都应该遵循一定的规则，有一定的格式和登记方法。

4. 对账，就是核对账目。它是指在会计核算中，为了保证账簿提供的会计资料正确、真实、可靠，而进行的有关账项的核对工作。对账工作包括三个方面的内容，即账证核对、账账核对和账实核对。

5. 由于种种原因，账簿记录发生错误在所难免，错账的形式也多种多样。发生记账错误时，应根据记账差错的具体情况不同，按规定方法立即更正。会计人员应严格按照财政部颁布的《会计基础工作规范》等相关规定登记账簿，减少差错。登记账簿后，如果发现账户试算不平衡，可以使用差数法、二除法和九除法查找错账，并根据错账的不同类别，分别使用划线更正法、红字更正法和补充登记法更正错账。划线更正法是指在原有的错误记录上划红线，表示注销，然后在被注销的错误记录上方写上正确记录的一种方法。红字更正法又称红字冲销法，它是用红字冲销原有记录以更正或调整记账错误的一种方法。补充登记法又称蓝字更正法，是指将原记账凭证和账簿中少记的金额用蓝字再填制一张记账凭证，由此来调整账簿记录的一种方法。

6. 结账，即了结账目。是指在会计期间终了时对账簿记录所进行的结算工作，是按照规定把一定时期（月度、季度、年度）内所发生的经济业务登记入账，结算出本期发生额和期末余额，或将余额结转下期，分清上、下期会计记录，以便编制财务报表，下期继续核算。结账包括月结、季结和年结。

7. 在会计年度终了时，将上年度的账簿更换为次年度的新账簿。为了保持会计账簿资料的连续性，在每一会计年度结束、新的会计年度开始时，都必须启用新账，并把上年度各种账簿的账户进行年结、封账并归档保管。会计账簿是会计工作的重要历史资料，也是重要的经济档案，必须按规定妥善保管，不得丢失和任意销毁。账簿的保管，应该明确责任，保证账簿的安全和会计资料的完整，防止交接手续不清和可能发生的舞弊行为。

第十章　账务处理程序

【学习目标】

(1)了解账务处理程序的概念；

(2)掌握记账凭证账务处理、汇总记账凭证账务处理和科目汇总表账务处理各自的程序及其优、缺点。

账务处理程序也称会计核算组织程序或会计核算形式，是指会计凭证、会计账簿、会计报表相结合的方式，包括会计凭证和账簿的种类、格式，会计凭证与账簿之间的联系方法，由原始凭证到编制记账凭证、登记明细分类账和总分类账、编制会计报表的工作程序和方法等。

科学、合理地选择适用于本单位的账务处理程序，对于有效地组织会计核算具有重要意义。即通过确定凭证、账簿与报表之间合理的联系方式，有利于会计工作程序的规范化，以保证会计信息加工过程的严密性，提高会计信息质量；通过凭证、账簿与报表之间的牵制作用，可增强会计信息的可靠性，有利于保证会计记录的完整性、正确性；通过减少不必要的会计核算环节，提高会计工作效率，保证会计信息的及时性。因此，设立合理的账务处理程序对于科学组织会计核算工作、充分发挥会计在经济管理中的作用，具有重要的意义。

科学合理的账务处理程序应符合下列基本要求：

首先，要结合本单位实际，适应本单位生产经营活动的特点和规模的大小，满足本单位组织会计核算的要求。

其次，要有利于全面、及时、正确地反映本单位经济活动情况，提供高质量的会计核算信息，满足投资者和债权人等外部以及单位内部信息使用者的需要。

最后，要有利于简化会计核算手续，提高会计工作效率，节约会计核算工作的人力、物力和财力。

我国常用的账务处理程序主要有记账凭证账务处理程序、汇总记账凭证账务处理程序和科目汇总表账务处理程序三种。这三种账务处理程序的主要不同之处在于登记总分类账的依据和方法不同，总分类账的格式也不尽相同。

第一节　记账凭证账务处理程序

记账凭证账务处理程序是指对发生的交易或事项，都要根据原始凭证或原始凭证汇总表编制记账凭证，然后直接根据记账凭证逐笔登记总分类账的一种账务处理程序。

一、记账凭证核算形式的特点

记账凭证核算形式的特点是：根据记账凭证直接逐笔登记总分类账。它是最基本的会计核算形式。其他几种会计核算形式都是在记账凭证核算形式的基础上根据经济管理的需要而发展起来的。

二、记账凭证核算形式的账务处理程序

(1)根据原始凭证或原始凭证汇总表填制记账凭证(包括收款凭证、付款凭证和转账凭证)；

(2)根据收款凭证、付款凭证逐笔登记现金日记账和银行存款日记账；

(3)根据原始凭证、汇总原始凭证和记账凭证登记各种明细账；

(4)根据记账凭证直接逐笔登记总分类账；

(5)月末，将各种日记账的期末余额以及各明细分类账的期末余额合计数，分别与有关总分类账的期末余额进行核对，视其是否相符；

(6)月末，根据核对无误的总分类账与明细分类账的数额编制会计报表。

记账凭证核算形式的账务处理程序如图 10－1 所示。

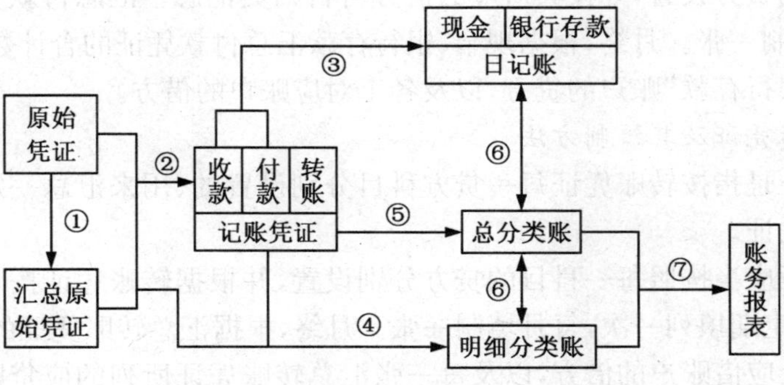

图 10－1　记账凭证账务处理程序

三、记账凭证核算形式的优、缺点及适用范围

记账凭证核算形式的优点是：手续简便，易于掌握，并且总分类账较详细地记录和反映经济业务的发生情况，便于了解单位经济业务的动态。其不足之处是：由于总分类账是根据每张记账凭证逐笔登记的，倘若企业规模大、经济业务量多，势必登记总分类账的工作量相对也就很大。因此，记账凭证核算形式一般适用于规模小、经济业务量较少的单位。

第二节　汇总记账凭证账务处理程序

一、汇总记账凭证核算形式的特点

汇总记账凭证核算形式的主要特点是：依据记账凭证编制汇总记账凭证，再依据汇总记账凭证登记总分类账。定期编制汇总记账凭证，并登记总分类账是这种核算形式区别于其他核算形式的主要标志。

二、汇总记账凭证的编制方法

（一）汇总收款凭证及其编制方法

汇总收款凭证是指依据“库存现金”和“银行存款”科目的借方分别设置的一种汇总记账凭证，其汇总了一定时期内现金和银行存款的收款业务。

现金、银行存款的汇总收款凭证，应根据现金、银行存款的收款凭证，分别以“库存现金”、“银行存款”科目的借方设置，并按其对应的贷方科目归类汇总。汇总收款凭证定期（五天或十天）填制一次，每月填制一张。月终，根据现金、银行存款汇总收款凭证的合计数，分别记入总分类账“库存现金”、“银行存款”账户的借方，以及各个对应账户的贷方。

（二）汇总付款凭证及其编制方法

汇总付款凭证是指按“库存现金”和“银行存款”科目的贷方分别设置的一种汇总记账凭证，其汇总了一定时期内现金和银行存款的付款业务。

现金、银行存款的汇总付款凭证，应根据现金、银行存款的付款凭证，分别以“库存现金”、“银行存款”科目的贷方设置，并按其对应的借方科目归类汇总。汇总付款凭证每五天或十天填制一次，每月填制一张。月终，根据现金、银行存款汇总付款凭证的合计数，分别记入总分类账“库存现金”、“银行存款”账户的贷方，以及各个对应账户的借方。

（三）汇总转账凭证及其编制方法

汇总转账凭证是指按转账凭证每一贷方科目分别设置的、用来汇总一定时期内转账业务的一种汇总记账凭证。

汇总转账凭证应当按照每一科目的贷方分别设置，并根据转账凭证按对应的借方科目归类，每五天或十天定期填列一次，每月填制一张。月终，根据汇总转账凭证的合计数，分别记入总分类账户中各个应借账户的借方，以及每一张汇总转账凭证所列的应贷账户的贷方。倘若在汇总期内，某一贷方科目的转账凭证为数不多时，也可不填制汇总转账凭证，而直接根据转账凭证记入总分类账。需要注意的是：为了便于填制汇总转账凭证，平时填制转账凭证时，应使科目的对应关系保持一个贷方科目同一个或几个借方科目相对应的会计分录，即一借一贷或多借一贷的转账凭证，不要出现有一借多贷的科目对应关系的转账凭证。

三、汇总记账凭证核算形式的账务处理程序

（1）根据原始凭证或原始凭证汇总表填制收款凭证、付款凭证及转账凭证；

（2）根据收款凭证、付款凭证逐日逐笔登记现金日记账及银行存款日记账；

（3）根据原始凭证或原始凭证汇总表及收款凭证、付款凭证、转账凭证逐笔登记各种明细账；

(4)根据收款凭证、付款凭证和转账凭证，定期编制汇总收款凭证、汇总付款凭证和汇总转账凭证；

(5)月末，根据汇总收款凭证、汇总付款凭证、汇总转账凭证登记总分类账；

(6)月末，将银行存款日记账余额、现金日记账余额以及各种明细分类账余额的合计数，分别与有关总分类账的期末余额进行核对，视其是否相符；

(7)月末，在账账核对无误的情况下，根据总分类账户和有关明细分类账户的余额编制会计报表。

汇总记账凭证核算形式的账务处理程序如图 10－2 所示。

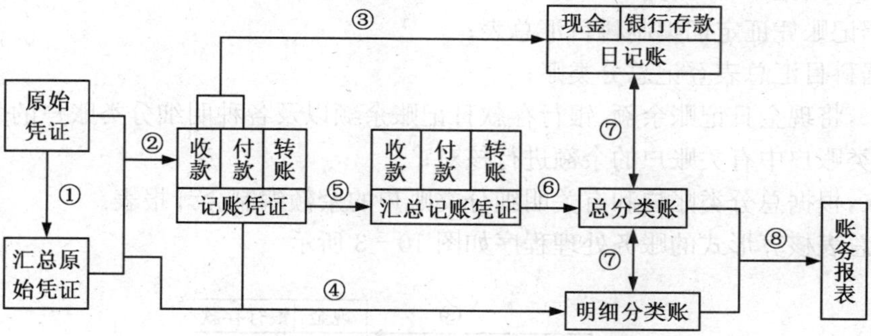

图 10－2 汇总记账凭证账务处理程序

四、汇总记账凭证核算形式的优、缺点及适用范围

在汇总记账凭证核算形式下，利用汇总记账凭证，把许多记账凭证上的数据汇总起来，月末一次记入总分类账，其优点有三个方面：其一，可以简化总分类账的登记工作；其二，收款凭证以借方科目汇总，付款凭证和转账凭证以贷方科目汇总，并且分类平衡，使记账数字不容易失误；其三，在汇总凭证和总账账页中明确反映会计科目与账户的对应关系，便于分析经济业务内容，而且发生差错也容易寻找。但是，汇总记账凭证核算形式的缺点是：多了一道编制汇总凭证的手续。倘若企业经济业务量少，编制汇总记账凭证的手续就显得麻烦。因此，这种核算程序只适用于规模较大、经济业务量较多的企业。

第三节 科目汇总表账务处理程序

一、科目汇总表核算形式的特点

科目汇总表核算形式的特点是：根据记账凭证定期编制科目汇总表(即记账凭证汇总表)，然后再根据科目汇总表登记总分类账。科目汇总表核算形式是在记账凭证核算基础上发展起来的。

二、科目汇总表的编制方法

科目汇总表是根据一定时期内的全部记账凭证，按相同的会计科目进行归类编制，并定期汇总(如五天、十天、十五天或一个月)出每一会计科目的借方本期发生额和贷方本期发生额,填写在科目汇总表的相关栏内,用以反映全部会计科目在一定期间的借方发生额和贷方发生额。

科目汇总表可以输入微机,用微机进行科目汇总表的编制,以简化和加速会计核算工作。

三、科目汇总表核算形式的账务处理程序

(1)依据原始凭证或原始凭证汇总表填制记账凭证(包括收款凭证、付款凭证、转账凭证);

(2)依据收款凭证、付款凭证逐笔登记现金日记账、银行存款日记账;

(3)依据原始凭证、原始凭证汇总表和记账凭证逐笔登记各种明细账;

(4)依据记账凭证定期编制科目汇总表;

(5)依据科目汇总表登记总分类账;

(6)月末,将现金日记账余额、银行存款日记账余额以及各种明细分类账户的余额合计数,分别与总分类账户中有关账户的余额进行核对;

(7)月末,根据总分类账户和有关明细分类账户的余额编制会计报表。

科目汇总表核算形式的账务处理程序如图 10—3 所示。

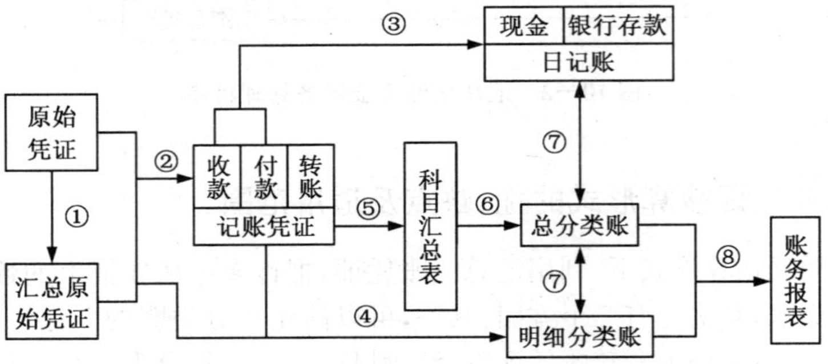

图 10—3 科目汇总表账务处理程序

四、科目汇总表核算形式的优、缺点及适用范围

科目汇总表核算形式的优点主要体现在两个方面:其一,由于依据定期编制的科目汇总表登记总分类账,而不必依据每张记账凭证逐笔登记总分类账,于是大大地减少了登记总分类账的工作量;其二,由于科目汇总表分别按借、贷合计一定期间各会计科目的借方发生额和贷方发生额,于是起到对一定时期经济业务会计处理发生额的试算平衡作用,以保证账簿记录的正确性。然而,科目汇总表核算形式的不足之处在于:在科目汇总表以及总分类账中,不能反映科目及账户之间的对应关系,不便于对经济活动进行检查和分析,不便于查对账目。科目汇总表核算形式适用于规模较大、经济业务量较多的大中型企业。

本章小结

1. 账务处理程序的定义。账务处理程序也称会计核算组织程序或会计核算形式,是指会计凭证、会计账簿、会计报表相结合的方式。

2. 记账凭证核算形式的特点。根据记账凭证直接逐笔登记总分类账。

3. 记账凭证核算形式的优、缺点。优点：手续简便。缺点：工作量大。

4. 汇总记账凭证核算形式的特点。依据记账凭证编制汇总记账凭证，再依据汇总记账凭证登记总分类账。

5. 汇总记账凭证核算形式的优、缺点。优点：简化总分类账的登记工作；分类平衡；发生差错容易寻找。缺点：多了一道编制汇总凭证的手续。

6. 科目汇总表核算形式的特点。根据记账凭证定期编制科目汇总表（即记账凭证汇总表），然后再根据科目汇总表登记总分类账。

7. 科目汇总表核算形式的优、缺点。优点：减少登记总分类账的工作量；保证账簿记录的正确性。缺点：不便于检查、分析和查对账目。

第十一章　财产清查

【学习目标】

(1)了解财产清查的种类和意义；

(2)了解财产清查的一般程序；

(3)掌握库存现金、银行存款、存货、固定资产和往来款项的主要清查方法；

(4)掌握财产清查结果的账务处理。

第一节　财产清查概述

一、财产清查的概念和种类

财产清查是通过对实物、现金的实地盘点和对银行存款、往来款项的核对，来查明各项财产物资、货币资金和往来账项的实有数及其与账面数是否相符的一种会计核算方法。《会计法》规定：各单位应当定期将会计账簿记录与实物、款项及有关资料相互核对，保证会计账簿记录与实物及款项的实有数相符。因此，各单位应当建立财产清查制度，建立健全财产物资管理制度，保证账簿记录与实物、款项相符，保证会计账簿记录的真实和准确，保证企业财产的安全、完整。

财产清查可按不同的标准进行分类。

(一)按清查的范围分类

按清查的范围可分为全面清查和局部清查。

1. 全面清查

全面清查是指对全部财产物资和往来款项进行全面的盘点和核对。原则上讲，全面清查的范围应包括资产、负债和所有者权益的所有有关项目。全面清查的内容多、范围广、时间长且参与人员多，不可能经常进行。一般在年终决算前，单位合并、撤销以及改变隶属关系前，开展全面的资产评估、清产核资时，单位主要领导调离工作前等进行全面清查。

2. 局部清查

局部清查是指根据需要对部分财产物资和往来款项进行盘点和清查。其清查的主要对象是流动性较大、易于损坏或贵重的物资，如库存现金、原材料、在产品和库存商品等。局部清查范围小、内容少、涉及的人员较少，但专业性较强。一般情况下，库存现金应每日清点、天天核对；银行存款和银行借款应按银行对账单每月同银行核对一次；原材料、在产品和库存商品等应在会计年度内轮流进行盘点或重点抽查；贵重的财产物资应每月清查盘点一次；债权、债务应在会计年度内至少核对一至两次。

(二)按清查的时间分类

按清查的时间可分为定期清查和不定期清查。

1. 定期清查

定期清查是按预先确定的时间对财产物资所进行的清查。定期清查一般是在年度、季度或月份结账时进行。定期清查的对象是全部或部分的财产物资、货币资金和往来账款。定期清查的目的是为了及时发现账实不符，调整错误，核实损益，保证会计报表的真实与完整。

2. 不定期清查

不定期清查是指事先没有规定清查时间，根据特殊需要而进行的临时性清查。一般在更换出纳员或财产物资保管员、上级或国家有关部门决定对本单位业务进行临时检查、企业发生临时性的清产核资或资产评估以及发生自然灾害或贪污盗窃时进行不定期清查。

企业的定期清查和不定期清查应根据实际需要来确定，可以全面清查，也可以局部清查。

二、财产清查的意义

运用财产清查手段，对各种财产物资进行定期或不定期的核对或盘点，具有十分重要的意义。

(一)提高会计资料的准确性

通过财产清查，可以查明各项财产物资的实有数量，确定实有数量与账面数量之间的差异，查明原因和责任，以便采取有效措施，消除差异，改进工作，从而保证账实相符，提高会计资料的准确性。

(二)保障财产物资的安全与完整

通过财产清查，可以查明各项财产物资的保管情况是否良好，有无因管理不善造成霉烂、变质、损失浪费，或者被非法挪用、贪污盗窃的情况，以便采取有效措施，改善管理，切实保障各项财产物资的安全与完整。

(三)提高资金使用效率

通过财产清查，可以查明各项财产物资的库存和使用情况，合理安排生产经营活动，充分利用各项财产物资，挖掘企业内部物资潜力，加速资金周转，提高资金使用效率，从而提高各方面效益。

(四)提高经营管理水平

通过财产清查，可以及时了解单位内部各项制度的健全程度，有利于制度的完善和防止差错的产生，促使单位严格遵守各项财经制度和纪律，及时进行债权、债务的结算。同时，通过财产清查，可以激励会计人员提高贯彻会计制度的自觉性和积极性，提高自身的素质，从而提高单位的经营管理水平。

三、财产清查的一般程序

（一）成立财产清查小组

财产清查组织应由单位领导和财务会计、业务、仓库等有关部门的人员组成，一般由管理层研究制订财产清查计划，确定工作进度和方式方法。财产清查人员应学习有关政策规定，掌握有关法律、法规和相关业务知识，以提高财产清查工作的质量。

（二）制订财产清查计划

为了明确财产清查任务，确定财产清查对象和范围，应根据企业的实际情况和有关方面的要求，制订财产清查的详细计划，具体安排财产清查内容、时间、步骤、方法及其必要的清查前准备，以确保财产清查工作的顺利开展。

（三）做好清查前的准备工作

做好清查前的准备工作，能够更好地进行财产清查。财产清查前的准备工作主要包括：会计部门应做好所有账簿的登记工作，即将总分类账中的货币资金、财产物资和债权债务的有关账户与其所属的明细分类账和日记账核对准确，做到账账相符、账证相符，为账实核对提供正确的账簿资料；财产物资保管部门要做好各种财产物资入账工作，并与会计部门的有关财产物资核对相符，同时将各种财产物资排列整齐、挂上标签，标明品种、规格及结存数量，以便盘点核对。财产清查人员要准备好必要的清查工具、器具、表册等。

（四）组织盘点清查

财产清查人员应根据清查对象的特点，采取相应的方法对财产物资的数量、种类和金额等进行盘点，由清查人员做好盘点记录，填制"盘存单"，列明所查财产物资的实存数量、款项和债权债务的实有数额，由盘点人员和实物保管人员签字或盖章。同时，清查人员应根据"盘存单"和有关账簿填制"实存账存对比表"，检查账实是否相符。

财产清查人员应根据财产清查中取得的各种资料，如实反映账实不符的情况，彻底查明其性质，认真分析其原因。对于财产清查中发现的问题和漏洞，应吸取教训，提出改进措施，建立健全有关规章制度，加强经济管理责任制。对于清查中发现的账实不符的差异，应及时做出相应的账务处理，并调整相应的账簿记录，做到账实相符。

财产物资的"盘存单"和"实存账存对比表"格式分别如表11－1和表11－2所示。

表11－1 盘存单

单位名称： 存放地点：

财产类别： 年 月 日 编号：

编号	名称	单位	数量	单价	金额	备注

盘点人签字或盖章： 实物保管人签字或盖章：

表 11－2　　实存账存对比表

单位名称：　　　　年　月　日　　　　类别：

编号	名称规格	计量单位	单价	实存		账存		对比结果				备注
								盘盈		盘亏		
				数量	金额	数量	金额	数量	金额	数量	金额	

复核人：　　　　编制人：

第二节　财产清查的方法

一、货币资金的清查方法

（一）库存现金的清查

库存现金的清查，是通过实地盘点的方法，确定库存现金的实存数，再与现金日记账的账面余额核对，以查明盈亏情况。在进行现金清查时，为了明确经济责任，出纳员必须在场。在清查过程中，除检查账实是否相符外，还要检查企业是否遵守现金管理制度规定，有无不具有法律效力的借条、收据、白条抵充现金，库存现金是否超过银行核定的限额，有无坐支现金等情况。“库存现金盘点报告表”必须由盘点人员和出纳员共同签章才能生效。

库存现金清查的步骤主要包括：首先确定库存现金的实存数；其次将现金实存数与现金日记账的账面余额进行核对，以查明账实是否相符；最后根据盘点结果，填制“库存现金盘点报告表”。“库存现金盘点报告表”具有双重性质，既是盘存单，又是实存账存对比表；既是反映现金实存数、调整账簿记录的重要原始凭证，也是分析账实发生差异原因、明确经济责任的依据。“库存现金盘点报告表”的格式如表 11－3 所示。

表 11－3　　库存现金盘点报告表

年　月　日

实存金额	账存金额	对比结果		备　注
		盘　盈	盘　亏	

盘点人签字：　　　　出纳员签字：

（二）银行存款的清查

银行存款的清查，采用核对法或对账单法，即将开户银行定期送来的对账单与企业银行存款日记账逐笔进行核对，以查明银行存款收、付及余额是否正确相符。

在与银行对账之前，首先，应检查本单位的银行存款日记账的正确性与完整性。将企业银行存款日记账与开户银行对账单中的业务进行逐日逐笔核对，同一笔业务双方都有记录的，在金额旁边用铅笔打上“√”。如果双方出现不一致的情况，就需要编制“银行存款余额调节表”。其次，将企业银行存款日记账中未打“√”的未达账项及银行对账单中未打“√”的未达账项都填入“银行存款余额调节表”中。最后，根据公式计算出调整后企业银行存款日记账余额和调整后银行对账单余额。如果两者相等，说明银行存款日记账准确无误；反之，说明银行或企业记账有错。

银行存款余额对账单的格式如图 11－1 所示。

银行存款余额对账单

账号：　　　　　　　　　　　　　　　　　　　　编号：

户名：　　　　　　　　　　　　　　　　　　　　币种：

此账户截至________年____月____日，银行账面余额为______________，请即核对，如有不符，请速来我行核查。核对后请填妥回复联，并加盖预留银行印鉴，于十日内退还我行（如有未达账项，请逐笔填列未达账项调节表）。

银行盖章

打印日期：　　年　月　日

图 11－1　银行存款余额对账单

企业银行存款日记账的余额应与银行对账单的余额相等。双方余额一致，说明记账正确，但在实际工作中，两者往往不一致。其原因包括双方或一方本身记账有误或者存在未达账项。在查明双方记账无误后，企业应重点审查未达账项。

未达账项，是指企业与银行之间由于结算凭证传递的时间不同，出现了一方已经登记入账，而另一方尚未接到有关结算凭证导致未登记入账的款项。由于未达账项不是错账、漏账，因此，无须根据调节表做任何账务处理，双方账面仍保持原有的余额，待收到有关凭证之后（即由未达账项变成已达账项），再同正常业务一样进行处理。

未达账项存在 4 种情况，如表 11－4 所示。

表 11－4　未达账项的存在情况及影响结果

序号	存在情况	影响结果
1	企业已收款入账，而银行尚未收款入账	企业银行存款日记账余额大于银行对账单余额
2	企业已付款入账，而银行尚未付款入账	企业银行存款日记账余额小于银行对账单余额
3	银行已收款入账，而企业尚未收款入账	企业银行存款日记账余额小于银行对账单余额
4	银行已付款入账，而企业尚未付款入账	企业银行存款日记账余额大于银行对账单余额

上述任何一种情况的发生，都会使双方的账面存款余额不一致。为了消除未达账项的影响，企业应根据核对后发现的未达账项进行调节。存在的未达账项可通过编制“银行存款余额调节表”进行调节。

银行存款余额调节表，是在银行对账单余额与企业银行存款日记账余额的基础上，各自加上对方已收、己方未收账项数额，减去对方已付、己方未付账项数额，以调整双方余额使其一致的一种调节方法。银行存款余额调节表的编制方法有补记法、冲销法、付项单冲法、收项单冲法和差额法。

常用的调节方法是补记法，即在企业和银行对账的基础上，将企业银行存款日记账余额和银行对账单余额各自补记对方已入账而己方尚未入账的余额（包括增加金额和减少金额），然后编制银行存款余额调节表验证通过调节后的存款是否相等的方法。如果相等，表明企业与银行的账目没有差错；否则，说明记账有错误，应进一步查明原因，予以更正。

其计算公式如下：

企业银行存款日记账余额＋银行已收、企业未收款项－银行已付、企业未付款项
＝银行对账单余额＋企业已收、银行未收款项－企业已付、银行未付款项

"银行存款余额调节表"的格式如表11－5所示。

表11－5　　银行存款余额调节表

年　月　日　　单位：元

项　目	金额	项　目	金额
企业银行存款日记账余额		银行对账单余额	
加：银行已收、企业未收款项		加：企业已收、银行未收款项	
减：银行已付、企业未付款项		减：企业已付、银行未付款项	
调节后的存款余额		调节后的存款余额	

下面举例说明"银行存款余额调节表"的具体编制方法。

【例11－1】 某企业2009年8月31日银行存款日记账的余额为165 000元，银行送来的对账单的余额为173 600元，经过逐笔核对发现有下列未达账项：

(1)企业于8月27日开出转账支票一张购买材料，金额5 500元，持票人尚未到银行办理转账和取款手续，银行尚未入账。

(2)8月29日委托银行代收的外埠货款8 000元，银行已经收到入账，但收款通知尚未到达企业。

(3)8月31日银行代扣企业水电费600元，企业尚未接到发票。

(4)企业在8月31日存入从其他单位收到的转账支票一张，金额4 300元，银行尚未入账。

根据上述未达账项编制的"银行存款余额调节表"如表11－6所示。

表11－6　　银行存款余额调节表

2009年8月31日　　单位：元

项　目	金额	项　目	金额
企业银行存款日记账余额	165 000	银行对账单余额	173 600
加：银行已收、企业未收款项	8 000	加：企业已收、银行未收款项	4 300
减：银行已付、企业未付款项	600	减：企业已付、银行未付款项	5 500
调节后的存款余额	172 400	调节后的存款余额	172 400

通过核对调节，"银行存款余额调节表"上的双方余额相等，一般可以说明双方记账没有差错。如果经调节仍不相等，要么是未达账项未全部查出，要么是一方或双方记账出现差错，需

要进一步采用对账方法查明原因，加以更正。对时间较长的未达账项要做进一步的分析，查明原因，看其是否为错账。

调节相等后的银行存款余额既不是企业银行存款日记账的余额，也不是银行对账单的余额，它是企业银行存款的真实数字，也是企业当日可以动用的银行存款实有数。"银行存款余额调节表"并不可作为更改账簿记录的凭证，它是用来核对银行存款的工具，它不是原始凭证，对于银行已经划账，而企业尚未入账的未达账项，要待银行结算凭证到达后，才能据以入账，不能以"银行存款余额调节表"作为记账依据。

二、实物的清查方法

实物资产清查包括对存货即原材料、在产品、库存商品和固定资产等财产物资的清查。对这些物资的清查，不仅要从数量上核对账面数与实物数是否相符，而且要查明是否有损坏、变质等情况。

不同的财产物资应该采取不同的盘点方式。对于成件堆放、包装完整的财产物资，可以按大件清点，必要时可以抽查清点；对于散装分散的物资，可以采取移位盘点、过秤盘点或分处盘点，防止漏盘或重盘；对于大量成堆、难以清点的物资，可以采取量方、计尺等技术推算盘点的方法；对于房屋及机器设备等，不仅要盘点其数量和附属部件，而且要查明其使用情况，以发现其利用和保管上存在的问题。

（一）实地盘点法

实地盘点法是在实物存放现场逐一清点数量或用计量仪器确定其实存数的一种方法。实地盘点法适用范围广，清查质量高，但工作量大。

1. 存货资产的清查

存货的清查，是指对各类材料、商品、在产品、半成品、产成品、低值易耗品、包装物等的清查。由于其实物形态、体积重量、码放方式不同，需要采用不同的方法进行清查。一般而言，存货清查方法有实地盘点法和技术推算法两种，但大多采用实地盘点法。清查时，既要从数量上核实，还要对质量进行鉴定。

在清查过程中，首先必须以各项存货目录规定的名称规格为标准，查明各项存货的名称、规格，然后再盘点数量、检查质量。为明确经济责任和便于查询，各项存货的保管人必须在场，并参加盘点工作。

清查盘点后，对各项财产物资的盘点结果，应如实填写"盘存单"，同账面余额记录核对，并由盘点人和实物保管员签章。盘点结果一般分为 4 种情况：实存数与账存数一致（称为账实相符）；实存数大于账存数（称为盘盈）；实存数小于账存数（称为盘亏）；实存数与账存数虽然一致，但实存的财产物资有质量问题，不能按正常的财产使用（称为毁损）。

为了查明实存数与账存数是否一致，确认盘盈或盘亏数，应根据盘存单和账簿记录编制"实存账存对比表"，作为分析差异原因、明确经济责任的依据和调整账面记录的原始凭证。

对于清查出来的残存变质物资、伪劣产品，应编制"残存变质物资、伪劣产品情况表"，写明损失程度、损失金额。经盘点小组研究决定后提出处理意见，凡情节比较严重的应作专案说明。"残存变质物资、伪劣产品情况表"格式如表 11－7 所示。

表 11－7

残存变质物资、伪劣产品情况表

单位名称： 年 月 日

名称规格	单价	原价	账面记录		报废		报损		残存伪劣		处理意见
			数量	金额	数量	金额	数量	金额	数量	金额	
合计											

主管人员： 会计： 制表：

如有委托外单位加工或保管的材料、物资，应用函证的方法进行核对，必要时应派人专门核对。

2．固定资产的清查

为了保护固定资产的安全与完整，必须对固定资产进行定期清查、盘点，以掌握固定资产的实有数量，查明有无丢失、毁损或未列入账的固定资产，保证账实相符。

企业应定期或者至少于每年年末对固定资产进行清查盘点，以保证固定资产核算的真实性，充分挖掘企业现有固定资产的潜力。在直接经管固定资产的人员调动工作或机构业务变动、办理财产交接、固定资产发生非常损失事故和单位负责人根据工作需要决定进行临时抽查等情况下，应当对有关固定资产进行全部或部分的临时清查。

固定资产的清查通常也采用实地盘点法，将固定资产明细账的记录与固定资产实物逐一核对，并根据盘点结果编制“固定资产盘盈、盘亏报告单”。清查固定资产的损益，应及时查明原因，并按照规定程序报批处理。“固定资产盘盈、盘亏报告单”格式如表 11－8 所示。

表 11－8

固定资产盘盈、盘亏报告单

单位名称： 年 月 日

编号	名称	规格型号	盘盈		盘亏			备注
			数量	重置价值	数量	原价	已提折旧	

盘点人签章： 保管人签章：

(二)技术推算法

技术推算法是利用技术方法，通过技术推算确定财产物资实存数量的一种方法。该方法从本质上讲，是实地盘点法的一种补充方法。

技术推算法适用于大量堆放、价廉笨重的物资，不易逐一清点的财产物资，如大量堆放的原煤、砂石等大宗物资的清查，盘点数字不够准确，但工作量较小。具体方法是将实物整理成近似某种几何体，通过量方、计尺等方法，然后按数据计算其数量、重量。

三、往来款项的清查方法

往来结算款项主要包括应收款、应付款和暂收款、暂付款等。对往来款项主要采用“询证核对法”进行清查，即采取与对方单位核对账目的方法。具体步骤为：首先，将本单位的往来账款核对清楚，确认总分类账与明细分类账的余额相等。其次，编制“往来款项对账单（询证函）”（见图 11－2），送往对方单位进行核对。对账单的格式一般为一式两联，其中一联作为回单。

对方单位核对相符后，在回单联（见图 11－3）上加盖公章退回，表示已核对。如发现数额不符，则在回单联上注明不符情况，或另抄对账单退回，作为进一步核对的依据。如有未达账项，需要双方进行调节（调节方法与银行存款余额调节方法相同）。最后，收到回单后，应将清查的结果编制“往来款项清查表”（见表 11－9），填制各项债权债务的余额，并及时催收应该收回的账款，积极处理呆账悬案。

往来款项对账单（询证函）

__________单位：

本公司与贵单位的业务往来款项有下列各项目，为了核对账目，特函请查证是否相等，请在回单联中注明后盖章寄回。

……

单位盖章

年　月　日

图 11－2　往来款项对账单（询证函）

往来款项对账单（回单）

__________单位：

你单位寄来的“往来款项对账单”已收到，经核对相符无误。

单位盖章

年　月　日

图 11－3　往来款项对账单（回单）

表 11－9　往来款项清查表

总分类账户		明细分类账户		清查结果		核对不符及原因						备注
名称	金额	名称	金额	核对相符金额	核对不符金额	核对不符单位	未达账项金额	争执款项金额	无法收回款项金额	其他		

记账人员签章：　　　　清查人员签章：

第三节　财产清查结果的处理

一、财产清查结果的处理要求

财产是企业经营活动的基础，财产的安全与完整是企业保值增值的前提，也是检查企业经营管理水平高低的一个重要标准。因此，企业应当建立资产清查制度，每一会计年度至少进行一次资产清查。通过财产清查，对于财产管理和会计核算方面存在的各种问题，以及财产清查中发现的盘盈、盘亏都必须认真查明原因，并依照国家的有关法规、制度，严肃认真地进行处理。

（一）分析账实不符的原因和性质，提出处理建议

对于财产清查中发现的各种盘盈、盘亏及毁损情况，应核准数字，调查分析发生盘盈、盘亏的原因及性质，明确经济责任，依据有关法令、制度规定，提出处理意见和建议。同时，根据企业的管理权限，将处理建议报股东大会或董事会、经理（厂长）会议或类似机构批准。因自然原因引起的定额内盘盈、盘亏，应办理有关手续并及时转账；因企业经营管理不善造成的损失，应按规定程序报请批准后处理；因个人原因造成的损失，应由个人赔偿；因自然灾害引起的意外损失，如属投保财产，应向保险公司索赔等。

（二）积极处理多余积压财产，清理往来款项

在财产清查中，对于企业存在的积压财产和长期挂账的往来款项，应查明原因，并根据不同情况进行处理。积压财产和被拖欠的款项都是企业资金的占用形态，意味着企业的资金有相应的部分没能有效地运转并给企业带来效益，会在一定程度上降低企业资金利润率。因此，在财产清查后，应及时、积极处理多余积压财产并清理往来款项，以减少资金不必要的占用，提高资金使用效率。对于短缺物资，应该采取措施，积极采购，以免停工待料。

（三）总结经验教训，建立健全各项管理制度

对于财产清查中发现的各种问题，应在查明问题性质和原因的基础上，认真总结财产管理的经验教训，制定改进工作的具体措施，建立健全财产物资管理制度，进一步落实财产管理责任制，保护单位财产的安全与完整，不断提高管理水平。

（四）及时调整账簿记录，保证账实相符

对于查明的各种盘盈、盘亏，应按照一定的程序报请企业领导部门的批准，在得到批准的情况下调整账簿记录，使各种财产物资的账存数与实存数相一致，同时反映“待处理财产损溢”的发生。在查明原因经批准处理后，再按批准的意见进行相应的账务处理。对于各种往来款项，如在清查中发现差错，也应及时调整账目，对于查明的确实无法收回的应收款项，应按规定手续经批准后予以核销。

二、财产清查结果的处理步骤和方法

（一）审批之前的处理

1. 财产清查应设置的账户

为了核算企业在财产清查中查明的各种财产物资的盘盈、盘亏或毁损情况，在会计核算上应设置“待处理财产损溢”账户。“待处理财产损溢”账户是一个双重性质的账户，该账户的借方登记待处理财产盘亏或毁损数，贷方登记待处理财产盘盈数。结转待处理财产盘亏或毁损时记入该账户的贷方，结转待处理财产盘盈时记入该账户的借方。期末处理本账户应无余额。本账户在处理前如出现借方余额，表示企业尚未处理的财产物资净损失；处理前如出现贷方余额，表示企业尚未处理的财产物资净溢余。企业一般设置“待处理固定资产损溢”和“待处理流动资产损溢”两个明细分类账户进行明细核算，分别反映固定资产和流动资产的盘盈、盘亏及其处理结果。

“待处理财产损溢”账户的具体运用分为审批之前和审批之后两个步骤。对于各项待处理

财产物资的盘盈金额，在审批之前记入“待处理财产损溢”科目的贷方，审批之后从该账户的借方结转至相关科目；对于各项待处理财产物资的盘亏及毁损金额，在审批之前记入该账户的借方，审批之后从该账户的贷方转出，并根据不同的原因将损失金额结转至相关科目。该账户期末应无余额。

企业由于财产清查而记入“待处理财产损溢”科目的盘盈或盘亏、毁损的金额，应于期末结账前查明原因，并处理完毕。如果在期末结账前尚未批准，在对外提供财务会计报告时，先按相关规定进行处理，并在会计报表附注中作出说明；如果其后批准处理的金额与已处理的金额不一致，应调整会计报表相关项目的年初数。

现金和实物财产清查出现盘盈、盘亏时，应记入“待处理财产损溢”账户，但需注意的是，企业盘盈固定资产，应作为前期差错记入“以前年度损益调整”账户，不通过本账户。对财产清查中发现的无法收回的应收账款和确定无法支付的应付账款，可不通过“待处理财产损溢”账户核算。企业确实无法收回的应收账款按管理权限报经批准后作为坏账转销时，应当冲减已计提的坏账准备。企业确定无法支付的应付账款，经批准后直接在“营业外收入”账户核算。

2. 审批之前的处理程序

财产清查的结果，必须按国家有关制度的规定予以处理。基本程序如下：

(1)根据清查中取得的“库存现金盘点报告表”、“盘存单”、“实存账存对比表”等已经查实的数据资料，编制记账凭证，记入有关账簿，使账簿记录与实际盘存数相符。

(2)对财产清查过程中发生的账实不符情况，通过“待处理财产损溢”科目进行核算，调整账簿记录，做到账实相符。同时，根据企业的管理权限，将处理建议报股东大会或董事会，或经理(厂长)会议，或类似机构批准。

3. 审批之前的账务处理

财产清查的对象不同，所采取的账务处理方法也不同。

(1)现金

每日结算现金收支时，如果发现现金有短缺或溢余，应设法查明原因并根据“库存现金盘点报告表”进行账务处理。未查明原因前，先按短缺或溢余金额通过“待处理财产损溢——待处理流动资产损溢”账户核算。

现金清查中发现有待查明原因的现金短缺或溢余，在审批之前，应以实际存在的库存现金为准。如果出现现金短缺，应借记“待处理财产损溢——待处理流动资产损溢”账户，贷记“库存现金”账户。如果出现现金溢余，则应借记“库存现金”账户，贷记“待处理财产损溢——待处理流动资产损溢”账户。具体等待审批后处理。

(2)存货

企业在财产清查中查明的各种存货的盘盈、盘亏和毁损情况，应通过“待处理财产损溢——待处理流动资产损溢”账户核算。在审批之前，企业发生存货盘盈，应借记“原材料”、“库存商品”等账户，贷记“待处理财产损溢——待处理流动资产损溢”账户。企业发生存货盘亏及毁损时，应借记“待处理财产损溢——待处理流动资产损溢”账户，贷记“原材料”、“库存商品”等账户。具体等待审批后处理。

(3)固定资产

企业在财产清查中盘盈的固定资产，作为前期差错处理。在审批之前，应先通过“以前年度损益调整”账户核算。盘盈的固定资产，应按重置成本确定其入账价值，借记“固定资产”账户，贷记“以前年度损益调整”账户。企业在财产清查中盘亏的固定资产，按盘亏固定资产的账面价值，借记“待处理财产损溢——待处理固定资产损溢”账户，按已计提的累计折旧，借记“累计折旧”账户，按已计提的减值准备，借记“固定资产减值准备”账户，按固定资产的原价，贷记“固定资产”账户，等待审批后处理。

(二)审批之后的处理

1. 审批之后的处理程序

当有关领导部门对所呈报的财产清查结果提出处理意见后，应按以下程序处理：

(1)根据差异发生的原因和报经审批的意见，进行差异处理，调整账项。

(2)在报经审批的财产清查结果的意见批准后，应编制记账凭证，结平“待处理财产损溢”账户，按不同的原因做转销账务处理，并登记有关账簿。

2. 审批之后的账务处理

(1)现金

现金短缺或溢余在审批之后，应视不同的原因采取不同的方法进行处理。一般来说，如为现金短缺，属于应由责任人赔偿或保险公司赔偿的部分，记入“其他应收款”账户；属于无法查明原因的，记入“管理费用”账户。如为现金溢余，属于应支付给有关人员或单位的，记入“其他应付款”账户；属于无法查明原因的，记入“营业外收入”账户。

【例 11—2】 金杰公司在财产清查中发现现金短缺 280 元，经查 80 元系出纳员王倩的责任，200 元无法查明原因。

(1)审批之前，根据“库存现金盘点报告表”，编制会计分录为：

借：待处理财产损溢——待处理流动资产损溢	280	
贷：库存现金		280

(2)根据审批处理意见，损失由王倩负责赔偿。审批后编制会计分录为：

借：其他应收款——王倩	80	
管理费用	200	
贷：待处理财产损溢——待处理流动资产损溢		280

【例 11—3】 金杰公司在财产清查中发现现金溢余 190 元，100 元系少付给职工王达，90 元无法查明原因。

(1)审批之前，根据“库存现金盘点报告表”，编制会计分录为：

借：库存现金	190	
贷：待处理财产损溢——待处理流动资产损溢		190

(2)根据审批处理意见，作为企业的营业外收入处理。审批后编制会计分录为：

借：待处理财产损溢——待处理流动资产损溢	190	
贷：营业外收入		90
其他应付款		100

(2)存货

企业发生存货盘盈、盘亏，在审批之后应视不同的原因采取不同的方法进行处理。一般来说，如为存货盘盈，在按管理权限报经审批之后，应借记“待处理财产损溢——待处理流动资产损溢”账户，贷记“管理费用”账户。如为存货盘亏，对于入库的残料价值，记入“原材料”等账户；对于应由保险公司和过失人的赔款，记入“其他应收款”账户；扣除残料价值和应由保险公司、过失人赔款后的净损失，属于一般经营损失的部分记入“管理费用”账户，属于非正常损失的部分记入“营业外支出”账户。

按《增值税暂行条例》规定，非正常损失的购进货物和非正常损失的在产品、产成品所耗用的购进货物，其进项税额不准予从销项税额中抵扣。对于盘亏的存货，如果属于非正常损失原因，应将其进项税额作"应交税费——应交增值税(进项税额转出)"处理。

【例11—4】 金杰公司在财产清查中发现盘盈甲材料600千克，实际单位成本为300元，经查属于材料收发计量方面的错误。

(1)审批之前，根据"盘存单"和"实存账存对比表"，编制会计分录为：

借：原材料　180 000

　贷：待处理财产损溢——待处理流动资产损溢　180 000

(2)根据审批处理意见，作为企业的管理费用处理。审批后编制会计分录为：

借：待处理财产损溢——待处理流动资产损溢　180 000

　贷：管理费用　180 000

【例11—5】 金杰公司在财产清查中发现毁损乙材料500千克，实际单位成本为100元。经查属于材料保管员刘鹏的过失造成的，按规定由其个人赔偿3 000元，残料已办理入库手续，价值2 000元。假定不考虑相关税费。

(1)审批之前，根据"盘存单"和"实存账存对比表"，编制会计分录为：

借：待处理财产损溢——待处理流动资产损溢　50 000

　贷：原材料　50 000

(2)根据审批处理意见：

①损失由刘鹏负责赔偿，编制会计分录为：

借：其他应收款——刘鹏　3 000

　贷：待处理财产损溢——待处理流动资产损溢　3 000

②残料入库，编制会计分录为：

借：原材料——乙材料　2 000

　贷：待处理财产损溢——待处理流动资产损溢　2 000

③材料毁损净损失，编制会计分录为：

借：管理费用　45 000

　贷：待处理财产损溢——待处理流动资产损溢　45 000

【例11—6】 金杰公司因台风造成一批库存材料毁损，实际成本80 000元，根据保险责任范围及保险合同规定，应由保险公司赔偿60 000元。假定不考虑相关税费。

(1)审批之前，根据"盘存单"和"实存账存对比表"，编制会计分录为：

借：待处理财产损溢——待处理流动资产损溢　80 000

　贷：原材料　80 000

(2)根据审批处理意见，损失60 000元由保险公司负责赔偿，其他作为营业外支出处理。审批后编制会计分录为：

借：其他应收款——保险公司　60 000

　　营业外支出——非常损失　20 000

　贷：待处理财产损溢——待处理流动资产损溢　80 000

(3)固定资产

企业在财产清查中盘盈的固定资产，借记"固定资产"账户，贷记"以前年度损益调整"账户；计算出应交税费时，借记"以前年度损益调整"账户，贷记"应交税费"账户；结转为留存收益时，借记“以前年度损益调整”账户，贷记“盈余公积”、“利润分配”账户。企业在财产清查中盘亏的固定资产，按管理权限报经审批之后，按可收回的保险赔偿或过失人赔偿，借记“其他应收款”账户，按应计入营业外支出的金额，借记“营业外支出——盘亏损失”账户，贷记“待处理财产损溢——待处理固定资产损溢”账户。

【例11－7】 2009年1月20日金杰公司在财产清查中发现2008年12月购入的一台设备尚未入账，重置成本为20 000元(假定与其计税基础不存在差异)。假设金杰公司按净利润的10%计提法定盈余公积，不考虑相关税费及其他因素的影响。

(1)审批之前，根据“固定资产盘盈、盘亏报告单”，编制会计分录为：

借：固定资产　20 000

　　贷：以前年度损益调整　20 000

计算出应交营业税1 000元，编制会计分录为：

借：以前年度损益调整　1 000

　　贷：应交税费——应交营业税　1 000

(2)根据审批处理意见，结转为留存收益。审批后编制会计分录为：

借：以前年度损益调整　19 000

　　贷：盈余公积——法定盈余公积　1 900

　　　　利润分配——未分配利润　17 100

【例11－8】 金杰公司在财产清查中发现短缺一台电脑，原价7 000元，已计提折旧6 000元。

(1)审批之前，根据“固定资产盘盈、盘亏报告单”，编制会计分录为：

借：待处理财产损溢——待处理固定资产损溢　1 000

　　累计折旧　6 000

　　贷：固定资产　7 000

(2)根据审批处理意见，作为营业外支出处理。审批后编制会计分录为：

借：营业外支出——盘亏损失　1 000

　　贷：待处理财产损溢——待处理固定资产损溢　1 000

(4)往来款项

对财产清查中发现的无法收回的应收账款和确定无法支付的应付账款，可不通过“待处理财产损溢”账户核算，而是在原账面记录的基础上，按规定程序经审批之后直接处理。

企业应采用备抵法核算坏账损失。企业计提坏账准备时，应按减记的金额，借记“资产减值损失——计提的坏账准备”账户，贷记“坏账准备”账户。确实无法收回的应收账款按管理权限报经批准后作为坏账转销时，应当冲减已计提的坏账准备。企业发生坏账损失时，借记“坏账准备”账户，贷记“应收账款”、“其他应收款”等账户。企业确定无法支付的应付账款，经批准后直接在“营业外收入”账户核算。

【例11－9】 金杰公司应收乙公司货款32 000元，经查明属于无法收回的款项，根据审批处理意见，作为坏账损失处理。企业采用备抵法核算，编制会计分录为：

借：坏账准备　32 000

　　贷：应收账款　32 000

【例11－10】 金杰公司在财产清查中发现一笔长期无法支付的应付账款50 000元，根据审批处理意见，作为营业外收入处理。编制会计分录为：

借：应付账款　　50 000
　贷：营业外收入　　50 000

本章小结

1. 财产清查的概念。财产清查是通过对实物、现金的实地盘点和对银行存款、往来款项的核对，来查明各项财产物资、货币资金和往来账项的实有数及其与账面数是否相符的一种会计核算方法。

2. 财产清查的种类。(1)按清查的范围可分为全面清查和局部清查；(2)按清查的时间可分为定期清查和不定期清查。

3. 财产清查的方法。(1)库存现金的清查，是通过实地盘点的方法，确定库存现金的实存数，再与现金日记账的账面余额核对，以查明盈亏情况。(2)银行存款的清查，采用核对法或对账单法，即将开户银行定期送来的对账单与企业银行存款日记账逐笔进行核对，以查明银行存款收、付及余额是否正确相符。(3)实物资产清查包括对存货即原材料、在产品、库存商品和固定资产等财产物资的清查。清查方法主要包括实地盘点法和技术推算法。(4)往来款项的清查主要采用"询证核对法"，即采取与对方单位核对账目的方法。

4. 财产清查结果的处理。为了核算企业在财产清查中查明的各种财产物资的盘盈、盘亏或毁损情况，在会计核算上应设置"待处理财产损溢"账户。"待处理财产损溢"账户的具体运用分为审批之前和审批之后两个步骤。现金和实物财产清查出现盘盈、盘亏时，应记入"待处理财产损溢"账户，但需注意的是，企业盘盈固定资产，应作为前期差错记入"以前年度损益调整"账户，不通过本账户。对财产清查中发现的无法收回的应收账款和确定无法支付的应付账款，可不通过"待处理财产损溢"账户核算。企业确实无法收回的应收账款按管理权限报经批准后作为坏账转销时，应当冲减已计提的坏账准备。企业确定无法支付的应付账款，经批准后直接在"营业外收入"账户核算。

第十二章　财务会计报告

【学习目标】

(1)了解财务会计报告的概念和作用;

(2)了解财务会计报告的分类和构成;

(3)理解财务会计报告的编制要求;

(4)了解资产负债表的概念和意义;

(5)掌握资产负债表的格式;

(6)重点掌握资产负债表编制的基本方法;

(7)了解利润表的含义和作用;

(8)理解利润表的结构和内容;

(9)重点掌握利润表编制的基本方法。

第一节　财务会计报告概述

一、财务会计报告的概念和作用

(一)财务会计报告的概念

财务会计报告,是指单位根据经过审核的会计账簿记录和有关资料编制并对外提供的,反映单位某一特定日期财务状况和某一会计期间经营成果、现金流量等会计信息的文件。企业编制财务报告的目的是为报表使用者提供投资、决策等信息。报表使用者包括企业管理者、投资者、债权人、主管部门、国家行政管理机关等企业内外有关部门及个人。财务会计报告也可以简称为会计报告。

(二)财务会计报告的作用

编制财务会计报告的目的是向单位的有关各方,如投资者、债权人、政府及相关机构、单位管理人员、社会公众等财务会计报告的使用者提供全面、系统的财务会计信息,以帮助他们了解该经济单位管理层受托责任的履行情况,分析其业务活动中存在的问题,便于报告的使用者做出更加合理的经济决策。

对于外部使用者而言，根据企业财务会计报告提供的企业财务状况和偿债能力信息，潜在投资者可以做出投资与否的决策，现有投资者可以考虑是否撤资或继续投资，企业的债权人可以考虑是否提前偿债或是继续提供资金支持。

对于企业内部经营管理者而言，财务会计报告提供的信息可以反映企业管理层受托责任的履行情况，考核企业资金、成本、利润等计划指标完成程度，为以后的经营管理提供借鉴。

对于国家管理部门而言，财务会计报告可以为财税部门提供了解企业资金筹集和运用的信息，方便财税部门检查企业税收和有无违反财经法律的现象；对于审计部门而言，可以了解企业财务状况，为企业绩效审计提供依据。

二、财务会计报告的分类

财务会计报告按不同的分类标准可分为以下几类：

（一）按反映的经济内容分类

按反映的经济内容不同，分为资产负债表、利润表和现金流量表。

从反映的经济内容看，财务会计报告分为：反映某一特定日期财务状况的报表，如资产负债表；反映某一会计期间经营成果的报表，如利润表；反映某一会计期间现金流量变动情况的报表，如现金流量表。

（二）按反映的资金运动情况分类

按反映的资金运动情况不同，分为静态报表和动态报表。

从反映的资金运动情况看，财务会计报告分为：反映企业某一特定日期资产、负债及所有者权益的报表，如资产负债表，称之为静态报表；反映企业一定会计期间资金运动状况的报表，如利润表，称之为动态报表。

（三）按提供的对象分类

按提供的对象不同，分为对外报表和对内报表。

对外报表是以会计准则为规范编制的，主要是为外部使用者服务；对内报表反映内部决策、计划、管理和控制，是为了满足管理者个别需要而编制的专用报表。对内报表具有较强的针对性并且样式灵活多样，而外部报表有其固定的格式。

（四）按反映的时间分类

按反映的时间不同，分为月报、季报、半年报、年报。

从时间上看，月报就是根据月份数据来编制的，反映每月的经营情况；季报则根据季度数据来编制，反映一个季度的经营情况；半年报是根据上半年数据来编制的，反映上半年的经营情况；年报是根据全年数据编制的，反映一整个会计年度的经营情况。月报、季报、半年报又可称为中期会计报表。

（五）按反映的层次分类

按反映的层次不同，分为主表和附表。

主表是指能比较全面、完整地满足各种需求者的不同要求的财务报表，如资产负债表、利润表等。附表是从属报表，是对在主表中不能或难以详细反映的一些重要信息所作的补充说明，如利润分配表和应交增值税明细表等。

（六）按会计主体分类

按会计主体不同，分为个别会计报表和合并会计报表。

个别会计报表指在集团型企业中，由母公司和子公司各自编制的以自身为主体的报表，反映各自的财务状况和经营成果。合并会计报表则是以集团为整体，将集团看做一个会计主体，以个别报表为基础，经抵销和调整后，由母公司编制的综合反映集团的经营成果、财务状况及资金变动情况的报表。

三、财务会计报告的构成

财务会计报告包括财务会计报表及其附注以及其他应当在财务报告中披露的相关信息和资料。一套完整的会计报表至少应包括“四表一注”，即资产负债表、利润表、现金流量表、所有者权益变动表以及附注。小企业编制的会计报表可以不包括现金流量表。

(1)资产负债表是反映企业在某一特定日期的财务状况的会计报表。

(2)利润表是反映企业在一定会计期间的经营成果的会计报表。

(3)现金流量表是反映企业在一定会计期间内现金及现金等价物流入和流出的报表。

(4)所有者权益变动表反映构成所有者权益变动的各组成部分当期的增减变动情况。企业的净利润及其分配情况是所有者权益变动的组成部分。相关信息已经在所有者权益变动表及其附注中反映，企业不需要再单独编制利润分配表。

(5)附注是对资产负债表、利润表、现金流量表和所有者权益变动表等报表中列示项目的文字描述或明细资料，以及对这些报表中未能列示项目的说明。财务报告附注是为了方便财务报告的使用者能够更好地理解财务报告的内容而对财务报告的编制基础、编制依据、编制原则和方法以及对主要报表项目的解释。财务报告附注是附属于财务报表的，对财务报表具有解释性和补充性功能。

根据《企业会计准则第 30 号——财务报表列报》第三十三条，附注一般应当按照下列顺序披露：(1)财务报表的编制基础；(2)遵循《企业会计准则》的声明；(3)重要会计政策的说明，包括财务报表项目的计量基础和会计政策的确定依据等；(4)重要会计估计的说明；(5)会计政策和会计估计变更以及差错更正的说明；(6)对已在资产负债表、利润表、现金流量表和所有者权益变动表中列示的重要项目的进一步说明，包括终止经营税后利润的金额及其构成情况等；(7)或有事项和承诺事项、资产负债表日后非调整事项、关联方关系及其交易等需要说明的事项；(8)企业应当在附注中披露在资产负债表日后、财务报告批准报出日前提议或宣布发放的股利总额和每股股利金额(或向投资者分配的利润总额)；(9)附注中应当补充披露企业注册地、组织形式和总部地址，企业的业务性质和主要经营活动，母公司以及集团最终母公司的名称。

四、财务会计报告的编制要求

(一)以持续经营为基础编制

企业应当以持续经营为基础，根据实际发生的交易和事项，按照《企业会计准则——基本准则》和其他各项会计准则的规定进行确认和计量，在此基础上编制财务报表。若以持续经营为基础编制财务报表不再合理，企业应当采取其他基础编制财务报表，并在附注中声明财务报表未以持续经营为基础编制的事实，披露未以持续经营为基础编制的原因和财务报表的编制基础。

(二)按正确的会计基础编制

除现金流量表按收付实现制原则编制外，企业应当按照权责发生制原则编制财务报表。

(三)至少按年编制财务报表

企业至少应当按年编制财务报表。年度财务报表涵盖的期间短于一年的，应当披露年度财务报表的涵盖期间、短于一年的原因以及报表数据不具可比性的事实。

(四)项目列报遵守重要性原则

重要性应当根据企业所处的具体环境,从项目的性质和金额两方面予以判断,其对项目重要性的标准一经确认,不得随意变更。

(五)保持各个会计期间财务报表项目列报的一致性

财务报表项目的列报应当在各个会计期间保持一致,除会计准则要求改变财务报表项目的列报或企业经营业务的性质发生重大变化后,变更财务报表项目的列报能够提供更可靠、更相关的会计信息外,不得随意变更。

(六)各项目之间的金额不得相互抵销

财务报表中的资产项目和负债项目的金额、收入项目和费用项目的金额、直接计入当期利润的利得项目和损失项目的金额不得相互抵销,但其他会计准则另有规定的除外。

一组类似交易形成的利得和损失应当以净额列示,但具有重要性的除外。

资产或负债项目按扣除备抵项目后的净额列示,不属于抵销。

非日常活动产生的利得和损失,以同一交易形成的收益扣减相关费用后的净额列示更能反映交易实质的,不属于抵销。

(七)至少应当提供所有列报项目上一个可比期间的比较数据

当期财务报表的列报,至少应当提供所有列报项目上一个可比会计期间的比较数据,以及理解当期财务报表相关的说明,但其他会计准则另有规定的除外。

财务报表的列报项目发生变更的,应当至少对可比期间的数据按照当期的列报要求进行调整,并在附注中披露调整的原因和性质,以及调整的各项目金额。对可比数据进行调整不切实可行的,应当在附注中披露不能调整的原因。

(八)应当在财务报表的显著位置披露编报企业的名称等重要信息

企业应当在财务报表的显著位置(如表首)至少披露下列各项:编报企业的名称、资产负债表日或财务报表涵盖的会计期间、人民币金额单位。财务报表是合并财务报表的,应当予以标明。

第二节　资产负债表

一、资产负债表的概念和意义

(一)资产负债表的概念

资产负债表是反映企业在某一特定日期的财务状况的会计报表。资产负债表的"某一特定日期"指的是月末、季末、半年末、年末。资产负债表主要反映资产、负债和所有者权益三方面内容,属于静态报表。它是根据"资产=负债+所有者权益"或"资产-负债=所有者权益"的会计等式,按照一定的分类标准和一定顺序,把企业在一定日期的资产、负债和所有者权益各项目予以适当排列,并对日常工作中形成的大量数据进行高度浓缩整理后编制而成的,目的就是为报表使用者提供有关企业财务状况方面的信息。

(二)资产负债表的意义

通过编制资产负债表可以提供有关企业资产、负债和所有者权益的总额及其构成等信息,还可以提供进行财务分析的基本资料,从而有助于报表使用者做出经济决策。

1. 反映企业资产的构成及其状况，分析企业所拥有的经济资源及其分布情况

通过资产负债表列示的资产项目，可以了解企业在特定日期所掌握的各种经济资源及其构成情况。这些资产包括货币、实物资产及无形资产，它们既是企业开展生产经营活动的物质条件，又能预期为企业带来经济利益。了解和分析这些信息，可以发现企业现在的清偿能力和运营能力，也可以预测企业的未来经营前景。

2. 反映企业负债总额及其结构，分析企业目前与未来需要清偿的债务数额

通过资产负债表列示的负债项目，可以了解企业尚未偿付的债务数额，并判断将需要多少资产或劳务用以偿付债务，从而分析企业的偿债能力，了解企业的财务风险，评价企业的财务状况，为企业的信贷决策提供依据。

3. 反映企业所有者权益的情况，了解企业现有投资者在企业资产中所占有的份额

通过资产负债表列示的所有者权益项目，可以了解企业所有者权益的结构情况及增减变动，用来判断企业资本保值增值情况；通过了解所有者权益在企业资产中所占的比重、留存收益的增减变化情况，从而对企业的举债能力及盈利能力做出判断。

4. 反映有关项目的变化情况及变动趋势

通过对前期、后期资产负债表的对比，可以充分反映企业资产、负债及所有者权益的变化情况及变动趋势。

二、资产负债表的格式

资产负债表一般由表头、表体两部分组成。表头需要明确标明报表名称、编制单位、编制时间、报表编号、货币单位。表体则标明各个报表项目的名称及数值。

国际上流行的资产负债表格式主要有账户式和报告式两种。报告式资产负债表是上下结构，上半部列示的是资产，下半部列示的是负债和所有者权益。具体排列形式又有两种：一是按照“资产＝负债＋所有者权益”的原理排列；二是按照“资产－负债＝所有者权益”的原理排列。账户式资产负债表是左右结构，左边列示的是资产，右边列示的是负债和所有者权益。

在国际惯例中，资产负债表格式一般采用报告式，在我国会计制度中规定，资产负债表采用账户式结构，编制的理论基础是会计等式“资产＝负债＋所有者权益”。我国资产负债表的格式见表 12－1。

表 12－1　　　　**资产负债表**

会企 01 表

编制单位：　　　　＿＿年＿＿月＿＿日　　　　单位：元

资　产	行次	期末余额	年初余额	负债和所有者权益（或股东权益）	行次	期末余额	年初余额
流动资产：				流动负债：			
货币资金				短期借款			
交易性金融资产				交易性金融负债			
应收票据				应付票据			
应收账款				应付账款			
预付款项				预收款项			
应收利息				应付职工薪酬			

续表

资　产	行次	期末余额	年初余额	负债和所有者权益（或股东权益）	行次	期末余额	年初余额
应收股利				应交税费			
其他应收款				应付利息			
存货				应付股利			
其中：消耗性生物资产				其他应付款			
一年内到期的非流动资产				一年内到期的非流动负债			
其他流动资产				其他流动负债			
流动资产合计				流动负债合计			
非流动资产：				非流动负债：			
可供出售金融资产				长期借款			
持有至到期投资				应付债券			
长期应收款				长期应付款			
长期股权投资				专项应付款			
投资性房地产				预计负债			
固定资产				递延所得税负债			
在建工程				其他非流动负债			
工程物资				非流动负债合计			
固定资产清理				负债合计			
生产性生物资产				所有者权益（或股东权益）：			
油气资产				实收资本（或股本）			
无形资产				资本公积			
开发支出				减：库存股			
商誉				盈余公积			
长期待摊费用				未分配利润			
递延所得税资产				所有者权益（或股东权益）合计			
其他非流动资产							
非流动资产合计							
资产总计				负债和所有者权益（或股东权益）总计			

从表12－1可以看到，左侧为资产类项目，资产又分为流动资产与非流动资产，因此，大体按资产的流动性强弱排列。流动性强的资产如“货币资金”、“交易性金融资产”等排在前面，流动性弱的资产如“长期股权投资”、“固定资产”等排在后面。右侧为负债和所有者权益项目，一般按偿还时间的先后顺序排列，“短期借款”、“应付票据”、“应付账款”等需要在一年以内或长于一年的一个正常营业周期内偿还的流动负债排在前面，“长期借款”等需要在一年以上才偿还的非流动负债排在中间，在企业清算之前不需要偿还的所有者权益项目排在后面。所有者权益类项目一般包括实收资本、资本公积、盈余公积、未分配利润等项目。账户式资产负债表中的资产项目总计等于负债和所有者权益各项目总计，即资产负债表左方和右方平衡。

三、资产负债表编制的基本方法

资产负债表各项目均需填列"年初余额"和"期末余额"两栏。其中,"年初余额"栏内各项目数字,应根据上年末资产负债表的"期末余额"栏内所列的数字填列。如涉及调整,则根据各个项目调整后的余额直接填列到各个项目的"年初余额"一栏。"年初余额"一栏在一个会计年度内数值不变。"期末余额"则是根据各自账户余额来填列的,主要有以下几种方法:

(一)根据某个总账账户的期末余额直接填列

如"交易性金融资产"、"固定资产清理"、"递延所得税资产"、"短期借款"、"交易性金融负债"、"应付票据"、"应付利息"、"应付股利"、"应交税费"、"应付职工薪酬"、"其他应付款"、"递延所得税负债"、"实收资本(或股本)"、"资本公积"、"盈余公积"等项目均根据总账账户的期末余额直接填列。

(二)根据若干个总账账户的期末余额分析计算填列

如"货币资金"项目,应根据"库存现金"、"银行存款"、"其他货币资金"科目的期末余额合计数计算填列。如"存货"项目,应根据"原材料"、"委托加工物资"、"周转材料"、"材料采购"、"在途物资"、"发出商品"、"材料成本差异"等总账账户的期末余额的分析汇总数,减去"存货跌价准备"科目余额后的余额填列。

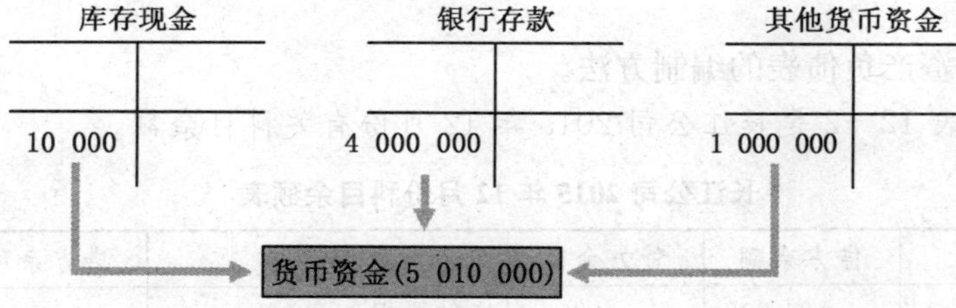

图 12－1　"货币资金"账户的填制实例

(三)根据有关总账账户所属的明细账账户的期末余额分析计算填列

如"应付账款"项目,需要根据"应付账款"和"预付账款"两个总账账户所属的相关明细账账户的期末贷方余额计算填列。如"应收账款"项目,需要根据"应收账款"和"预收账款"两个总账账户所属的相关明细账账户的期末借方余额计算填列。

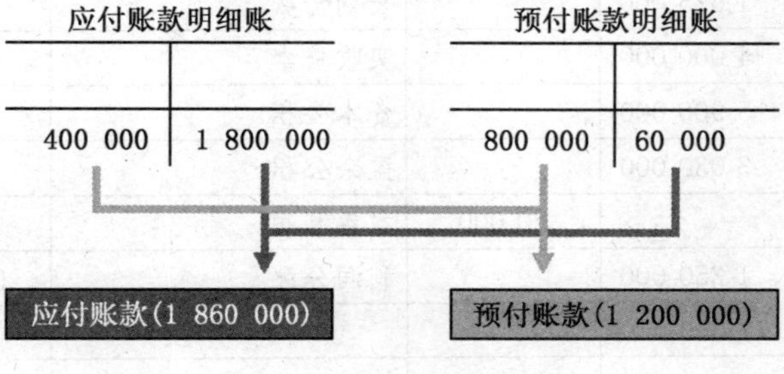

图 12－2　"应付账款"和"预付账款"账户的填制实例

(四)根据有关总账账户及其明细账账户的期末余额分析计算填列

如"长期借款"项目,需要根据"长期借款"总账账户余额扣除"长期借款"账户所属明细账账户中将在一年内到期且企业不能自主地将清偿义务展期的长期借款后的金额计算填列。其他如“长期待摊费用”等也需要根据总账账户和明细账账户余额分析计算填列。

（五）根据总账账户期末余额与其备抵账户抵销后的净额填列

如“应收票据”、“长期股权投资”、“在建工程”等项目，应根据“应收票据”、“应收账款”、“长期股权投资”、“在建工程”等账户的期末余额减去“坏账准备”、“长期股权投资减值准备”、“在建工程减值准备”等科目余额后的净额填列；“固定资产”项目，应根据“固定资产”账户的期末余额减去“累计折旧”、“固定资产减值准备”备抵账户余额后的净额填列；“无形资产”项目，应根据“无形资产”账户的期末余额减去“累计摊销”、“无形资产减值准备”备抵账户余额后的净额填列。

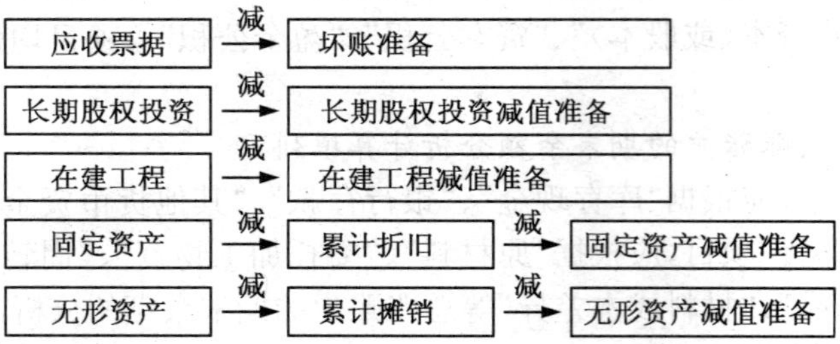

图 12—3 各总账账户期末余额减去其备抵账户余额后的净额填制实例

下面举例说明资产负债表的编制方法。

【例 12—1】 表 12—2 是长江公司 2015 年 12 月份有关科目余额。

表 12—2 **长江公司 2015 年 12 月份科目余额表**

账户名称	借方余额	贷方余额	账户名称	借方余额	贷方余额
库存现金	34 000		应付票据		500 000
银行存款	5 000 000		应付账款		4 780 000
其他货币资金	100 000		应付职工薪酬		900 000
交易性金融资产	525 000		应交税费		500 000
应收票据	170 000		应付利息		50 000
应收账款	3 490 000		短期借款		250 000
预付账款	500 000		其他应付款		5 250 000
其他应收款	1 525 000		长期借款		3 000 000
原材料	4 000 000		实收资本		25 000 000
库存商品	5 900 000		资本公积		0
生产成本	3 030 000		盈余公积		610 309
存货跌价准备		20 000	本年利润		1 882 700
长期股权投资	1 250 000		利润分配	579 009	
固定资产	12 500 000				
累计折旧		350 000			
无形资产	3 450 000				
其他非流动资产	1 040 000				
合　计	42 514 000	370 000	合　计	579 009	42 723 009

现将上列资料归纳分析填制资产负债表如下：

(1)将“库存现金”、“银行存款”、“其他货币资金”科目的余额合并列入“货币资金”项目，即34 000＋5 000 000＋100 000＝5 134 000(元)。

(2)将“原材料”、“库存商品”、“生产成本”科目的余额合并，再减去“存货跌价准备”科目的余额后的数额列入“存货”项目，即4 000 000＋5 900 000＋3 030 000－20 000＝12 910 000(元)。

(3)将“固定资产”与“累计折旧”科目的余额相抵减后的金额列入“固定资产”项目，即12 500 000－350 000＝12 150 000(元)。

(4)将“本年利润”与“利润分配”科目的余额相抵减后的金额列入“未分配利润”账户，即1 882 700－579 009＝1 303 691(元)。

(5)其他科目按照账户的余额表所填列的数字直接列入资产负债表，见表12—3。

表12—3 **资产负债表**

编制单位：长江公司 2015年12月31日 单位：元

资产	期末余额	年初余额	负债及所有者权益	期末余额	年初余额
流动资产：		略	流动负债：		略
货币资金	5 134 000		短期借款	250 000	
交易性金融资产	525 000		应付票据	500 000	
应收票据	170 000		应付账款	4 780 000	
应收账款	3 490 000		应付职工薪酬	900 000	
预付账款	500 000		应交税费	500 000	
其他应收款	1 525 000		应付利息	50 000	
存货	12 910 000		其他应付款	5 250 000	
流动资产合计	24 254 000		一年内到期的长期负债	0	
非流动资产：			流动负债合计	12 230 000	
可供出售金融资产	0		非流动负债：		
长期股权投资	1 250 000		长期借款	3 000 000	
固定资产	12 150 000		非流动负债合计	3 000 000	
无形资产	3 450 000		负债合计	15 230 000	
其他非流动资产	1 040 000		所有者权益：		
非流动资产合计	17 890 000		实收资本	25 000 000	
			资本公积	0	
			盈余公积	610 309	
			未分配利润	1 303 691	
			所有者权益合计	26 914 000	
资产总计	42 144 000		负债及所有者权益总计	42 144 000	

第三节 利润表

一、利润表的含义和作用

(一)利润表的含义

利润表是反映企业一定会计期间的经营成果的会计报表。利润表提供有关经营成果信息,也称损益表,它是根据"收入－费用＝利润"会计等式原理编制的。

在企业生产过程中,各种收入、费用不断发生,取得收入和发生费用的对比情况就是企业的经营成果,会计部门按照一定的方法将核算结果变成报表,就是利润表。

(二)利润表的作用

编制利润表有以下几方面的作用:

1. 可以反映企业一定会计期间生产经营的成果(净利润或净亏损)

通过利润表,可以反映企业在一定会计期间收入、费用、利润的数额及构成情况,帮助财务报告使用者全面了解企业的经营成果。利润是考核和评价企业经营管理人员经营业绩和管理水平的一个重要指标,促使企业管理者明确重点,不断提高经营管理水平。

2. 通过不同时期的数据比较,可以分析企业利润的发展趋势和获利能力

评价企业的盈利能力,主要看营业利润。企业的营业利润多,则企业的盈利能力强;如果给企业利润贡献较大的是营业外收入,营业利润较少甚至为负数,则可以认为企业的盈利能力差。利润表中营业利润金额和营业外收入金额的对比,有助于评价企业的盈利能力。

通过利润表对不同时期的数字对比分析,可以预测企业未来的盈利能力及资金运用效果。同时,也可以通过利润表的分析,得知企业的偿债能力及其发展趋势,预测未来的利润发展方向,便于投资者、债权人进行投资决策和筹资决策。

3. 为企业内部业绩考核提供重要的依据

利润表集中地反映了各个部门工作的结果,它既是考核本部门计划执行情况的依据,又是制订下一期工作计划的参考。通过利润指标计划完成情况的考核,可以帮助企业做出正确的激励政策。

二、利润表的结构

利润表一般由表头、表体两部分组成。表头说明报表名称、编制单位、编制日期、报表编号及货币名称、计量单位等。表体则反映利润表各个项目的本期金额和上期金额。

按利润表计算净利润的方法不同,可分为单步式利润表和多步式利润表两种。

(一)单步式利润表

单步式利润表是将当期收入总额相加,然后将所有收入减去所有费用,没有中间指标,两者相减一次计算出当期净损益。

表 12—4　　　　　　　　　　　　利润表(单步式)

编制单位：　　　　　　　　　　　　年　　月　　　　　　　　　　　　单位：元

项　目	行次	本月数	本年累计数
收入			
主营业务收入	1		
其他业务收入	2		
投资收益	3		
补贴收入	4		
营业外收入	5		
收入合计	6		
费用			
主营业务成本	7		
营业税金及附加	8		
销售费用	9		
管理费用	10		
财务费用	11		
其他业务支出	12		
营业外支出	13		
所得税	14		
费用合计	15		
净利润(净亏损以“—”号填列)	16		

单步式利润表编制方式简单，收入、费用归类清楚，缺点是对收入、费用的性质不加区别，硬性归为一类，不利于报表分析。

(二)多步式利润表

多步式利润表是按净利润形成的主要环节分步进行计算，从而得出当期净损益。根据不同类别的收入、费用，分步计算若干中间指标。我国多采用多步式利润表(见表 12—5)，对利润的形成分 3 个层次展开：

第一步，以营业收入为基础来计算营业利润。计算公式为：

营业利润＝营业收入—营业成本—营业税金及附加—销售费用—管理费用—财务费用—资产减值损失＋公允价值变动收益(—公允价值变动损失)＋投资收益(—投资损失)

第二步，以营业利润为基础来计算利润总额。计算公式为：

利润总额＝营业利润＋营业外收入—营业外支出

第三步，以利润总额为基础来计算净利润。计算公式为：

净利润＝利润总额—所得税费用

普通股或潜在普通股已经公开交易的企业，或者正处于公开发行普通股或潜在普通股过程中的企业，还需要在利润表中反映每股收益的信息。

表 12—5　　利润表（多步式）

编制单位：　　年　月　　单位：元

项　目	行次	本期金额	上期金额
一、营业收入			
减：营业成本			
营业税金及附加			
销售费用			
管理费用			
财务费用			
资产减值损失			
加：公允价值变动收益（损失以"—"号填列）			
投资收益（损失以"—"号填列）			
其中：对联营企业和合营企业的投资收益			
二、营业利润（亏损以"—"号填列）			
加：营业外收入			
减：营业外支出			
其中：非流动资产处置损失			
三、利润总额（亏损以"—"号填列）			
减：所得税费用			
四、净利润（净亏损以"—"号填列）			
五、每股收益			
（一）基本每股收益			
（二）稀释每股收益			

多步式利润表列示了本期金额和上期金额，便于不同时期各对应项目的比较分析，以此预测企业未来的盈利能力；多步式利润表将营业利润与其他利润分开列示，便于对企业利润形成的渠道进行分析，明确盈利的主要因素或亏损的主要原因，使管理更具有针对性。

三、利润表编制的基本方法

利润表各项目均需填列"本期金额"和"上期金额"两栏。"上期金额"栏内的数字，应根据上年利润表的"本期金额"栏内的相应金额填列。"本期金额"栏内的数字，除"基本每股收益"和"稀释每股收益"项目外，其他项目应按相关科目的本期发生额分析填列。利润表各项目"本期金额"栏的填列说明如下：

（1）"营业收入"项目，反映企业经营主要业务和其他业务所确认的收入总额。本项目应根据“主营业务收入”和“其他业务收入”科目的发生额分析填列。

(2)“营业成本”项目,反映企业经营主要业务和其他业务所发生的成本总额。本项目应根据“主营业务成本”和“其他业务成本”科目的发生额分析填列。

(3)“营业税金及附加”项目,反映企业经营业务应负担的消费税、营业税、城市建设维护税、资源税、土地增值税和教育费附加等。本项目应根据“营业税金及附加”科目的发生额分析填列。

(4)“销售费用”项目,反映企业在销售商品过程中所发生的包装费、广告费等和为销售本企业商品而专设的销售机构的职工薪酬、业务费等经营费用。本项目应根据“销售费用”科目的发生额分析填列。

(5)“管理费用”项目,反映企业为组织和管理生产经营所发生的管理费用。本项目应根据“管理费用”科目的发生额分析填列。

(6)“财务费用”项目,反映企业筹集生产经营所需资金等而发生的筹资费用。本项目应根据“财务费用”科目的发生额分析填列。

(7)“资产减值损失”项目,反映企业各项资产发生的减值损失。本项目应根据“资产减值损失”科目的发生额分析填列。

(8)“公允价值变动收益”项目,反映企业应计入当期损益的资产或负债公允价值变动收益。本项目应根据“公允价值变动损益”科目的发生额分析填列。如果为净损失,则以“—”号填列。

(9)“投资收益”项目,反映企业以各种方式对外投资所取得的收益。本项目应根据“投资收益”科目的发生额分析填列。如果为投资损失,以“—”号填列。

(10)“营业利润”项目,反映企业实现的营业利润。如果为亏损,则以“—”号填列。

(11)“营业外收入”项目,反映企业发生的与经营业务无直接关系的各项收入。本项目应根据“营业外收入”科目的发生额分析填列。

(12)“营业外支出”项目,反映企业发生的与经营业务无直接关系的各项支出。本项目应根据“营业外支出”科目的发生额分析填列。

(13)“利润总额”项目,反映企业实现的总利润。如果为亏损,则以“—”号填列。

(14)“所得税费用”项目,反映企业从当期利润总额中扣除的所得税费用。本项目应根据“所得税费用”科目的发生额分析填列。

(15)“净利润”项目,反映企业实现的净利润。如果为亏损,则以“—”号填列。

(16)“基本每股收益”项目,应当根据每股收益准则规定计算的金额填列。此项目的填列只考虑当期实际发行在外的普通股股份,按照归属于普通股股东的当期净利润除以实际发行在外普通股的加权平均数计算来确定。

(17)“稀释每股收益”项目,应当根据每股收益准则规定计算的金额填列。此项目的填列是以基本每股收益为基础,假设企业所有发行在外的稀释性潜在普通股均已转换为普通股,从而分别调整归属于普通股股东的当期净利润以及发行在外的加权平均数计算而得。

下面举例说明利润表的编制方法。

【例 12—2】 表 12—6 是 2015 年度阳光公司有关科目累计发生额。

表 12-6 **2015 年度阳光公司有关科目累计发生额** 单位:元

科目名称	借方发生额	贷方发生额
主营业务收入		10 000 000
其他业务收入		500 000
主营业务成本	7 000 000	
其他业务成本	500 000	
营业税金及附加	20 000	
销售费用	200 000	
管理费用	950 000	
财务费用	300 000	
投资收益		15 000
营业外收入		500 000
营业外支出	220 000	
所得税费用	920 000	

根据上述资料计算如下:

营业收入=主营业务收入+其他业务收入=10 000 000+500 000=10 500 000(元)

营业成本=主营业务成本+其他业务成本=7 000 000+500 000=7 500 000(元)

营业利润=营业收入-营业成本-营业税金及附加-销售费用-管理费用-财务费用-资产减值损失+公允价值变动收益(-公允价值变动损失)+投资收益(-投资损失)

=10 500 000-7 500 000-20 000-200 000-950 000-300 000+15 000

=1 545 000(元)

利润总额=营业利润+营业外收入-营业外支出

=1 545 000+500 000-220 000=1 825 000(元)

净利润=利润总额-所得税费用

=1 825 000-920 000=905 000(元)

表 12-7 **利润表**

编制单位:阳光公司 2015 年 12 月 31 日 单位:元

项　目	本年数	上年数
一、营业收入	10 500 000	10 000 000
减:营业成本	7 500 000	6 000 000
营业税金及附加	20 000	15 000
销售费用	200 000	180 000
管理费用	950 000	950 000
财务费用	300 000	250 000

续表

项 目	本年数	上年数
资产减值损失	0	0
加:公允价值变动收益(损失以"—"号填列)	0	0
投资收益(损失以"—"号填列)	15 000	0
其中:对联营企业和合营企业的投资收益	0	0
二、营业利润(亏损以"—"号填列)	1 545 000	2 605 000
加:营业外收入	500 000	450 000
减:营业外支出	220 000	240 000
其中:非流动资产处置损失	0	0
三、利润总额(亏损以"—"号填列)	1 825 000	2 815 000
减:所得税费用	920 000	928 000
四、净利润(净亏损以"—"号填列)	905 000	1 887 000
五、每股收益		
(一)基本每股收益		
(二)稀释每股收益		

本章小结

1. 财务会计报告的概念。财务会计报告,是指单位根据经过审核的会计账簿记录和有关资料编制并对外提供的,反映单位某一特定日期财务状况和某一会计期间经营成果、现金流量等会计信息的文件。

2. 财务会计报告的作用。编制财务会计报告的目的是向单位的有关各方,如投资者、债权人、政府及相关机构、单位管理人员、社会公众等财务会计报告的使用者提供全面、系统的财务会计信息,以帮助他们了解该经济单位管理层受托责任的履行情况,分析其业务活动中存在的问题,便于报告的使用者做出更加合理的经济决策。

3. 财务会计报告的分类。按反映的经济内容不同,分为资产负债表、利润表和现金流量表;按反映的资金运动情况不同,分为静态报表和动态报表;按提供的对象不同,分为对外报表和对内报表;按反映的时间不同,分为月报、季报、半年报、年报;按反映的层次不同,分为主表和附表;按会计主体不同,分为个别会计报表和合并会计报表。

4. 财务会计报告的构成。一套完整的会计报表至少应包括"四表一注",即资产负债表、利润表、现金流量表、所有者权益变动表以及附注。小企业编制的会计报表可以不包括现金流量表。

5. 财务会计报告的编制要求。财务会计报告的编制主要有四点要求:真实可靠、全面完整、编报及时、便于理解。

6. 资产负债表的概念。资产负债表是反映企业在某一特定日期的财务状况的会计报表。

7. 资产负债表的意义。资产负债表反映企业资产的构成及其状况,分析企业所拥有的经济资源及其分布情况；反映企业负债总额及其结构，分析企业目前与未来需要清偿的债务数额；反映企业所有者权益的情况，了解企业现有投资者在企业资产中所占有的份额；反映有关项目的变化情况及变动趋势。

8. 资产负债表的格式。国际上流行的资产负债表格式主要有账户式和报告式两种。在国际惯例中，资产负债表格式一般采用报告式，在我国会计制度中规定，资产负债表采用账户式结构，编制的理论基础是会计等式"资产＝负债＋所有者权益"。

9. 资产负债表编制的基本方法。资产负债表各项目均需填列"年初余额"和"期末余额"两栏。其中，"年初余额"栏内各项目数字，应根据上年末资产负债表的"期末余额"栏内所列的数字填列。

"期末余额"则是根据各自账户余额来填列的，主要有以下几种方法：根据某个总账账户的期末余额直接填列；根据若干个总账账户的期末余额分析计算填列；根据有关总账账户所属的明细账账户的期末余额分析计算填列；根据有关总账账户及其明细账账户的期末余额分析计算填列；根据总账账户期末余额与其备抵账户抵销后的净额填列。

10. 利润表的含义。利润表是反映企业一定会计期间的经营成果的会计报表。利润表提供有关经营成果信息，也称损益表，它是根据"收入－费用＝利润"会计等式原理编制的。

11. 利润表的作用。编制利润表有以下几方面的作用：可以反映企业一定会计期间生产经营的成果（净利润或净亏损）；通过不同时期的数据比较，可以分析企业利润的发展趋势和获利能力；为企业内部业绩考核提供重要的依据。

12. 利润表的分类。按利润表计算净利润的方法不同，可分为单步式利润表和多步式利润表两种。

13. 单步式利润表。单步式利润表是将当期收入总额相加，然后将所有收入减去所有费用，没有中间指标，两者相减一次计算出当期净损益。

14. 多步式利润表。多步式利润表是按净利润形成的主要环节分步进行计算，从而得出当期净损益。根据不同类别的收入、费用，分步计算若干中间指标。我国多采用多步式利润表。

15. 利润表编制的基本方法。利润表各项目均需填列"本期金额"和"上期金额"两栏。"上期金额"栏内的数字，应根据上年利润表的"本期金额"栏内的相应金额填列。"本期金额"栏内的数字，除"基本每股收益"和"稀释每股收益"项目外，其他项目应按相关科目的本期发生额分析填列。

参考文献

[1]李海波.新编会计学原理[M].上海:立信会计出版社,2015.

[2]孙素梅.基础会计学[M].南京:南京大学出版社,2015.

[3]龙海红.最新行政事业单位财务会计制度讲解[M].北京:中国商业出版社,2013.

[4]辛连珠.最新企业所得税[M].北京:经济管理出版社,2015.

[5]于芳芳.企业所得税与会计准则差异分析——案例讲解与纳税申报[M].北京:中国财政经济出版社,2015.

[6]李宇洋.初级会计实务[M].长春:东北师范大学出版社,2015.

[7]杨雄胜.会计学概论[M].南京:南京大学出版社,2013.

[8]陈国辉.基础会计[M].大连:东北财经大学出版社,2015.

[9]张志枫.初级会计实务[M].北京:北京大学出版社,2015.

[10]新发布企业会计准则解读编写组.新发布企业会计准则解读[M].上海:立信会计出版社,2015.

[11]企业会计准则编审委员会.企业会计准则 2015 年版[M].上海:立信会计出版社,2015.

[12]企业会计准则编审委员会.企业会计准则应用指南[M].上海:立信会计出版社,2015.

[13]小企业会计准则编审委员会.小企业会计准则讲解 2015 年版[M].上海:立信会计出版社,2015.

[14]企业会计准则编审委员会.企业会计准则第 33 号——合并财务报表[M].上海:立信会计出版社,2014.

[15]企业会计准则编审委员会.企业会计准则第 2 号——长期股权投资[M].上海:立信会计出版社,2014.

[16]企业会计准则编审委员会.企业会计准则第 40 号——合营安排[M].北京:经济科学出版社,2014.

[17]企业会计准则编审委员会.企业会计准则第 9 号——职工薪酬[M].北京:中国财政经济出版社,2014.

[18]企业会计准则编审委员会.企业会计准则第 39 号——公允价值计量[M].北京:中国财政经济出版社,2014.

[19]企业会计准则编审委员会.企业会计准则第 41 号——在其他主体中权益的披露[M].北京:中国财政经济出版社,2014.

[20]企业会计准则编审委员会.企业会计准则第 30 号——财务报表列报[M].北京:中国财政经济出版社,2014.

[21]企业会计准则编审委员会.企业会计准则第 37 号——金融工具列报[M].北京:中国

财政经济出版社,2015.

[22]胡静波.行政事业会计[M].北京:中国人民大学出版社,2011.

[23]郭守杰.经济法[M].北京:北京大学出版社,2014.

[24]财政部会计资格评价中心.初级会计实务[M].北京:中国财政经济出版社,2015.

[25]会计专业技术资格考试教材编委会.初级会计实务[M].北京:企业管理出版社,2015.

[26]杨闻萍.经济法基础应试指南[M].北京:人民出版社,2015.

[27]我的考试会计专业技术资格考试研究组.初级会计实务[M].北京:中国时代经济出版社,2015.

[28]宏章教育会计考试研究院.初级会计实务[M].北京:中国财政经济出版社,2012.

[29]财政部会计司.企业会计准则第 2 号[M].北京:中国商业出版社,2015.

[30]财政部会计司.企业内部控制基本规范及配套指引[M].北京:中国商业出版社,2015.

[31]会计专业技术资格考试教材编委会.经济法基础[M].北京:企业管理出版社,2015.

[32]会计从业资格考试辅导教材编写组.会计基础[M].上海:立信会计出版社,2014.

[33]文杨.一本书读懂财务报表[M].北京:中国华侨出版社,2014.